카프카에서 카프카로
De Kafka à Kafka

모리스 블랑쇼 Maurice Blanchot, 1907~2003 | 젊은 시절 몇 년간 저널리스트로 활동한 것 이외에는 평생 모든 공식 활동으로부터 물러나 글쓰기에 전념하였다. 작가이자 사상가로서 철학·문학비평·소설의 영역에서 방대한 양의 글을 남겼다. 문학의 영역에서는 말라르메를 전후로 하는 거의 모든 전위적 문학의 흐름에 대해 깊고 독창적인 성찰을 보여 주었으며, 또한 후기에는 철학적 시론과 픽션의 경계를 뛰어넘는 독특한 스타일의 문학작품을 창조했다. 철학의 영역에서 그는 존재의 한계·부재에 대한 급진적 사유를 대변하고 있으며, 한 세대 이후의 여러 사상가들에게 큰 영향을 주는 동시에 그들과 적지 않은 점에서 여러 문제들을 공유하였다. 주요 저서로 『토마 알 수 없는 자』, 『죽음의 선고』, 『원하던 순간에』, 『문학의 공간』, 『도래할 책』, 『무한한 대화』, 『우정』, 『저 너머로의 발걸음』, 『카오스의 글쓰기』, 『나의 죽음의 순간』 등이 있다.

옮긴이 **이달승** | 고려대 불문과와 서울대 대학원 미학과에서 수학하고, 파리1대학에서 미술사 박사학위를 취득하였다. 영남대학교 조형대학 특임객원교수로 재직하였고, 현재 미술평론가로 활동하고 있다.

De Kafka à Kafka by Maurice Blanchot
Copyright © Editions Gallimard 1981.
All Rights Reserved.
Korean translation copyright © 2013 by Greenbee Publishing Company.
This translation of *De Kafka à Kafka* is published by arrangement with Éditions Gallimard through Sibylle Books Agency.

카프카에서 카프카로 모리스 블랑쇼 선집 11

초판 1쇄 인쇄 _ 2013년 4월 1일
초판 4쇄 발행 _ 2024년 4월 23일

지은이 · 모리스 블랑쇼 | 옮긴이 · 이달승

펴낸이 · 유재건
펴낸곳 · (주)그린비출판사 | 등록번호 제313-1990-32호
주소 · 서울시 마포구 동교로17길 7, 4층(서교동, 은혜빌딩) | 전화 · 702-2717 | 팩스 · 703-0272

ISBN 978-89-7682-403-5 04100   978-89-7682-320-5(세트)

이 도서의 국립중앙도서관 출판시도서목록(CIP)은 서지정보유통지원시스템 홈페이지(http://seoji.nl.go.kr)와 국가자료공동목록시스템(http://www.nl.go.kr/kolisnet)에서 이용하실 수 있습니다. (CIP제어번호: CIP2013001670)

이 책의 한국어판 저작권은 시빌에이전시를 통해 저작권자와 독점계약한 그린비출판사에 있습니다. 저작권법에 의해 한국 내에서 보호를 받는 저작물이므로 무단전재와 무단복제를 금합니다.
책값은 뒤표지에 있습니다. 잘못 만들어진 책은 서점에서 바꿔 드립니다.

그린비출판사 나를 바꾸는 책, 세상을 바꾸는 책
홈페이지 · www.greenbee.co.kr | 전자우편 · editor@greenbee.co.kr

블랑쇼 선집
11

카프카에서 카프카로

De Kafka à Kafka

모리스 블랑쇼 지음 이달승 옮김

그린비

Maurice Blanchot, Selected Works

『모리스 블랑쇼 선집』을 간행하며

　모리스 블랑쇼는 철학자이자 작가로서 이 시대에 하나의 사상적 흐름을 형성하였다. 그는 말라르메의 시학의 영향 아래에서 현대 철학과 문학의 흐름을 창조적·비판적으로 이어가는 '바깥의 사유'를 전개시켰다는 점에서 전통에 위치한 사상적 매듭인 동시에, 다음 세대의 (푸코·들뢰즈·데리다로부터 낭시·라쿠-라바르트·아감벤에 이르기까지의) 뛰어난 철학자들에게 끊임없이 영감을 주어 온 사상적 원천이다. 이는 그의 사유를 한때의 유행이 아니라 지속적으로 참고해야 할 준거점으로 받아들여야 한다는 요구가 부당하지 않은 하나의 근거가 될 수 있을 것이다. 그러나 블랑쇼가 진정으로 중요한 이유는, 삶이 사상보다 중요하다는 단순하지만 명백한 사실에 비추어 볼 때, 다른 데에 있다.

　그는 종종 '소크라테스 이전의 사상가'라고 불리어 왔다. 그 사실은 그의 사유가 아카데미의 학문적 역사와 배경을 넘어서서 자신의 삶의 체험을 바탕으로 여러 삶의 양상을 직접적으로 표현한다는 것을 의미한다. 우리는 그의 언어가 궁극적으로 우리의 학문적·지적 호기심이 아니라 우리 각자에게, 우리 각자의 삶에 호소하고 있다는 사실을 경험하게 될 것이다. 그의 언어는 우리가 반복하고 추종해야 할 종류의 것이 아니라, 몸으로 받아들여야 할 종류의 것, 익명의 몸과 마음으로 느껴야 할 비인칭의 언어 또는 공동의 언어이다. 따라서 블랑쇼를 읽는다는 것은, 그가 생전에 원했던 대로 '모리스 블랑쇼'라는 개인의 이름(동시에 사회에서 받아들이고 칭송하는 이름, 나아가 역사적 이름)을 지워지게 하는 동시에 어떤 공동의 '우리'에 참여하는 것이며, 나아가 그 귀결점은 또 다른 공동의 언어로 열리고 그것을 생성하게 하는 데에 있다. 아마 거기에 모리스 블랑쇼를 읽는 가장 중요한 이유가 있으며, 결국 거기에 독자의 마지막 몫이 남아 있을 것이다.

『모리스 블랑쇼 선집』 간행위원회

Maurice Blanchot, *De Kafka à Kafka*
C·O·N·T·E·N·T·S

『모리스 블랑쇼 선집』을 간행하며 • 4

1장 / 문학 그리고 죽음에의 권리 • 12

2장 / 카프카의 독서 • 73

3장 / 카프카와 문학 • 88

4장 / 카프카와 작품의 요구 • 109

5장 / 만족스런 죽음 • 151

6장 / 카프카와 브로트 • 160

7장 / 밀레나의 실패 • 176

8장 / 서술의 목소리: '그', 중성적인 것 • 194

9장 / 나무 다리: 반복, 중성적인 것 • 210

10장 / 마지막 말 • 228

11장 / 진정 마지막 말 • 247

옮긴이 후기 • 284
모리스 블랑쇼 연보 • 290
모리스 블랑쇼 저작목록 • 296
찾아보기 • 299

"카프카가 우리에게 선물하고, 우리는 받아들이지 않는 선물, 그것은 일종의 문학에 의한 문학을 위한 투쟁, 아울러 그 궁극의 지향이 우리를 벗어난 투쟁, 이 이름으로 혹은 다른 이름으로 우리가 알고 있는 것과는 너무도 달라 미지라는 이름으로도 우리가 그것을 느끼기에는 충분치 못한 투쟁이다. 왜냐하면 그 투쟁이 우리에게는 낯선 만큼이나 친숙하기에……"

『카오스의 글쓰기』

| 일러두기 |

1 이 책은 Maurice Blanchot, *De Kafka à Kafka*, Éditions Gallimard, 1981의 완역이다.

2 옮긴이의 주석은 [옮긴이]라고 표기하여 구분했다.

3 단행본·정기간행물에는 겹낫표(『 』)를, 논문·단편·미술작품 등에는 낫표(「 」)를 사용했다.

4 외국 인명이나 지명, 작품명은 2002년 국립국어원에서 펴낸 외래어표기법을 따랐다.

카프카에서 카프카로

1장
문학 그리고 죽음에의 권리

 왜 글을 쓰는지 스스로에게 묻지 않고서도 분명 글을 쓸 수 있다. 글자를 쫓고 있는 자신의 펜을 바라보는 작가는 다음과 같이 자신에게 말하며 펜을 멈출 권리도 있다. 그만둬! 네 자신에 대해 알기나 해, 넌 무얼 보고 가는 거야, 잉크는 자취를 남기지 않고, 너는 자유롭지만 허공을 향하여 나아간다는 사실이, 그리고 난관을 만나지 못하면 그건 결코 네가 출발점을 벗어나지 못한 것과 마찬가지라는 사실이 너에겐 왜 보이지 않니, 하면서 말이다. 하지만 너는 글을 쓴다. 내가 너에게 일러 주는 것을 나에게 드러나게 하면서, 내가 알고 있는 것을 나에게 보여 주면서 너는 쉬지 않고 글을 써 내려간다. 다른 사람들은, 글을 읽으면서, 너에게서 얻은 것으로 너를 살찌우고 네가 그들에게 가르치는 것을 너에게 준다. 이제, 넌 네가 하지 않은 것을 행하였고, 그리고 네가 쓰지 않은 것이 쓰여졌다. 너는 지울 수 없는 것이라는 운명에 처하게 되었다.
 문학은 문학이 물음이 되는 순간 시작된다는 사실을 인정하도록 하자. 이 물음은 작가의 의심이나 조심성과는 다르다. 작가가 글을 쓰다 스스로에게 질문하게 될 때, 글은 작가를 바라본다. 그는 자신이 쓰는 것에 빠져들어 글을 쓴다는 가능성에 대해 무관심해지며, 심지어 아무 생각도 하지 않게 되는데, 이것이 그의 권리이고 그의 행복이다. 그러나 다음의 사실은 남는다. 일단 한 페이지가 쓰여지면 그 속에는 글을 쓰는 동안 어쩌면 자신도 모르게 끊임없이 작가에게 질문하였던 물음이 현전한다. 이제, 작품 내부에, 독자가—심각하거나 피상적이거나 상관없는 독자가—다가오기를 기다리며, 글을 쓰고 읽는 사람 뒤편에 문학이 된 언어가 언어를 향해 던지는 그러한 물음이 고요히 깃든다.

문학이 문학 자체에 대해 갖는 염려를 우리는 자기 허영이라 비난할 수 있다. 그러한 염려에서 문학에 대해 그 무無를, 그 진지하지 못함을, 그 불성실을 말한다 해도 아무런 소용이 없다. 이것이 바로 사람들이 문학에서 비난하는 남용이다. 문학은 스스로를 의심스러운 것으로 삼으면서 문학에 중요성을 부여한다. 문학은 자신을 폄하하면서 스스로를 확인한다. 문학이 스스로를 찾는 것, 그것은 필요 이상이다. 왜냐하면 문학은 아마도 찾을 가치가 있는 것이 아니라 발견할 가치가 있는 것들 중의 하나이기 때문이다.

문학은 스스로를 부당하다고 여길 권한이 없는지도 모른다. 그런데 문학이 담고 있는 물음은 엄밀히 말해서 문학의 가치 혹은 문학의 권한에 관한 것이 아니다. 이 물음의 의미를 알아차리기가 그토록 어려운 것은, 그 물음이 예술에 대한 소송, 예술의 역량 그 목표에 대한 소송으로 바뀌어 가기 때문이다. 문학은 폐허 위에 세워진다. 이러한 역설은 우리의 상식에 속한다. 그러나 지난 30년 이래 예술의 가장 괄목할 만한 부분에 해당하는 예술에 대한 문제제기는 밝혀지기를 꺼려 하는 작품의 비밀스런 작업으로의, 이를테면 문학 활동이나 문학적인 것에 대한 모든 폄하와는 근원적으로 전혀 다른 작업으로의 어떤 권능의 이동과 이전을 전제로 하는 것은 아닌지 좀더 살펴보아야 할 것 같다.

스스로에 대한 부정으로서의 문학이 단순히 현혹적이고 기만적인 예술 혹은 예술가에 대한 비방만을 의미하였던 것은 결코 아니었음을 지적해 두도록 하자. 문학은 부당하고, 그 속에 위선의 바탕을 지니고 있음은 사실이다. 그러나 어떤 이들은 더 많은 것을 발견하였다. 즉 문학은 부당할 뿐만 아니라 하찮은 것이며, 그리고 이 하찮음이 순수한 상태로 고립될 수 있다면 놀랍고 경이로운 힘을 발휘한다는 것이다. 문학이 이러한 공허한 내면의 발견이 되게 하고, 문학 전체가 무로서의 자신의 몫으로 열리게 하며, 문학이 문학 고유의 비현실을 실현하도록 하였던 그것이 바로 초현실주의가 추구한 과제 중의 하나였다. 그리하여 어김없이 문학 내부에서 강력한 부정의 움직임을 알아차리게 되는데, 이러한 움직임에 가장 중요한 창조적 야심을 두게 된 것 또한 분명한 사실이다. 왜냐하면 문학이 한순간 아무것도 아닌 것과 일치하고, 즉각적으로 전체가 되면서, 전체가 존재하기 시작한다. 놀라운 경이로움.

문제는 문학을 가혹하게 다루는 것이 아니라, 문학을 이해하려고 노력하고 그리고 문학은 어떻게 문학을 폄하하면서밖에 이해할 수 없는가를 살펴보는 일이다. 사람들은 "문학은 무엇인가"라는 물음이 놀랍게도 결코 무의미한 대답밖에 얻을 수 없었음을 확인하였다. 그런데 더욱 이상한 것은, 그러한 형태의 질문 가운데 문학으로부터 심각한 모든 것을 몰수하는 어떤 것이 나타난다는 사실이다. 우리는 시는 무엇인가? 예술은 무엇인가? 혹은 소설은 무엇인가?라고 질문할 수 있고 또 그렇게 질문하였다. 그러나 시 그리고 소설이라는 문학은 모든 중대한 일들에 등장하는 공허한 요소élément와도 같다. 그러한 요소에 대한 엄숙한 성찰은 그 심각함을 상실하지 않고서는 방향을 돌릴 수가 없다. 위압적인 성찰을 통해 문학에 다가갈 때, 문학은, 문학에 있어서 성찰 가운데 우리를 위압할 수 있었던 것을 무너뜨릴 수 있는, 부식의 힘이 된다. 성찰이 누그러지면서 문학은 그때 문학이 포괄하는 철학, 종교, 세계의 삶보다 더 중요한 중대하고도 본질적인 어떤 것이 된다. 하지만 문학이라는 제국에 놀란 성찰이 문학의 권능으로 되돌아와 불안정한 부식 요소가 스며 있는 문학이 도대체 무엇인가를 질문하면서, 성찰은 마침내 그렇게 헛되고 막연하고 불순한 문학이라는 그것을 대수롭지 않게 여길 수밖에 없고, 그리하여 테스트 씨의 이야기가 잘 보여 주었듯이, 이 헛됨은 그것대로 소진되고 만다.

    문학이 증발시키고 스스로 증발하는 힘과 같은 것이 된 것이 현대의 격렬한 부정의 운동 때문이라고 보는 것은 잘못일 수 있다. 약 150년 전 ─ 어떻게 예술이 종교가 되고 종교가 예술이 되는가를 보았기에 ─ 문학을 두고 이룰 수 있는 가장 드높은 생각을 지녔던 인물이 있었다. (헤겔이라 불리는) 이 인물은 글쟁이가 되기를 선택한 인간이 어떻게 하여 "정신의 동물계"에 속할 수밖에 없는가에 관한 모든 움직임을 묘사하였다. 헤겔*이 말하기를 글을 쓰고자 하는 자는 처음부터 글

---

* 헤겔은 논의의 전개에서 일반적 인간 작업을 다루고 있다. 물론 여기서 이어지는 지적들은 『정신현상학』의 글과 상당한 차이가 있으며, 그 문제를 해명하려는 것이 아니다. 그 문제는 장 이폴리트Jean Hyppolite가 출간한 『정신현상학』 번역본에서 읽을 수 있고, 그의 중요한 저서 『헤겔 『정신현상학』의 발생과 구조』*Genèse et structure de la Phénoménologie de l'esprit de Hegel*에서 계속 살펴볼 수 있다.

을 쓰기 위해서는 재능이 필요하다는 모순에 봉착한다. 그러나 그 자체를 두고 볼 때 천부적 소질이란 아무것도 아니다. 책상 앞에 앉아서 작품을 쓰지 않는 한, 작가는 작가가 아니며 그리고 그는 자신이 작가가 될 능력이 있는지 알지 못한다. 글을 쓴 다음에야 재능을 갖게 되는데, 하지만 글을 쓰기 위해서는 재능이 필요하다.

이러한 난점은 애초부터 문학 활동의 본질에 해당하는 모순을, 그리고 작가가 넘어서야 하고 또 넘어서는 안 되는 모순을 보여 주고 있다. 작가는 이상주의적 몽상가가 아니고, 자신의 아름다운 영혼의 내밀함 속에서 자기를 관조하지 않으며, 자신의 내면적 확신 속에 빠져 있지 않다. 재능을, 그는 작품화한다. 다시 말해서 재능을 의식하고 자신을 의식하기 위해 작가는 자신이 만드는 작품을 필요로 한다. 작가는 자신의 작품을 통해서만 자신을 알고 자신을 실현한다. 자신의 작품 이전에는 자신이 누구인지 모를 뿐만 아니라, 자신은 아무것도 아니다. 그는 작품으로부터 비로소 존재한다. 하지만 그때 작품은 어떻게 존재할 수 있는가? 헤겔이 말하기를 "개인은 활동을 통하여 실천적 현실에 이르지 못하는 한, 자신이 누구인지 알지 못한다. 따라서 그는 활동을 시작하기 전에 자신의 활동 목적을 결정할 수 없다. 그리고 그럼에도 불구하고 그는 의식 주체로서 전적으로 자신의 것으로서의 활동을, 이를테면 목적으로서의 활동을 미리 염두에 두고 있어야 한다". 그런데, 각각의 새로운 작품에 대하여서도 사정은 마찬가지이다. 모든 것이 아무것도 아닌 것으로부터 다시 출발하기 때문이다. 그리고 그가 작품을 부분적으로 실현해 나갈 때에도 마찬가지이다. 그가 이미 완전히 수립된 계획으로서의 저작을 자기 앞에 지니고 있지 않고서야, 어떻게 그 저작을 자신의 의식 행위를 의식하는 목적으로 삼을 수 있겠는가? 그러나 작품 그 전체가 이미 자신의 정신 가운데 현전한다면, 그리고 이 현전이 작품의 본질에 해당한다면(여기서 말은 비본질적 요소로 간주되고 있다), 그는 왜 작품을 구태여 실현하려 하는가? 한편으로, 내면의 계획으로서의 작품은 그대로가 앞으로의 작품이 되고 그리고 작가는 이 순간부터 작품으로부터 얻을 수 있는 모든 것을 알고 있으며, 그리하여 그는 작품을 말로 옮기거나 쓰지 않고서 황혼 속에 쉬도록 버려둔다—하지만 그때, 그는 글을 쓰지 않을 것이고, 작가가 되지 않을 것이다. 다른 한편으로, 작품이란 계획될 수 없고 단지 실현될 수 있을 뿐이며, 작품은 작품을 시간 속에 펼치고 공간 속에 새기는 단어를 통해서만 가치와 진리 그리고 현실성을 얻게 됨을 의식하면서, 작가는 글을 쓰기 시작한다. 하지만 아무것도 아닌 것에서 시작하여 아무것도 아닌 것을 향해—그리고 헤겔의 표현을 따르면 무 안에서 작업하는 무로서—글을 쓰기 시작하리라.

사실 이 문제는, 글을 쓰는 자가 자신의 해결책으로 글을 쓰기 시작하는 권리를 기대한다면, 결코 극복될 수 없는 문제이다. 헤겔이 지적하듯이 "바로 이러한 까닭에 글쓰는 자는, 상황이 어떠하건, 더욱이 시작, 중간, 끝을 염두에 두지 말고, 즉각적으로 시작하고 즉각적으로 행위로 옮겨 가야 한다". 이렇게 해서 그는 순환 고리를 끊게 되는데, 왜냐하면 그가 글을 쓰게 되는 상황은 그의 눈에 그의 재능과 같은 것으로 드러나고, 그리고 그가 거기서 얻은 관심과 그를 앞으로 이끄는 움직임은 그 상황을 자신의 것으로 받아들이고, 거기서 자신의 고유한 목표를 보게끔 재촉한다. 발레리Valéry는 종종 자신의 최상의 작품들이 개인적 요구가 아닌 우연한 주문에서 태어났음을 상기시켜 주었다. 그런데 그는 여기서 특기할 만한 무엇을 찾아내었던 것일까? 그는 『유팔리노스』 Eupalinos를 어떠한 연유에서 쓰게 되었을까? 그의 손에 조개껍데기 한 조각이 쥐어지면서? 혹은 사전을 펼치고 있던 어느 날 아침 『대백과사전』에서 유팔리노스라는 이름을 읽게 되어서? 혹은, 대화 형식을 시도해 보려 하던 중 우연히 이 형식을 적기에 안성맞춤인 종이 한 장을 찾았기 때문일까? 가장 위대한 작품의 시발점으로 가장 하찮은 상황을 추정해 볼 수 있다. 이 하찮음은 아무것도 약속하지 않는다. 작가가 하찮음을 결정적인 상황으로 만들게 되는 움직임은 그를 그의 타고난 능력과 그의 작품에 일치시키기에 충분하다. 이러한 의미에서, 발레리에게 유팔리노스를 의뢰하였던 출판사 **아르쉬텍튀르** 자체가 바로 그 작품을 쓰기 위해 발레리가 처음 가졌던 재능을 가능하게 한 형식이다. 이러한 의뢰가 그 재능의 시작이었고, 그 재능 자체였다. 하지만 또한 발레리라는 존재, 그의 재능, 그의 세상 사람들과의 대화 그리고 그가 그러한 주제에 관해 보여 주었던 관심, 이 모두를 통해서만 의뢰는 실제의 형식을 얻게 되고 진정한 계획이 되었음을 덧붙여야겠다. 모든 작품은 상황의 작품이다. 간단히 말해서 그 작품은 시작이 있었고, 시간 속에서 시작되었으며 그리고 그 순간의 시간이 작품의 일부를 이룬다는 것을 의미한다. 왜냐하면 그 순간이 없다면 작품은 넘어설 수 없는 문제일 뿐이며, 바로 글쓰기의 불가능에 다름 아니기 때문이다.

    쓰여진 작품이 있다고 하자. 그 작품과 함께 작가는 태어난다. 그 이전엔 그 작품을 쓰기 위해 아무도 없었다. 책으로부터 시작해서, 책과 나뉘지지 않는 하나의 저자가 존재한다. 카프카가 우연히 "그는 창을 통해 바라보았다"라는 문장을 쓸 때, 그가 말하듯이, 그는 이 문장이 이미 완벽하다는 그런 종류의 영감靈感 가운데 자리하고 있다. 이를테면, 그는 이 문장의 저자이며──혹은, 보다 정확히 말해서, 이 문장 덕분에 그는 저자인 것이다. 문장으로부터 그는 자신의 존재를 이끌어 내고, 그 문장을 만들었으며, 그리고 그 문장이 그를 만들고, 문장이 그 자신이며, 그리고 자기 자신 전체가 문장이 존재하는 그대로이다. 여기에 그의 기쁨이, 무엇 하나 섞이지 않은 흠결 없는 기쁨이 있다. 그가 무엇을 쓰더라도, "문장은 이미 완벽하다". 이것이 예술이 목표로 삼는 깊고도 낯선 확실성이다. 쓰여진 것은 잘 쓴 것도 못 쓴 것도, 중요한 것도 공허한 것도, 기억할 만한 것도 잊어버려도 괜찮은 것도 아니다. 이것이 내적으로 아무것도 아니었던 것이, 어김없이 진실한 무엇과도 같이, 어김없이 충실한 번역과도 같이, 바깥의 기념비적 현실 가운데 나타나게 되는 움직임이다. 문장이 번역하는 것은 문장을 통해서만, 문장 속에서만 존재하기 때문이다. 이 확실성은 작가의 내면의 천국과도 같은 것이고, **자동 기술**은 헤겔이 가능성의 밤에서 현전의 대낮으로 나아가는 순수한 행복이라 부른 이른바 황금기를 현실화하는 한 수단에 불과하다고 말할 수 있다. 혹은, 빛 가운데 나타난 것은 밤 가운데 잠자는 것과 다른 것이 아니라는 확실성을 이야기할 수도 있다. 그렇다면 어떤 결과가 생겨날까? "그는 창을 통해 바라보았다"라는 문장 속에 완전히 몰두하여 **빠져든** 작가에게, 이 문장에 관한 어떠한 증명을 요청할 수도 없을 것으로 보인다. 그에게는 문장 이외에는 아무것도 없기 때문이다. 그러나 적어도 문장은 문장대로 존재한다. 그리고 문장은 작가가 문장을 쓰면서 작가가 되는 바로 그 지점에 비로소 존재한다면, 문장은 단지 그의 문장일 뿐만 아니라, 그 문장을 읽을 수 있는 또 다른 사람들의 문장, 이를테면 보편적 문장이다.

여기서 뜻하지 않은 시련이 시작된다. 저자는 다른 사람들이 자신의 작품에 대해 관심을 갖는 것을 본다. 하지만 그들이 작품에 대해 갖는 관심은 작품을 작가의 순수한 번역이 되게 하였던 관심과는 다르다. 그리고 이 다른 관심은 작품을 변화시켜 작가가 자신의 최초의 완전함을 알아보지 못하는 다른 무엇으로 작품을 바꾸어 놓는다. 그를 위한 작품은 사라졌고, 작품은 다른 사람들의 작품이 된다. 그곳에 그들은 있고 그는 없는 작품은 다른 책들이 갖는 가치와 같은 가치를 지니는 한 권의 책, 다른 책들을 닮지 않으면서 독창적이고, 다른 책들의 반영이기에 이해가 되는 한 권의 책이다. 그런데 이 새로운 단계를 작가는 무시할 수 없다. 우리가 보았듯이, 그는 작품 속에서만 존재하고, 하지만 작품은 현실의 반작용에 의해 이루어졌다가 부서지는 기이한 공적인 현실이 될 때 비로소 존재한다. 이처럼 그는 작품 속에 온전히 머물지만, 작품 자체는 사라진다. 이 경험의 순간이 특히 중요한 순간이다. 이 순간을 넘어서기 위해, 모든 종류의 해석이 작용한다. 가령 작가는 **쓰여진 것**을 가능한 한 외부의 삶으로부터 멀리 떼어 놓음으로써 그 완전성을 보존하고자 한다. 작품은 그가 행한 것이지, 시류에 따라서 사람들이 사서, 읽고, 주무르고, 열광하거나 짓밟아 버리는 책이 아니다. 그렇다면, 작품은 어느 순간 존재하는가? 작품은 어디서 시작하고 어디서 끝나는가? 왜 작품을 발표하는가? 자신의 순수한 찬란함을 그 속에 보존해야 한다면 왜 작품을 외부로 넘기고, 모든 사람들의 소유인 단어로 작품을 실현하는가? 왜 텅 빈 대상, 사라져 가는 메아리만을 남기며, 닫힌 비밀스런 내면으로 은둔하지 않는가? 또 다른 해결 방식이 있다. 작가는 자신이 지워지는 것을 받아들인다. 즉, 작품에선 작품을 읽는 자만이 중요하다. 독자가 작품을 만들고, 작품을 읽으면서 독자는 작품을 창조한다. 그가 작품의 진정한 저자이고, 그가 의식이자 그리고 **쓰여진 것**의 생생한 실체이다. 또한 저자는 이러한 독자를 위하여 쓰고 그와 함께한다는 하나의 목표만을 갖는다. 희망 없는 시도이다. 왜냐하면 독자는 자신을 위하여 쓰여진 작품을 원하는 것이 아니라, 그는 거기서 미지의 무엇을, 또 다른 현실을, 그를 변화시킬 수 있고 그가 변화시킬 수 있는 별개의 정신을 발견할 수 있는 바로 그러한 낯선 작품을 원한다. 곧장 대중을 향하여 글을 쓰는 저자는 사실 쓰지 않는 것이다. 쓰는 것은 대중이고, 이러한 까닭에 대중은 더 이상 독자가 될 수 없다. 독서는 겉치레에 불과하며, 실제로 아무것도 아니다. 여기서 읽히기 위해 만들어진 작품들의 무의미함이 비롯되는데, 아무도 그 작품들을 읽지 않는다. 여기서 다른 사람들을 위하여, 다른 사람들의 말을 일깨우고, 그들 스스로를 발견하게 하기 위하여 글을 쓰는 위험이 생겨난다. 실제로 다른 사람들은 자신들의 목소리를 듣기 원하는 것이 아니라 다른 어떤 목소리를, 진실과도 같이 깊고 불편한 실제의 목소리를 원하는 것이다.

    작가는 자신 속에 은둔해 있을 수 없고, 그렇지 않다면 글쓰기를 포기해야 한다. 그는 글을 쓰면서 자신의 고유한 가능성들의 순수한 밤을 희생할 수는 없다. 왜냐하면 ─결코 다른 무엇이 아닌─ 이 밤이 낮이 될 때에만, 그가 지닌 가장 개별적이고 이미 드러난 실존과는 가장 동떨어진 것이 공통의 실존 가운데 모습을 드러낼 때에만, 작품은 활기를 띠기 때문이다. 작가는 사실 결과에 상관없이 글쓰기 자체만을 의식하는 단순한 글쓰기 작업을 본분으로 삼고서 자신을 정당화하려고 할 수 있다. 이것이 우리가 기억하고 있는 발레리의 인사법이다. 그렇다고 하자. 작가는 순수한 기술로서의 예술에 대해 관심을 가지고, 그때까지 쓰여지지 않은 것이 쓰여지는 그 방식들에 대한 유일한 탐구로서의 기법에 대해 관심을 갖는다고 하자. 하지만 경험이 진정한 것이 되려면, 경험은 활동을 그 결과로부터 분리시킬 수 없다. 결과는 결코 항구적이거나 최종적인 것이 아니라, 끝없이 변화해 가며 그리고 알 수 없는 미래에 맞물려 있다. 작품이 만들어지는 방식에만 관심을 갖는다고 주장하는 작가는 자신의 관심이 세상 가운데 빠져들어 온통 이야기에 휩쓸려 가는 것을 보게 된다. 왜냐하면 작품은 작가의 바깥에서도 만들어지며, 그리고 고심한 활동과 심사숙고한 수사修辭에 대해 갖는 그의 의식의 모든 엄격함이 머지않아 그가 제어할 수도 관찰할 수도 없는 살아 움직이는 우연의 놀이 속으로 흡수되기 때문이다. 그러나 그의 경험이 하찮은 것은 아니다. 글을 쓰면서 그는 작업하는 무無와도 같은 자신을 맛보았고, 글을 쓰고 난 후 그는 자신의 작품이 사라지는 그 무엇과도 같다는 것을 맛보게 된다. 작품은 사라진다. 하지만 사라진다는 사실은 남아, 본질적인 것인 양 나타난다. 이를테면 역사의 흐름 속으로 들어가면서 작품이 실현되도록 하는 움직임, 사라지면서 실현되도록 하는 움직임인 양 나타난다. 이러한 경험에 있어서, 작가의 고유한 목표는 결코 일시적 작품이 아니라, 작품을 넘어선 작품의 진리이다. 여기서 창조적 부정의 힘으로서의 글을 쓰는 개인과 부정과 초월의 힘으로서 움직이는 작품은 하나가 되는 것처럼 보인다.

　헤겔이 **그것 그 자체**라 부르는 이 새로운 개념은 문학적 시도에서 중요한 역할을 한다. 이 개념이 너무도 다양한 의미를 갖는다고 해서 문제될 것은 없다. 그것은 작품을 넘어서는 예술이고, 작품이 표현하려는 이상理想이고, 작품 가운데 윤곽을 드러내는 세계이고, 창조의 노력 가운데 작용하는 가치이며, 그리고 창조의 노력의 본래성이다. 그것은, 언제나 사물들 가운데 녹아 드는 작품을 넘어서는, 작가가 자유로이 드러내고자 하였고 자신의 것으로 알아볼 수 있는 그러한 작품의 모델과 본질 그리고 정신적 진리를 지켜 주는 모든 것이다. 목표는 작가가 만드는 것이 아니라, 그가 만든 것의 진리이다. 이러한 점에서 그는 당연히 정직하고 사심 없는 의식, 이를테면 정직한 인간이라 불릴 수 있다. 그러나 주의해야 한다. 문학에서 성실함이 문제될 때, 이미 위선이 자리한다. 불성실한 의식은 여기서 진실이 되고, 그리고 도덕과 진중함에 대한 요구가 클수록 현혹적 허구와 속임도 크다. 물론, 문학은 가치의 세계이다. 만들어진 작품의 초라함 너머로 이 작품에 결여된 모든 것이 마치 작품의 진실인 양 끊임없이 자라나기 때문이다. 그런데 거기서 어떤 결과가 생겨나는가? 영원한 술책, 비상한 숨바꼭질. 여기서 작가는, 그가 무엇을 하든 그가 무엇을 할 수 없었든 그가 염두에 두고 있는 것은 일시적인 작품이 아니라 이 작품과 모든 작품의 정신이라는 미명 아래, 그 정신을 받아들이고, 그리고 작가의 정직한 의식은 거기로부터 가르침과 영광을 이끌어 낸다. 잘 들어 보도록 하자, 이 정직한 의식을. 우리는 그 의식을 알고 있고, 그 의식은 우리들 각자 가운데 깨어 있다. 작품은 실패하여도, 그 의식은 괴로워하지 않는다. 그 의식은 스스로에게 말한다, 그래 할 만큼은 하였다고. 왜냐하면 실패는 작품의 본질이고, 작품의 사라짐은 작품이 실현되게 하기 때문이다. 정직한 의식은 이를 두고 행복해하고, 실패는 그 의식을 만족하게 한다. 그러나 책이 끝끝내 태어나지 못한다면, 순수한 무가 남는가? 그렇다면, 더 잘된 일이다. 침묵, 무, 이것이 바로 문학의 본질, "그것 그 자체"이다. 그렇다, 작가는 그의 작품이 오직 자신에 대해서만 갖는 의미에 기꺼이 가장 높은 가치를 부여한다. 작품이 잘되어도 못 되어도, 유명해져도 잊혀져도 상관없다. 상황은 작품에 무관심하고, 그리고 오직 상황을 부정하기 위해 글을 썼던 그는 이를 기꺼워한다. 그러나 포기와 낙담의 순간에 만들어진, 우연히 태어난 아무런 가치도 의미도 없는 책이 사건들로 인해 순식간에 걸작이 된다면, 어떤 저자가 마음 깊숙이 이 영광을 자신의 것으로 받아들이지 않고, 그 영광 가운데 자신의 공적을, 그 행운의 선물 가운데 자신의 저작, 곧 자신이 사는 시대와 뜻밖의 일치를 이룬 정신의 작업을 보려고 하지 않겠는가?

작가는 누구보다 먼저 자신에게 속하는 자이다. 그는 다른 사람들을 속이는 순간마저 스스로 속는다. 계속해서 들어 보자. 그는 이제 자신의 역할이란 타인을 위해 글을 쓰는 것이며, 글을 쓰면서 독자의 관심만을 염두에 두고 있다고 단언한다. 그는 독자의 관심을 인정하고, 또 믿고 있다. 하지만 거기서 그는 아무것도 아니다. 왜냐하면 먼저 자신이 만드는 것에 대해 주의하지 않는다면, 자신의 고유한 활동으로서의 문학에 관심이 없다면, 그는 글을 쓸 수조차 없기 때문이다. 이를테면 글을 쓰는 자는 그가 아니라, 어느 누구도 아닐 수 있기 때문이다. 따라서 진지한 이상理想을 보증으로 삼거나 항구적인 가치들을 내세운다 해도 소용이 없으며, 이 진지함은 그의 진지함이 아니고 그리고 그는 그가 존재한다고 믿고 있는 곳에 결코 결정적으로 자리할 수 없다. 가령 그가 소설을 쓰고, 그 소설이 어떤 정치적 확신을 담으면서, 그는 이러한 대의大義와 관련된 몫을 지니고 있는 듯하다. 이러한 대의와 직접적으로 관련된 몫을 지니고 있는 다른 사람들은 그때 그를 그들 중의 한 사람으로 받아들이려 하고, 그의 작품 속에서 대의가 진정 그의 대의라는 증거를 보려고 한다. 하지만 그들이 증거를 요청하자마자, 그들이 작가의 활동에 끼어들어 그 활동을 자신들의 것으로 삼으려 하자마자, 그들은 작가란 함께 관련된 몫을 지니고 있지 않으며, 작가 자신에게 관계하는 몫만을 지니고 있으며, 대의에 있어서 작가에게 관심이 있는 것이란 작가 자신의 고유한 활동이라는 것을 알게 된다. 여기에 기만이 있다. 어떤 태도를 취하고 있는 사람들에게 그들과 견해를 같이하는 작가들이 태도를 결정하면서 불러일으키는 불신은 당연한 것이다. 왜냐하면 작가들은 또한 문학을 옹호하는 태도를 취하였고, 그리고 문학은 그 움직임을 통해 마침내 문학이 표상하는 것의 실체를 부정하기 때문이다. 이것이 문학의 법이요 문학의 진리이다. 문학이 요컨대 외부의 진리에 몰두하기 위해 이러한 사실을 거부할 때, 문학은 문학이기를 그만두게 되고 그리고 여전히 작가이기를 고집하는 작가는 기만에 빠진다. 결국 그 무엇에 대한 관심도 포기하면서 벽을 향하여야 하는 것일까? 그러나 그렇다 해도, 엄청난 애매함은 그대로이다. 벽을 바라보는 것, 그것 또한 세계를 향하는 것이며, 벽을 세계로 만드는 것이다. 작가가 자신에게만 관련된 작품의 순수한 내밀함에 빠져 있을 때, 다른 사람들은 ─다른 작가들과 다른 활동을 하는 사람들은─ 적어도 그들의 그것 가운데 그들의 작업 가운데 나름대로 안심하고 있는 듯하다. 그러나 결코 그렇지 않다. 고독한 사람에 의해 쓰여진 고독에 갇힌 작품은 모든 사람들에게 관련된 시선을 담고 있고, 다른 작품들과 시대의 문제들에 관한 암묵의 판단을 담고 있으며, 작품이 무시하고 있는 것과 공모 관계를 이루거나, 작품이 단념한 것의 적이 되기도 하고, 그리고 작품의 무관심은 모두의 열정에 위선적으로 끼어든다.

놀라운 사실은, 문학에서 속임과 현혹은 불가피할 뿐만 아니라, 작가의 정직성을, 그에게 남아 있는 희망과 진실의 몫을 이루고 있다. 오늘날 사람들은 종종 말의 질병에 대해 이야기하고, 심지어 거기에 대해 이야기하는 자들에 대해 불쾌해하기도 하며, 그들이 거기에 대해 이야기하기 위해서 말을 변질시키는 것은 아닌지 의심하기도 한다. 그럴 수 있다. 난처한 것은, 이러한 질병이 또한 말의 건강이라는 사실이다. 모호함이 말을 해치는 것일까? 모호함이 다행스러운 것은, 모호함 없이 대화란 있을 수 없기 때문이다. 오해가 말을 왜곡하는가? 하지만 이러한 오해는 우리의 암묵적 동의의 가능성이다. 공허가 말을 파고드는가? 이 공허가 말의 의미 그 자체이다. 물론 작가는 언제나 고양이를 고양이라 부르는 것을 이상으로 삼을 수 있다. 그러나 그때 자신이 치유와 진정성의 길 위에 있다는 믿음을 관철시킬 수는 없다. 그는 오히려 더할 나위 없이 기만적인데, 왜냐하면 고양이는 고양이가 아니고, 고양이를 고양이라 하는, 이를테면 콜레는 사기꾼이라는 식의 은근한 폭력만을 염두에 두고 있기 때문이다.

속임에는 여러 이유가 있다. 첫번째 이유는 우리가 방금 보았듯이 문학은 서로 구분되고 서로 대립되는 여러 계기들로 이루어진다. 명확하게 보려고 하기에 분석적이 되는 정직성은 이 계기들을 구분하게 된다. 그의 눈앞에 계속해서 작가, 작품, 독자가 이어지고, 계속해서 글을 쓰는 기술, 쓰여진 사물, 쓰여진 사물의 진실 혹은 그것 그 자체. 또한 계속해서 자신의 순수한 부재, 순수한 무위無爲에 해당하는 이름 없는 작가가, 그리고 실현하는 대상에 대해서는 무관심한 실현의 움직임 자체에 해당하는 작업 중인 작가가, 다음으로 작업이 아니라 작업 결과를 통해 가치를 갖고, 만들어진 것이 실제적인 만큼 실제적인, 작업 결과로서의 작가가, 다음으로 이 결과에 의해 확인되기는커녕 오히려 부정되고, 작품으로부터 이상과 작품의 진실과 같은 것들을 구함으로써 그 작품을 일시적 상황으로부터 구해 내는 작가가 이어진다. 작가는 이 계기들 중 다른 것들을 배제한 하나의 계기에 불과하거나, 계기들의 중립적 연속 가운데 상정되는 계기들의 합산이 아니라, 그 계기들을 모으고 통일시키는 움직임이다. 그 결과, 정직한 의식이 작가를 이들 형태 중의 하나로 고정시켜 판단할 때, 가령 작품을 실패한 작품이기 때문에 비난하려고 할 때, 작가의 다른 정직성이 다른 계기들의 이름으로, 실패 속에서 그 승리를 보는 예술의 순수성의 이름으로 항의하게 된다. 마찬가지로 작가는 이 양상들 중의 하나로 인해 문제가 될 때마다, 언제나 다른 모습의 자신을 발견하게 된다. 그래서 멋진 작품의 저자라고 불릴 때 이 작품을 부정하고, 영감과 재능으로 찬사를 받을 때 자신의 연습과 작업만을 보고 있으며, 모든 사람에게 읽힐 때 누가 나를 읽을 수 있겠어? 난 아무것도 쓰질 않았는데 하고 말한다. 이러한 이행이 작가를 영원히 부재하는 자, 의식 없는 무책임한 자로 만드는데, 하지만 그러한 이행이 또한 그의 현전, 그의 위험, 그의 책임의 폭을 이루고 있다.

어려움은, 작가가 단 한 사람에게 속해 있는 여러 모습일 뿐만 아니라, 자신의 각각의 계기가 다른 모든 계기를 부정하고, 하나의 계기만을 위해 모든 것을 요구하며, 화해도 타협도 받아들이지 않는다는 데 있다. 작가는 절대적으로 다른 여러 절대적 요구들에 동시에 응답하여야 하고, 그리고 그의 도덕성은 가차 없는 적대적 규율들의 만남과 대립으로 이루어진다.

    누군가가 그에게 말한다: 너는 글을 쓰지 않고, 무로 남아, 침묵을 지키면서, 단어들에 대해 무심해지겠지.

    다른 누군가가 말한다: 단어들에만 관심을 가져야 해.

    ―아무 말도 하지 않기 위해 써야 해.

    ―무언가를 말하기 위해 써야 해.

    ―작품이 아니라, 너 자신에 대한 경험을, 너에게 미지未知인 것에 대한 앎을.

    ―한 작품을! 다른 사람들이 인정하고, 다른 사람들에게 중요한, 실제적인 작품을.

    ―독자는 지워 버려야 해.

    ―독자 앞에서 너 자신은 지워 버려야 해.

    ―진실해지려고 쓰는 거야.

    ―진실을 위해 쓰는 거야.

    ―그러면, 거짓으로 있어라. 진실을 염두에 두고 글을 쓴다는 것은, 아직 진실이 아닌 것을, 아마도 결코 진실이 될 수 없는 것을 쓰는 것이야.

    ―상관없어, 행동하기 위해 쓰는 거야.

    ―글을 써야 해, 행동하길 두려워하는 넌.

    ―자유가 네 안에서 말하도록 해.

―아! 너에게서, 자유가 말이 되어선 안 돼.

어떤 법을 따라야 할까? 어떤 목소리를 들어야 할까? 하지만 이 모두를 따라야 한다! 분명함이 법이 아니라면, 그때, 어떤 혼란을? 그렇다, 분명함도 마찬가지이다. 따라서 작가는 자기 자신에게 대립하여야 하고, 스스로를 긍정하면서 부정하여야 하며, 낮의 손쉬움 가운데 밤의 깊이를, 결코 시작하지 않은 어둠 가운데 끝날 수 없는 확실한 빛을 찾아야 한다. 그는 세계를 구해야 하고, 심연이 되어야 하며, 존재를 증명해야 하고, 존재하지 않는 것에 발언권을 주어야 한다. 그는 시간의 막바지에, 보편적 충만 가운데 존재해야 하며, 그리고 그는 태어나게 하는 것만의 근원이고 탄생이다. 그는 이 모든 것인가? 그에게 있어서 문학은 이 모든 것이다. 그러나 이것은 문학이 되려고 하는 것, 실제로는 그렇지 않은 것이 아닌가? 그때 문학은 아무것도 아니다. 하지만 문학이 아무것도 아닌가?

문학은 아무것도 아닌 것이 아니다. 문학을 대수롭지 않게 여기는 사람이 문학을 아무것도 아니라 여기고서 문학을 비난한다고 생각하는 것은 잘못이다. '이 모든 것은 그냥 문학일 뿐이다' 하면서. 사람들은 세계 속의 구체적 개입으로서의 행동과 세계의 표면에 대한 수동적 의사 표현인 글로 쓰여진 말을 대립시키고, 그리고 행동의 편에 서서 행동하지 않는 문학을 거절하는 자들과 행동하지 않기 위해 작가가 되는 열정을 모색하는 자들을 대립시킨다. 하지만 이것은 그릇된 비난이고 애정이다. 노동 가운데 역사의 위력을, 세계를 변화시키면서 인간을 변화시키는 위력을 본다면, 작가의 활동 가운데 노동의 탁월한 형태를 제대로 인식할 수 있어야 한다. 노동하는 사람은 과연 무엇을 하는가? 그는 하나의 물건을 생산한다. 이 물건은 그때까지 비현실적이었던 계획의 실현이다. 그것은 그 현실을 구성하는 요소들과는 다른 한 현실에 대한 확인이자, 그 물건이 다른 물건들을 만들 수 있는 수단이 된다는 측면에서 새로운 물건들의 미래이다. 가령 난 내 몸을 덥히려 한다. 이 계획이 하나의 욕구에 그치는 한, 나는 그 계획을 온갖 측면에서 궁리해 볼 수 있으나, 그 계획이 날 덥히지는 못한다. 그러나 벽난로를 하나 제작한다고 하자. 벽난로는 나의 욕구였던 공허한 이상을 진실로 바꾸어 놓는다. 그것은 세계에 없던 어떤 것의 현전을 세계에서 확인하고, 그리고 기존에 존재하지 않았다는 사실을 부정하면서 그것을 확인한다. 이전에는 내 앞에 돌과 쇠가 있었는데, 지금은 돌도 쇠도 없고, 변형된, 다시 말해서 노동을 통해 부정되고 파괴된 요소들의 결과만이 남아 있다. 이 물건과 더불어, 여기 변화한 세계가 있다. 세계의 지나간 상태를 부정하고 그 미래를 준비하게 될 또 다른 물건들을 내가 제작할 수 있도록 해준다는 의미에서 또한 변화한 세계이다. 내가 사물의 상태를 변화시키면서 생산한 이 물건들은 그것들 나름으로 나를 변화시킨다. 열에 대한 관념은 아무것도 아니다. 하지만 실제의 열은 나의 실존을 또 다른 실존으로 바꾸어 놓는데, 그후 이 열 덕택에 내가 새로이 할 수 있는 모든 것은 또다시 나를 다른 나로 바꾸어 놓게 될 것이다. 헤겔과 마르크스가 말하듯이 역사는 이렇게, 존재를 부정하면서 존재를 실현하고 부정 끝에 존재를 드러내는 노동을 통하여 이루어진다.*

---

* 헤겔에 대한 이 해석은 알렉상드르 코제브Alexandre Kojève가 『헤겔 독해 입문』(레이몽 크노Raymond Queneau가 모아 펴낸 『『정신현상학』에 대한 강의』)에서 제안한 것이다.

그러나 글을 쓰는 작가는 무엇을 하는가? 노동하는 인간이 하는 전부, 그것도 탁월한 차원에서 하는 전부이다. 그 대표적인 것이 저작이다. 이 저작을, 그는 자연적 인간적 현실을 변경시키면서 생산한다. 어떠한 언어의 상태에서, 어떠한 문화의 형태에서, 어떠한 책들에서 출발하여, 또 잉크, 종이, 인쇄 설비와 같은 객관적인 요소들에서 출발하여 글을 쓴다. 글을 쓰기 위하여 그는 주어진 상태의 언어를 파괴해야 하고 그것을 다른 형태를 통하여 실현해야 하며, 책들 가운데 존재하지 않는 것을 가지고 한 권의 책을 만들면서 그 책들을 부정해야 한다. 이 새로운 책은 분명 하나의 현실이다. 그것은 보고, 만지고, 읽을 수도 있다. 어쨌든 그것은 아무것도 아닌 것이 아니다. 그 책을 쓰기 전 거기에 대해 어떤 생각을 가지고 있었고, 적어도 그것을 쓸 계획을 가지고 있었는데, 그러나 그 생각과 생각이 실현되는 한 권의 책 사이에서 나는 열에 대한 욕구와 나를 덥혀 주는 난로 사이의 차이와 같은 차이를 발견한다. 쓰여진 한 권의 책은 나에겐 글을 쓰지 않고서는 그것이 어떻게 되리라고 상상해 볼 수 없는, 놀라운, 예견할 수 없는 하나의 혁신이다. 그리하여 그것은 나에게 하나의 경험으로 나타나는데, 경험의 효과는 그것이 아무리 의식적으로 생겨난다 하더라도 나를 벗어나고, 그 경험 앞에서 나는 같은 모습의 나를 되찾을 수 없다. 그 이유는 다른 무엇 앞에서 나는 다른 사람이 되기 때문이다. 더욱 결정적인 이유는 내가 어떤 관념밖에 갖지 못했고, 그 무엇을 통해서도 내가 미리 알 수 없었던 그 다른 사물이 ─ 책이 ─ 바로 다른 사람이 된 나 자신이기 때문이다.

쓰여진 사물로서의 책은 책이 그 변화와 부정의 작업을 완성하는 세계로 들어간다. 책 또한 다른 많은 사물들의 미래이다. 그리고 책은 단지 다른 책들의 미래일 뿐만 아니라, 다른 책들을 태어나게 하는 계획들, 책이 북돋워 주는 기획들, 책이 그 변화한 반영을 보여 주는 세계 전체 등 이 모두에 의한 새로운 현실들의 무한한 원천이다. 여기서 출발하여 실존은 과거와는 다른 것이 될 것이다.

그렇다면 책은 아무것도 아닌가? 그런데 어떻게 하여 난로를 제작하는 활동은 역사를 이루고 이끄는 노동으로 받아들여지고, 어떻게 하여 글을 쓰는 행위는 역사의 변경에 머무는, 역사가 마지못해 데리고 가는 순수한 수동성으로 보이는가? 물음이 엉뚱해 보이기는 하나, 하지만 이 물음은 견디기 힘든 무게로 작가를 압박한다. 우선, 사람들은 쓰여진 작품의 창작력은 비할 바 없이 탁월한 것이라고 말한다. 또한 작가는 어느 누구보다 뛰어난 능력을 타고났다고 말한다. 그는 척도尺度 없이 한계 없이 행동한다. 우리가 알고 있듯이, (혹은 우리가 믿고 싶어 하듯이) 단 하나의 작품이 세계의 흐름을 바꾸어 놓기도 한다. 그러나 바로 이것이 생각해 보아야 할 문제이다. 저자들의 영향력은 너무도 엄청나고, 그 영향력은 그들의 활동 자체를 훨씬 능가하는데, 그러다 보니 작가의 활동 가운데 실제적인 것은 그 영향력 가운데 통용되지 않고, 그 영향력은 이 보잘것없는 현실 가운데 영향력의 진폭에 필요하다고 할 수 있는 그 진정한 실체를 찾을 수가 없다. 한 명의 작가가 무엇을 할 수 있는가? 전체, 무엇보다 전체이다. 그는 노예처럼 갇혀서 억압당하면서도, 글을 쓰기 위한 얼마간 자유로운 순간을 발견한다. 노예 없는 세계, 노예가 주인이 되면서 새로운 법을 세우는 그러한 세계를 창조하는 **자유로운** 순간을. 이렇게, 글을 쓰면서, 예속된 인간은 즉각 자신을 위한, 세계를 위한 자유를 획득한다. 그는 자신이 아닌 것이 되기 위하여 자신이라는 것 전체를 부정한다. 이러한 의미에서 그의 작품은 가장 원대하고 가장 중요한 경이로운 활동이다. 그러면, 좀더 자세히 살펴보도록 하자. 그가 갖지 못했던 자유가 **즉각적으로** 주어지는 만큼, 작가는 자유라는 추상적 관념을 실현하기 위해 실제로 행해져야 하는 것을 무시한다. 그에게 있어서 부정은 **총체적**이다. 그의 부정은 벽 속에 갇힌 인간의 상황을 부정할 뿐 아니라, 이 벽에 탈출구를 만들어야 하는 시간을 뛰어넘는다. 그의 부정은 시간의 부정을 부정하고, 한계의 부정을 부정한다. 그래서 결국, 그의 부정은 아무것도 부정하지 않고, 부정이 실현되는 작품은 그 자체가 실제로 파괴와 변화를 가져오는 부정의 활동이 아니라, 차라리 부정하지 못하는 무력無力을 실현하고 세계 속의 개입의 거절을 실현하여, 시간의 경과를 따라 사물들 가운데 구현해야 할 자유를 시간 너머의 공허하고 다가갈 수 없는 이상으로 변화시킨다.

　작가의 영향력은 전체의 주인이 된다는 그러한 특권에 관련되어 있다. 그러나 그는 다만 전체의 주인일 뿐이며, 무한한 것만을 소유할 뿐이다. 그리하여 그에겐 끝난 것이란, 한계란 없다. 그런데 우리는 무한 속에서 행동하지 않으며, 한계를 넘어서는 아무것도 이루지 못한다. 따라서 작가가 책이라 불리는 실제의 사물을 생산하면서 그야말로 실제적으로 활동한다면, 그는 이러한 행위를 통하여 모든 행위의 가치를 손상시키고 있다. 그는 여기서 확정된 사물과 규정된 노동의 세계를, **전체가 즉각** 주어지는 세계로, 독서를 통한 즐거움을 제외하고는 아무런 할 일이 없는 세계로 대체하고 있다.

　일반적으로, 작가는 거기로 들어서면서 실제 삶의 문제는 잊어버리는 그러한 상상 세계의 주인이기에 비활동적일 수밖에 없는 것처럼 보인다. 그러나 그가 보여 주는 위험은 훨씬 심각한 것이다. 사실 작가는 비현실적인 것을 다루기 때문이 아니라, 현실 **전체**를 우리의 재량하에 두기 때문에 행위의 의미를 손상시킨다. 비현실은 전체와 더불어 시작된다. 이미지라는 것은 세계 너머에 있는 이상한 세계가 아니라, 세계 자체, 하지만 전부로서, 전체로서의 세계이다. 그래서 이미지라는 것은 세계 속에 있지 않은데, 왜냐하면 그것은 세계에서 찾을 수 있는 모든 개별적 현실의 총체적 부정을 통해, 개별 현실이 작동하지 않는 개별 현실의 부재를 통해, 부재 자체의 실현을 통해 그 전체에 있어서 포착되고 실현되는 세계이기 때문이다. 문학 창조는 부재의 실현과 더불어 시작된다. 문학 창조는 각각의 사물로, 각각의 존재로 돌아오면서 그것들을 창조한다는 환상을 가지는데, 왜냐하면 문학 창조는 이제, 전체**로부터**, 전체**의** 부재로부터, 말하자면 아무것도 아닌 것으로부터 시작하여 각각의 사물과 존재를 보고 이름을 부여하기 때문이다.

    순수한 상상력이라 불리는 문학은 분명 나름대로의 위험을 지니고 있다. 먼저, 문학은 순수한 상상력이 아니다. 문학은 문학이 일상적 현실과 현재 일어나고 있는 사건들과는 동떨어져 있다고 믿고 있는데, 하지만 정확히 말해서 문학은 그것들과 간극을 두고 있고, 문학은 바로 이 간극이다. 이를테면 불가피하게 일상을 고려하면서 일상을 멀어짐으로 순수한 낯섦으로 묘사하는, 일상 앞에서의 물러서기이다. 게다가 문학은 이러한 간극 두기를 절대적 가치로 받아들이고, 그리고 그러한 멀어짐은 따라서 일반적 이해의 원천이자, 거기에 매혹을 느끼는 사람들에게 있어서 제한된 이해에 불과한 그들의 삶과 억압된 전망에 불과한 시간으로부터 벗어나 전체를 포착하고 즉각 전체에 이르는 힘이다. 이 모두는 허구와 같은 거짓이다. 그러나 결국 그와 같은 문학은 우리를 속이지 않는 것을 문학으로 삼는다. 문학은 이미지라는 것으로 주어지고, 잠을 청하는 사람들만 잠들게 한다.

행동 문학은 한층 더 현혹적이다. 행동 문학은 사람들이 무엇을 하도록 독려한다. 그러나 행동 문학이 어쨌든 본래적 문학이 되려고 한다면, 행동 문학은, 그러한 행동이 추상적이고 절대적 가치를 지닌 비현실을 가리키는 그러한 세계로부터 출발하여, 사람들에게 해야 할 그 무엇, 곧 정해진 구체적 목표를 제시한다. 문학 작품 속에 표명될 수 있는 것으로서의 '해야 할 그 무엇'은 결국 '전체가 해야 할 것'이라는 사실에 다름 아니다. 이를테면 해야 할 그 무엇이 그러한 전체로서, 즉 절대적 가치로서 확정되든지, 해야 할 그 무엇이 스스로를 입증하고서 다시 시작되기 위해 그 속으로 사라질 그러한 전체를 필요로 하든지 해야 한다. 작가의 언어는 비록 혁명적이라 하더라도 명령의 언어는 아니다. 그는 명령하지 않고, 제시하며, 그리고 그는 그가 보여 주는 것을 제시하면서 제시하는 게 아니라, 보여 주는 것을 전체 뒤에서 마치 의미로서, 그러한 전체의 부재로서 보여 주면서 제시한다. 결과적으로, 작가의 독자에 대한 호소는 세계에서 쫓겨난 사람이 세계의 외곽에 조용히 머물며 세계로 다시 들어가려는 노력만을 보여 주는 그러한 공허한 호소에 불과하거나—혹은, '해야 할 그 무엇'은 절대적 가치에서 출발하여야만 다시 포착될 수 있기에 독자에게는 분명히 이루어질 수 없는 것으로, 또는 이루어지기 위해 작업도 행위도 필요로 하지 않는 것으로 나타난다.

우리가 알고 있듯이, 작가는 금욕주의, 회의주의, 불행한 의식 등으로 불리는 주요 성향들을 지니고 있다. 이러한 성향들은 작가가 성찰된 것들이라는 이유에서 채택한 사유의 경향들, 하지만 오로지 문학을 통해서만 작가가 성찰하는 사유의 경향들이다. 금욕주의자, 그는 이른바 종이 위에서만 존재하는 세계의 인간인데, 죄수 혹은 불행한 인간과도 같은 그는 자신의 조건을 금욕적으로 견디어 낸다. 왜냐하면 그러한 가운데 그는 글을 쓸 수 있고, 그리고 글을 쓰는 자유의 시간은 그를 강인하게 하고 자유롭게 하며, 그가 아랑곳하지 않는 작가 고유의 자유가 아니라 보편적 자유를 그에게 허락하기 때문이다. 허무주의자, 왜냐하면 그는 각각의 사물을 천천히 변화시키는 일정한 방식의 작업을 통하여 이것저것을 부정할 뿐 아니라, 전체를 한꺼번에 부정하는데, 이를테면 전체에만 관계하기에 전체를 부정할 수밖에 없기 때문이다. 불행한 의식! 우리가 너무도 자주 목격하는 이 불행은, 작가가 이른바 다음과 같은 여러 상반된 계기들에 대한 고통스런 의식을 통해서만 작가가 될 수 있다고 할 때, 보다 심층적인 작가의 재능이라 할 수 있다. 이를테면 영감은 모든 작업을 부정하고, 작업은 재능 없음을 부정하고, 지나가는 작품, 거기서 작가는 스스로를 부정하면서 완성되며, 전체로서의 작품, 거기서 작가는 스스로 물러서서 다른 사람들에게서 자신과 그들에게 제공하는 것처럼 보이는 것 전체를 회수한다. 그러나 작가는 또 다른 성향에 속한다.

아무것도 아닌 것에서 전체로 아무런 매개 없이 쉼 없이 나아가는 움직임이 작가에게 있다고 인정하도록 하자. 부정否定이 작용하는 비현실에 대해 만족하지 않는 그러한 부정을 작가에게서 살펴보도록 하자. 왜냐하면 부정은 스스로가 실현되기를 바라는데, 그리고 그것은 실제적인 무엇을, 단어들보다 더 한층 실제적인 무엇을, 부정 속에서 다루어지는 고립된 개인보다 더 한층 진실한 무엇을 부정함으로써만 실현될 수 있기 때문이다. 따라서 부정은 작가를 세계의 삶과 대중적 실존을 향해 끊임없이 나아가게 하는데, 그것은 작가가 글을 쓰면서 어떻게 그와 동일한 실존이 될 수 있는가를 알아차리도록 하기 위해서이다. 그리하여 그는 역사 속에서 전체가 물음으로 나타나는 결정적 순간을, 법, 신앙, 국가, 저 높은 세계, 어제의 세계 이 모두가 아무런 노력 없이 아무런 수고 없이 무로 빠져드는 결정적 순간을 만난다. 인간은 자신이 역사를 떠나지 않았음을 안다. 그러나 역사는 이제 공허한 것이며, 역사는 스스로 실현되는 공허이며, 역사는 사건이 된 **절대적** 자유이다. 그러한 시기를 두고, 사람들은 **혁명**이라 부른다. 이 순간 자유는 **전체**가 가능하고 전체가 이루어질 수 있는 식의 **즉각적** 형태로 실현되기를 요구한다. 그 순간을 알았던 자는 실제로 그 순간으로부터 되돌아올 수 없는 우화와도 같은 순간이 그것이다. 왜냐하면 그는 역사를 자신의 고유한 역사로, 자신의 고유한 자유를 보편적 자유로 알았기 때문이다. 우화가 말하고, 우화의 말이 행동이 되는 그야말로 우화의 순간. 이 순간이 작가를 유혹한다는 것은, 너무도 당연하다. 혁명적 행동은 모든 점에 있어서, 이를테면 아무것도 아닌 것으로부터 전체로의 이행, 절대적인 것의 사건으로서의 확인, 각각의 사건의 절대적인 것으로서의 확인 등과 같이, 문학이 구현하고 있는 행동과 유사하다. 혁명적 행동은 세계를 변화시키기 위해 몇몇 단어를 나열하기만 하면 되는 작가와 동일한 위력으로 어렵지 않게 폭발한다. 혁명적 행동은 또한 동일한 순수의 요구를 지니고 있으며, 그리고 그 행동이 행하는 모든 것이 절대적으로 가치가 있다는 확신은 평가받을 만한 바람직한 어떤 목적에 따른 행동이 아니라, 그 자체가 최종 목적, **최종** 행위라는 데서 비롯한다. 이 최종 행위가 바로 자유이고, 더 이상 자유와 아무것도 아닌 것 사이의 선택이란 없다. 따라서 여기서 허락될 수 있는 유일한 말은, **자유 혹은 죽음**이다. 공포정치는 이렇게 생겨난다. 개개의 인간은 정해진 일과에 따라 일하고 여기 바로 지금 활동하는 개인이기를 멈춘다. 그는 다른 곳도 내일도, 작업도 작품도 모르는 보편적 자유이다. 그러한 순간 어느 누구도 더 이상 할 일이 없는데, 왜냐하면 전체가 다 행해졌기 때문이다. 어느 누구에게도 더 이상 개인적 삶의 권리란 없으며, 전체가 공적이며, 그리고 죄가 가장 무거운 자는 비밀을 지니고, 자신만의 생각과 내면을 간직한, 이를테면 혐의자이다. 따라서 결국 누구에게도 자신의 삶에 대한 권리란, 실제로 나뉘지고 물리적으로 구분되는 자신의 실존에 대한 권리란 없다. 이것이 공포정치의 의미이다. 개개의 시민은 말하자면 죽음에의 권리를 갖는다. 죽음은 그에 대한 유죄 판결이 아니라, 그의 권리의 본질이다. 그는 죄인으로서 제거되는 것이 아니라, 스스로가 시민임을 확인하기 위해 오히려 죽음을 필요로 하고, 그리고 죽음의 소멸 가운데 자유는 그를 태어나게 한다. 이 점에서 프랑스대혁명은 모든 다른 혁명들보다 한층 더 분명한 의미를 갖는다. 공포정치에서 죽음은 반란자들에 대한 유일한 징벌이 아니다. 모두가 필요로 하는 피할 수 없는 만기일과도 같은 죽음은 자유로운 모든 사람에게 있어서 마치 자유라는 노동 그 자체와도 같다. 생쥐스트와 로베스피에르의 목에 칼이 떨어질 때, 그 칼은 어떤 개인을 표적으로 하는 것이 아니다. 로베스피에르의 미덕과 생쥐스트의 엄정함은 이미 제거된 그들의 실존이고, 그들 죽음의 예고된 현전이며, 자유가 그들에게 있어서 철저하게 긍정되도록, 자유가 그 보편적 특성으로 인해 그들 삶의 고유한 현실을 부정하도록 내버려 두는 결정에 다름 아니다. 아마 그들이 공포정치가 군림하도록 하는 것 같다. 하지만 그들이 구현하는 공포정치는 그들이 명령하는 죽음에서 비롯되는 것이 아니라, 그들 스스로에게 가하는 죽음에서 비롯한다. 그들은 죽음의 모습을 띠고 있고, 그들은 어깨 위에 죽음을 두르고서 생각하고 결정하는데, 그래서 그들의 사유는 냉정하고 가혹하며, 그 사유는 절단된 머리의 자유를 갖는다. 공포정치가들은 절대적 자유를 원하는 바로 그 순간 그들이 죽음을 원하고 있음을 알고 있고, 그들은 그들이 실현하는 죽음을 긍정하듯이 긍정하는 자유를 의식하고 있으며, 결과적으로 그들은 생존하면서, 살아 있는 사람들 가운데 살아가는 사람으로서가 아니라, 존재를 박탈당한 존재들로서, 보편적 사유로서, 역사를 넘어서 역사 전체의 이름으로 판단하고 결정하는 순수한 추상으로서 살아가는 사람들이다.

　죽음이라는 사건 자체는 더 이상 중요하지 않다. 공포정치 동안, 개인들은 죽어가고 그리고 그것은 무의미한 일이다. 헤겔이 그의 유명한 문장에서 말하듯이, "그것은 배추 머리를 자르거나 물 한 모금 마시는 것 이상의 의미가 없는 가장 싸늘하고 가장 하찮은 죽음이다". 왜? 죽음은 자유의 완성, 이른바 가장 풍부한 의미의 순간이 아닌가? 하지만 또한 죽음은 자유의 공허한 지점에 지나지 않고, 그러한 자유가 아직은 추상적이고 이상적(문학적)인, 궁핍과 진부함이라는 사실의 명시에 지나지 않는다. 각자는 죽고, 하지만 모든 사람은 산다. 사실 이것은 또한 모든 사람이 죽었다는 것을 의미한다. 그러나 '죽었다'는 것은 세계가 된 자유의 긍정적 측면을 가리키는데, 여기서 존재는 절대적인 것으로 드러난다. 반대로, '죽는다'는 것은 개인의 내면적 드라마의 모든 가치를 상실한 구체적 현실이 없는 순수한 무의미인데, 왜냐하면 더 이상의 내면이 없기 때문이다. 이것은 **나는 죽는다**는 사실이 죽는 나에게는 더 이상 고려할 바가 없는 어떤 진부함을 의미하는 순간이다. 자유로운 세계에서 자유가 절대적 출현인 순간, 죽는다는 것은 아무런 중요성이 없으며 그리고 죽음은 깊이가 없다. 이것이, 공포정치와 혁명이 — 전쟁이 아니라 — 우리에게 가르쳐 준 것이다.

    작가는 혁명 가운데 자신을 알아차린다. 혁명은 문학이 역사가 되는 시간이기 때문에 작가를 매혹시킨다. 혁명은 그의 진실이다. 글을 쓴다는 그 사실을 통해 내가 혁명이고, 오직 자유만이 나로 하여금 글을 쓰게 한다는 생각에 이르지 않는 모든 작가는 사실상 글을 쓰지 않는 것이다. 1793년, 혁명과 공포정치를 자신과 완전히 동일시한 인간이 있다. 그는 자신의 중세 성채의 감시구에 묶여 있는 귀족이요, 차라리 내성적이고 지나칠 정도로 예의 바른 아량 있는 인물이다. 그런데 그는 글을 쓰고, 그가 하는 것이란 글쓰기뿐이다. 자유가 그를 풀려나게 했던 바로 그 바스티유 감옥에 자유가 그를 다시 집어넣는다 하여도 소용없는 일이다. 그는 자유를 가장 잘 이해하고 있는 인물이다. 그는 자유란 가장 무모한 열정이 정치적 현실로 바뀔 수 있고, 낮으로의 권리를 가지며, 법이 되는 바로 그러한 순간임을 이해하고 있다. 그는 또한 그에게 있어서 죽음이란 가장 커다란 열정이며 배추 머리를 자르듯이 사람들의 머리를 자르는 하찮은 것 중의 하찮은 것이 되는 바로 그러한 인물이다. 그 무심함이 너무도 의연하여 그가 보여 주는 죽음보다 더 이상 비현실적인 것도 없다. 그러나 죽음 속엔 지고함이 있었으며 자유가 죽음이었음을 어느 누구도 그보다 생생하게 느끼진 못하였다. 탁월한 작가 사드는 작가의 모든 모순을 통합하였다. 홀로인, 그 누구보다도 홀로인, 하지만 공적인 인물이자 중요한 정치인이다. 영원히 감금된 그리고 절대적으로 자유로운, 이론가이자 절대적 자유의 상징이다. 그는 하나의 거대한 작품을 쓰고, 그리고 이 작품은 어느 누구를 위해서도 존재하지 않는다. 미지의 것, 하지만 그가 보여 주는 것은 모두에게 즉각적인 의미를 갖는다. 한 사람의 작가에 불과한 그는 잔혹과 광기가 된 열정, 그러한 열정에까지 이른 삶을 보여 주고 있다. 상식과는 가장 거리가 먼, 가장 기이하고 가장 비밀스런 감정에서 그는 보편적 긍정을, 이를테면 역사로 넘겨지면서 그 총체적 인간 조건에 대한 적절한 설명이 되는 공적인 언어의 현실성을 이룩한다. 결국 그는 부정 자체이다. 그의 작품은 부정의 작업에 다름 아니다. 그의 경험은 타인들을 부정하고, 신을 부정하고, 자연을 부정하는 부정의 움직임, 쉬지 않고 달린 궤도 내에서 절대적 지고로서의 부정을 향유하는 피투성이가 된 가차 없는 부정의 움직임에 다름 아니다.

문학은 혁명 속에서 스스로를 비추어 보고, 스스로를 증명한다. 그리고 사람들이 혁명을 **공포정치**라 부른 것은, 죽음으로부터 말의 가능성과 진실을 구하기 위하여 "삶이 죽음을 떠맡고 그 죽음 가운데 삶이 유지되는" 그러한 역사적 순간을 혁명은 진정한 이상으로 삼고 있기 때문이다. 이것이 바로 문학에서 완성되려고 하는 문학의 존재 그 자체인 '물음'이다. 문학은 언어와 관계하고 있다. 언어는 안심이 되는 동시에 불안이 되기도 한다. 우리는 말을 하면서 만족스럽고도 손쉽게 사물들을 지배한다. 이 여인을 말하면서 나는 즉각 그녀를 멀리 보냈다 가까이

데려왔다 마음대로 다루고, 그녀는 내가 바라는 대로의 그녀 전부이며, 그녀는 가장 놀라운 변형과 행동의 장소가 된다. 말은 삶의 편의이자 안전장치다. 이름 없는 대상을 두고 우리는 무엇을 해야 할지 아무것도 모른다. 원초적 존재는 말의 소유가 그 존재에 사물을 다스리는 힘을 준다는 것을 알고 있다. 그러나 말과 세계와의 관계는 그 존재로서 볼 때 너무도 완벽하여, 언어를 다룬다는 것이 존재들과의 접촉만큼이나 어렵고 위험스러운 것으로 남아 있다. 이를테면 이름은 사물에서 나온 것이 아니고, 위태롭게 세계에 나온, 그러나 언제나 사물의 숨은 내밀성으로 남아 있는 사물의 내면이다. 따라서 사물은 아직 이름 붙여진 것이 아니다. 인간은 문명인이 되면 될수록, 말을 더욱더 단순하고 냉정하게 다룬다. 이것은 말이 그것이 지시하는 것과 모든 관계를 잃어버렸다는 것을 의미하는 것인가? 그러나 이러한 관계의 부재는 결함이 아니고, 그리고 그것이 결함이라면 언어는 결함으로부터 그 가치를 얻게 되는데, 그렇다면 모든 것 가운데 가장 완전한 언어는 정밀하게 말해지고 거기에 대응하는 아무런 존재를 갖지 않는 수학 언어이다.

나는 말한다, 이 여인이라고. 횔덜린, 말라르메 그리고 시의 본질을 시의 주제로 삼는 모든 시인들은 명명의 행위에서 염려스러운 경이를 보았다. 말은 나에게 말이 의미하는 것을 주지만, 먼저 그것을 지워 버린다. 내가 이 여인이라고 말할 수 있기 위해서는 이런저런 방식으로 그녀에게서 뼈와 살로 된 현실을 몰수하여 부재하게 하고 없애 버려야 한다. 말은 나에게 존재를 주지만, 존재를 박탈당한 존재를 준다. 말은 이 존재의 부재이고, 존재의 무이며, 존재를 상실했을 때 존재에서 남는 것이다. 말하자면 그것은 존재하지 않는다는 그 사실일 뿐이다. 이러한 관점에서 볼 때, 말한다는 것은 기이한 권리이다. 이 점에 관하여 횔덜린의 친구이자 동료였던 헤겔은 『정신현상학』에 앞선 글에서 다음과 같이 적었다. "아담이 동물들의 주인이 되게 하였던 최초의 행위는 동물들에게 이름을 부과하는 일이었다. 이를테면 그는 동물들을 (존재자들로서의) 그들 실존 가운데서 소멸시켜 버렸다."* 헤겔이 의미한 것은 이 순간 고양이는 그리하여 하나의 관념이 되기 위하여 유일하게 실재하는 고양이이기를 멈춘다는 사실이다. 따라서 말의 의미는, 모든 말의 서언序言인 양, 모든 창조물을 어떤 완전무결한 바다에 빠트리는 일종의 거대한 학살을, 예비적인 대홍수를 요구한다. 신은 존재들을 창조하였으나, 인간은 그것들을 없애야 했다. 그리하여 그것들은 인간을 위한 의미를 얻고, 인간은 그것들이 사라진 그 죽음으로부터 인간 나름으로 그것들을 창조하였다. 하지만, 존재 대신에, 그리고 사람들이 말하듯이 존재자 대신에, 존재에 관한 것만 남았으며, 자신이 생겨나게 해야 했던 의미를 통하지 않고서는 인간은 그 어느 것에 다가갈 수도 그 어느 것을 살아갈 수도 없는 운명에 처하게 되었다. 인간은 자신이 낮 속에 갇혀 있음을 보았고, 그리고 그 낮이 끝날 수 없다는 것을 알았는데, 왜냐하면 종말 자체가 빛이었고, 존재들의 종말로부터 존재들의 의미 즉 존재가 왔기 때문이다.

물론 나의 언어는 어느 누구도 죽이지 않는다. 그러나 내가 '이 여

---

* 『1803~1804 체계』라는 이름 아래 모은 시론試論, 『헤겔 독해 입문』에서 A. 코제브는 『정신현상학』의 한 구절을 해석하면서 헤겔에게 있어서 어떻게 이해가 하나의 살해 행위와 동등한가를 놀라운 방식으로 보여 주고 있다.

인'이라고 말할 때, 실제의 죽음이 예고되고, 그리고 그러한 죽음은 이미 나의 언어 가운데 현전한다. 나의 언어는 지금 여기 있는 이 인물이 그녀 자신으로부터 분리되고, 그녀의 실존, 그녀의 현전으로부터 벗어나, 갑자기 실존과 현전의 무 가운데 빠져들 수 있다는 것을 의미한다. 나의 언어는 본질적으로 이러한 파괴의 가능성을 의미한다. 그것은 매 순간 어떤 사건에 대한 단호한 암시이다. 나의 언어는 어느 누구도 죽이지 않는다. 그러나 만약 이 여인이 실제로 죽을 수 없다면, 만약 이 여인이 삶의 매 순간 본질적 연관에 의해 그녀와 연관되고 하나 되는 죽음의 위협을 받고 있지 않다면, 나는 이 이상적인 부정을, 나의 언어라는 이 연기된 살해를 성취하지 못할 것이다.

따라서 정확히 이렇게 말할 수 있다. 내가 말할 때, 나에게서 죽음이 말하고 있다고. 나의 말은 죽음이 바로 이 순간 세계 속에 던져졌다는 경고이고, 말하는 나와 내가 부르는 존재 사이에 죽음이 갑자기 나타났다는 경고이다. 죽음은 우리를 분리시키는 우리 사이의 거리와 같다. 그러나 이 거리는 또한 우리가 분리되지 못하게 하는 것이기도 한데, 모든 일체감의 조건이 이 거리 가운데 존재하기 때문이다. 오직 죽음만이 내가 도달하고 싶은 것을 붙잡을 수 있도록 허락한다. 죽음은 말에 있어서 그 의미의 유일한 가능성이다. 죽음이 없다면, 모든 것은 부조리 속으로, 무 속으로 무너져 내릴 것이다.

이러한 상황에서 여러 가지 결과가 생겨난다. 나에게 있어서 말하는 능력은 나의 존재의 부재에 연관되어 있는 것이 분명하다. 내가 나를 이름하는 것은, 마치 나의 장례의 노래를 부르는 것과도 같다. 나는 나로부터 분리되어, 더 이상 나의 현전, 나의 현실이 아니라, 객관적 비인칭의 현전, 나를 넘어서는 나의 이름의 현전, 돌처럼 굳어진 그 부동성이 나에겐 공허를 무겁게 누르는 묘석과도 같은 현전이다. 내가 말할 때, 나는 내가 말하는 것의 실존을 부정하고, 그것을 말하는 자의 실존 또한 부정한다. 나의 말이 존재를 그 비실존 가운데 드러낸다면, 나의 말은 이러한 드러남에 있어서 말하는 자의 비존재로부터, 말하는 자가 자신으로부터 멀어져 자신과는 다른 존재가 되는 그러한 능력으로부터 말하게 된다는 사실을 긍정한다. 바로 이러한 이유에서, 진정한 언어가 시작되기 위해, 이 언어를 짊어지고 갈 삶은 그 자체의 무에 대한 경험을 해야 했고, 삶은 "그 깊이에서 전율해야 했으며, 삶에 있어서 고정되고 안정된 모든 것은 흔들려야만 했다". 언어는 공허와 더불어 비로소 시작한다. 어떠한 충만도 어떠한 확실성도 말하지 못한다. 자신을 표현하는 자에게는 본질적인 것이 결여되어 있다. 부정은 언어에 연관되어 있다. 그 출발에 있어서, 나는 무엇을 말하기 위하여 말하는 것이 아니라, 말하기를 요구하는 것은 아무것도 아니며, 아무것도 말하지 않으며, 아무것도 아닌 것이 말에서 그 존재를 찾으며 그리고 말의 존재는 아무것도 아니다. 이러한 어법은 문학의 이상이 왜 아무 말도 말하지 않는 것, 아무것도 말하지 않기 위하여 말하는 것일 수 있었던가를 설명해 준다. 이것은 사치스런 허무주의의 몽상이 아니다. 언어는 존재하고 있는 것이 아니라 실존 앞에서의 후퇴에 그 의미를 빚지고 있음을 알고 있고, 그리고 언어는 이러한 후퇴에 만족하고, 부정 그 자체에 이르고자 하며, 결코 아무 일도 하지 않게 되는 유혹을 감내한다. 사물들에 관하여 우리는 사물들이 아무것도 아닌 것이 되는 바로 그것을 말하면서 말할 수밖에 없다면, 그렇다, 아무 말도 하지 않는 것, 그것이 전체를 말할 수 있는 유일한 희망이 아닌가.

당연히 불안스러운 희망이다. 통상적 언어는, 마치 살아 있는 고양이와 그 이름이 동일한 것처럼, 마치 고양이를 이름한다는 사실이 고양이에게서 그 부재만을, 고양이 그것이 아닌 것만을 간직하는 것에 해당하는 일이 아닌 것처럼, 고양이를 고양이라 부른다. 그럼에도 통상적 언어는, 말은 말이 가리키는 것의 실존을 배제하고, 그 사물의 본질이 된 비실존을 통하여 여전히 그 사물과 관계한다는 점에서, 우선은 옳다. 고양이라고 부르는 것, 그것은 고양이를 고양이가 아닌 것으로, 존재하기를 그치고 살아 있는 고양이이기를 그친 고양이로 만드는 것인데, 하지만 그렇다고 해서 고양이를 개로 만드는 것도, 개가 아닌 것으로 만드는 것도 아니다. 이것이 통상적 언어와 문학 언어의 첫번째 차이이다. 통상적 언어는 일단 말로 옮겨진 고양이의 비실존이, 이를테면 고양이 그 자체가 관념(그 존재)으로서 그리고 의미로서 충분하고 확실하게 되살아난다고 가정한다. 말은 고양이가 실존의 차원에서 지녔던 모든 확실성을 존재(관념)의 차원에서 고양이에게 되돌려 준다. 엄격히 말해서 사물들은 변화할 수 있고, 있는 그대로 존재하기를 그치게 되며, 사물들은 적대적이고 활용할 수 없으며 다가갈 수 없는 것으로 남는다. 그러나 이러한 사물들의 존재, 그 관념은 변하지 않는다. 관념은 결정적이고 확실하며, 그래서 영원하다고도 한다. 그러므로 사물들로 되돌아가는 일 없이 말들을 붙잡고, 그것들을 놓치지 말고, 그것들을 병든 것들이라 생각하지 말자. 그렇게 우리는 안심할 수 있으리라.

통상적 언어는 분명 그 존재 이유를 지니고 있으며, 안정이 그 대가이다. 그러나 문학 언어는 불안으로, 또한 모순으로 이루어져 있다. 그 위치는 불안정하며 견고하지 못하다. 한편으로 사물에 대해 언어는 그 의미에만, 그 부재에만 관심을 가지고, 그리고 언어는, 절대적으로 부재 가운데, 부재를 위하여, 그 전체에 있어서 이해의 미결정의 움직임에 이르기를 바라면서, 그 사물에 이르려고 한다. 더구나 문학 언어는 고양이라는 말이 단지 고양이의 비실존일 뿐 아니라 **말**이 된 비실존, 다시 말해서 완벽하게 결정된 객관적 현실임을 알고 있다. 여기서 문학 언어는 어떤 어려움을, 어떤 기만조차 마주하게 된다. 사물의 비현실을 언어의 현실로 옮겨 놓고서, 문학 언어는 어떻게 그 임무를 다하였기를 바랄 수 있겠는가? 어떻게 이해의 끝없는 부재가 말만의 제한되고 한정된 현전과 혼동되는 것을 받아들일 수 있겠는가? 그리고 우리에게 그것을 설득하고자 하는 매일매일의 언어는 그 자체로 속고 있는 것은 아닐까? 실제로, 문학 언어는 스스로 속으며, 그리고 우리를 속이고 있다. 말의 진실은 말로서는 충분치 못하다. 여기서 한마디 들어 둘 필요가 있겠다. 언어 가운데 무는 투쟁하고 작업한다. 출구를 찾으면서, 그것을 가두는 것을 무화시키면서, 쉼 없이 파고든다. 그것은 끝없는 불안이요 형태도 이름도 없는 경계심과도 같다. 말의 한계 내에서 말의 의미라는 유형 아래 무를 억류하였던 봉인은 이미 뜯겨졌다. 여기에, 덜 고정된, 아직은 불확실한, 부정적 본질을 지닌 야성적 자유와 보다 잘 어울릴 수 있는 다른 이름들의 통로가, 불안정한 전체의 통로가, 끝이 아니라 그 전체의 움직임의 통로가, 어느 곳에도 이르지 않는 "어투들"의 끝없는 미끄러짐의 통로가 열려 있다. 이렇게 하여 사물을 직접적으로 가리키는 것이 아니라, 사물 그것이 아닌 것을, 고양이 대신에 개에 대해 말하는 것을 가리키는 이미지가 태어난다. 이렇게 있어야 함에도 유일하게 있지 못한 것의 불안한 요구를 수락하기 위해 모든 언어가 움직임 가운데 호출되는 추적이 시작된다. 그때 그 사물은 각각의 말 사이를 배회한 다음, 그 말들 모두를 부정하기 위해 그 모든 말들을 다시 붙잡으려 한다. 이를테면 그 말들로서는 충족시킬 수도 드러낼 수도 없는 공허를, 그 말들이 그 공허 가운데 함몰되면서, 가리킬 수 있도록.

여기서 그친다 해도, 문학은 벌써 낯설고 성가신 임무를 떠안게 되는 셈이다. 그러나 문학은 여기서 그치지 않는다. 문학은 헤겔이 말하는 그 살해일 수 있었던 최초의 이름을 기억한다. "존재자"는 말을 통해 그 실존 바깥으로 불려 나와 존재가 되었다. **나사로여 바깥으로 나오라**는 말은 시체처럼 어두운 현실을 그 근원적 바탕으로부터 나오게 하였고, 그 대가로 거기에 정신의 삶만을 부여하였다. 언어는 자신의 왕국이 낮이지 드러나지 않은 것의 내밀성은 아니라는 것을 알고 있다. 언어는 알고 있다. 낮이 시작하기 위해서는, 그리고 그 낮이 횔덜린이 엿보았던 동방이기 위해서는, 정오의 휴식이 된 빛이 아니라 존재들을 세계에 도래하게 하여 밝혀 주는 무서운 힘이 되기 위해서는, 무언가가 배제되어야 한다는 것을. 부정은 부정이 부정하는 것의 현실에서 출발할 때에만 실현될 수 있다. 언어는 그 가치와 자부심을 이러한 부정의 완성이 된다는 사실에서 길어 온다. 그러나 출발에서 언어는 무엇을 상실하였는가? 언어의 고뇌는 언어가 그 무엇의 결핍으로 존재하는 그곳에서 불가피하게 결핍하고 있는 그것이다. 언어는 그것을 이름할 수조차 없다.

신을 보는 자는 죽는다. 말에 삶을 주는 것은 말 가운데 죽는다. 말은 이러한 죽음의 삶이고, "말은 죽음을 담고 있는 삶이며 죽음 가운데 유지된다". 놀라운 권능. 그러나 여기 무엇이 있었고, 지금은 더 이상 없다. 무엇이 사라졌다. 어떻게 그것을 되찾을 것인가, 나의 모든 능력이 그것을 가지고 **이후**에 존재하는 것을 만드는 데 있다면 어떻게 나를 **이전**에 존재하는 것으로 되돌려 보낼 수 있는가? 문학의 언어는 이러한 문학을 선행하는 순간에 대한 탐구이다. 일반적으로 문학은 그것을 실존이라 부른다. 문학은 원한다, 존재하는 그대로의 고양이를, **사물의 '방침'** 속에서의 조약돌을, 인간이 아니라 이 사람을, 이 사람 속에 인간이 그를 말하기 위하여 버린 것을, 말의 바탕이 되고 말이 말하기 위해 배제한 것을, 심연을, 무덤 속의 나사로를, 낮으로 돌아온 나사로가 아니라 이미 좋지 않은 냄새가 나는 악으로서의 나사로를, 목숨을 구해 되살아난 나사로가 아니라 잃어버린 나사로를. **나는 말한다, 한 송이 꽃이라고!** 그러나 내가 그 꽃을 끌어들이는 부재 속에서, 꽃이 나에게 주는 이미지를 내던지고 마는 망각을 통해, 그 자체가 마치 미지의 사물처럼 갑자기 나타난 이 무거운 말의 바닥에서, 나는 이 꽃의 어둠을, 나를 가로지르나 내가 들이키지 않는 이 향기를, 나를 적시나 내가 보지 못하는 이 먼지를, 나에게 길을 가리켜 주나 빛은 아닌 이 색채를 열정적으로 불러 모은다. 내가 밀쳐 내는 것에 이르려는 나의 희망은 그런데 어디에 머무는가? 언어의 물질성 가운데, 말 또한 사물이고 자연이며, 나에게 주어진 내가 이해하는 것 이상을 주는 것이라는 사실 가운데 머문다. 조금 전까지만 하여도, 말의 현실은 하나의 장애였다. 이제 그것은 나의 유일한 행운이다. 이름은 하나의 구체적인 덩어리, 실존의 한 덩어리가 되기 위해 비실존이라는 일시적 통로이기를 멈춘다. 언어는 언어가 기어코 되기를 바랐던 그 의미를 벗어나 흐트러진 의미가 되려고 한다. 물리적인 모든 것이 우선적 역할을 한다. 리듬, 무게, 부피, 형상, 그리고 그 위에 글을 쓰는 종이, 잉크의 흔적, 책. 그렇다, 다행히 언어는 하나의 사물이다. 그것은 쓰여진 사물이고, 한 조각의 껍데기이고, 돌의 파편이며, 땅의 현실이 남아 있는 점토 한 조각이다. 말은 이상적 힘이 아니라 어두운 위력처럼, 사물을 강요하여 사물을 사물 바깥에 **실제로** 현전하게 하는 주술처럼 작용한다. 말은 하나의 요소이며, 지하 세계로부터 막 떨어져 나온 한 부분이다. 이를테면 하나의 이름이 아니라 보편적 익명의 순간이고, 날것 그대로의 긍정이며, 어두움 속에서 마주칠 때의 놀라움이다. 여기서 언어는 언어를 구성한 인간 없이 자기 유희를 즐기기를 요구한다. 문학은 이제 작가를 필요로 하지 않는다. 문학은 더 이상 작업하는 영감도, 스스로를 확인하는 부정도, 세계의 전체성에 대한 절대적 관점으로서 세계 속에 기록되는 이상도 아니다. 문학은 세계 너머에 있는 것이 아니며 세계도 아니다. 문학은 **세계**가 존재하기 이전의 사물들의 현전이요, 세계가 사라지고 난 이후의 사물들의 투지이며, 모두가 지워지고도 남아 있는 것의 완강함이요, 아무것도 없을 때 나타나는 것으로부터 오는 얼떨떨함이다. 그래서 문학은 밝히고 결정하는 의식과 혼동될 수 없다. 문학은 **나 없는 나의** 의식이요, 광물의 빛나는 수동성이며, 멍멍함 그 밑바닥으로부터의 명철함이다. 문학은 밤이 아니라 밤의 강박이다. 문학은 밤이 아니라 스스로 놀라기 위해 끊임없이 깨어 있는, 그러한 까닭에 계속해서 흩어지는 밤의 의식이다. 문학은 낮이 아니라, 낮이 빛이 되기 위하여 버린 쪽의 낮이다. 그리고 문학은 죽음도 아니다. 왜냐하면 문학에서는 존재 없는 실존이, 실존 아래 남아 있는 실존이 시작도 끝도 없는 냉혹한 긍정처럼 드러나고, 죽음은 죽음의 불가능성으로 드러나기 때문이다. 문학은, 드러내는 데 무력해지면서, 드러냄이 파괴하는 것의 드러남이 되려고 한다. 비장한 노력이다. 문학은 말한다. 나는 더 이상 표상하지 않고, 존재한다고. 나는 의미하지 않고, 제시한다고. 하지만 하나의 사물이 되려는 의지, 소금으로 변한 말 가운데 잠겨 있는 말하기의 거절, 문학이 마침내 어느 누구의 언어도 아닌 언어 어느 작가의 글도 아닌 글이 되면서 자아를 박탈당한 의식의 빛이 되고 마는 운명, 문학 가운데 자신을 감추고 문학이 나타난다는 사실 뒤에 자신을 숨기기 위한 무진의 노력, 이 모두가 지금 문학이 드러내는 것이고 문학이 보여 주는 것이다. 문학은 돌처럼 말 없고, 그 돌 뒤에 갇힌 시신처럼 수동적이게 될 것이다. 그리하여 말을 잃어버리겠다는 결심은 계속해서 돌 위에서 읽혀지고, 그러면서 그 위장의 죽음을 깨우기에 충분하리라.

문학은 자신의 목표를 향해 스스로를 넘어설 수 없다는 사실을 배운다. 문학은 어디론가 빠져나가고, 스스로를 드러내지 않는다. 문학은 그 자체가 끊임없이 사라지는 것이 나타나는 바로 그 움직임이라는 것을 알고 있다. 문학이 이름할 때, 문학이 가리키는 것은 지워진다. 그러나 지워진 것은 보존되고, 그리고 사물은 (말이라는 존재 속에서) 위협보다는 차라리 피난처를 찾았다. 문학이 이름하기를 거절할 때, 문학이 이름을 가지고 최초의 어둠의 증언과도 같은 어둡고 무의미한 사물을 만들 때, 여기서 사라진 것은 ─이름의 의미는─ 진정 파괴되었다. 그러나 대신에 일반적 의미, 실존의 어둠의 표현으로서 말 속에 새겨진 무의미의 의미가 생겨난다. 그리하여 어휘들의 정확한 의미가 사라지면서, 이제 의미의 가능성 자체가 긍정되고, 낯선 비인칭의 빛으로서의 의미를 주는 공허한 능력이 긍정된다.

낮을 부정하면서, 문학은 숙명으로서의 낮을 다시 세운다. 밤을 긍정하면서, 문학은 밤의 불가능성으로서의 밤을 찾는다. 이것이 문학의 발견이다. 낮이 세계의 빛일 때, 낮은 낮이 우리에게 보여 주는 것을 밝힌다. 낮은 포착하고 살아가는 능력이자, 각각의 물음 속에 '포함된' 대답이다. 그러나 우리가 낮의 해명을 요청한다면, 그리고 우리가 낮 이전에 낮 아래에 존재하는 것을 알기 위하여 그 해명을 거절한다면, 그 때 우리는 낮이 이미 현전해 있고, 그리고 낮 이전의 것도 여전히 낮인 것을, 하지만 나타나게 하는 능력으로서가 아니라 사라지는 무력으로서의 낮이라는 것을, 밝혀 주는 자유가 아니라 어두운 필연으로서의 낮이라는 것을 발견하게 된다. 따라서 낮 이전에 존재하는 것의 본성, 낮을 앞지르는 실존의 본성 그것은 낮의 어두운 측면이고, 그리고 이 어두운 측면은 그 시작의 드러나지 않은 신비가 아니라, 불가피한 낮의 현전, 이른바 '이미 낮이 있음'과 혼동되는 '낮이 없음'이요, 낮이 아직 나타나지 않은 그 순간과 일치하는 낮의 나타남이다. 낮의 흐름 가운데, 낮은 우리가 사물들을 벗어나는 것을 허락하고, 우리로 하여금 사물들을 이해하게 하며, 그리고 우리로 하여금 사물들을 이해하게 하면서 사물들을 투명하고 아무것도 아닌 것이 되게 하는데,—그러나 낮은 우리가 벗어나지 못하는 그것이다. 낮 가운데 우리는 자유로우나, 하지만 낮 자체는 숙명과도 같다. 숙명으로서의 낮은 낮 이전에 존재하는 것의 존재, 즉 말하고 이해하기 위해 거기로부터 돌아서야만 하는 바로 그 실존이다.

어떻게 보면, 문학은 두 가지 측면으로 나뉘어져 있다. 문학은 사물들이 사물들 자체로부터 분리되어, 알려지고 고정되고 전달되기 위해 파괴되는 그러한 부정의 움직임을 향하고 있다. 문학은 이 부정의 움직임을 단편적인 일련의 그 결과들 속에서 받아들이는 데 만족하지 않는다. 문학은 부정의 움직임을 그 자체에 있어서 포착하고, 그리고 그 전체성에 있어서의 결과들에 이르고자 한다. 부정이 모든 것에 대해 옳았다고 가정한다면, 하나씩 다뤄지는 실제의 사물들은 그 사물들이 다 함께 구성하는 이 비현실적 전체를, 전체로서 사물들의 의미가 되는 그 세계를 가리킨다. 그리고 이러한 관점은 문학이, 부정이 완성된다면 사물들이 **실제로** 구성하게 되는 아직 **이미지와도 같은** 그 전체의 관점에서 사물들을 바라보면서, 문학 자신의 관점으로 받아들이는 바로 그 관점이다. 여기에, 비현실성이, 문학의 먹이인 그림자가 생겨난다. 여기에, 단어에 대한 문학의 불신이 있고, 부정의 운동을 언어 자체에 적용할 필요가 있고, 언어 또한 각각의 어휘는 아무것도 아닌 그러한 전체로서 언어를 실현하는 가운데 언어 자체를 소진할 필요가 있다.

하지만 두번째 측면이 있다. 여기서 문학은 사물들의 현실에 대한 염려가, 자유롭고 침묵하는 그 알려지지 않은 실존에 대한 염려가 된다. 문학은 사물들의 순결이자 사물들의 금지된 현전이며, 드러남에 대해 반발하는 존재이자, 바깥으로 드러나기를 바라지 않는 것 자체의 저항이다. 여기서 문학은 어둠과, 목적 없는 열정 그리고 권한 없는 격정과, 세계에서 세계에 등장하기를 끝없이 거절하는 모든 것과 공감을 나누고 있다. 여기서 문학은 또한 언어의 현실과 동맹을 맺는데, 문학은 언어를 윤곽 없는 물질로, 형태 없는 내용으로 만든다. 문학은 언어를 아무 말도 하지 않고, 아무것도 드러내지 않고, 아무 말도 하지 않는 거절을 통해 문학이란 밤으로부터 와서 밤으로 돌아가는 것임을 알리는 데 만족하는 변덕스러운 비인칭의 힘으로 만든다. 이러한 변신이 그 자체로서 결함이 있다는 것은 아니다. 사실 단어들은 변모한다. 단어들은 더 이상 그림자를, 땅을 **의미하지** 않고, 그림자의 부재를 그림자의 의미와도 같은 땅의 부재를, 그림자의 맑음을, 땅의 투명성을 표상하지도 않는다. 불투명성이 단어들의 응답이요, 그 단어들이 말하는 것은 다시 접혀지는 날개의 가벼운 스침이다. 물질의 무게는 모든 의미를 잃어버린 음절의 축적이 가져다주는 숨 막히는 밀도와 함께 단어들 가운데 드러난다. 변신이 일어났다. 그러나 이 변신 가운데, 단어들을 응고시키고 화석화시키고 마비시킨 변화를 넘어, 그 단어들을 밝히는 변신의 의미가 다시 나타난다. 이를테면 사물로서의 단어들의 나타남으로부터, 혹은, 그럴 수만 있다면, 아무것도 나타나지 않는, 외현 없는 깊이의 품과도 같은, 어렴풋한 미결정의 붙잡을 수 없는 실존으로서의 단어들의 나타남으로부터, 단어들이 얻는 의미가 다시 나타난다. 문학은 진정 단어들의 의미를 이겨 냈다. 하지만 문학이 그 의미를 벗어나 있는 단어들에서 발견한 것 그것은 사물이 된 의미이다. 따라서 이것은 의미의 조건을 벗어난, 의미의 계기로부터 분리된 의미이고, 공허한 능력인 양 떠도는 의미이다. 여기서 그것으로는 아무것도 할 수 없는, 능력 없는 능력과도 같은, 존재하기를 그치는 단순한 무력과도 같은 공허한 능력은, 하지만, 바로 그러한 까닭에, 의미를 벗어난 미결정의 실존의 고유한 결정 작용과도 같아 보인다. 이러한 노력 가운데, 문학은 그 문턱에서 포기하고자 하였던 것을 문학 내부에서 되찾는 데 그치지 않는다. 왜냐하면 문학이 그 내부에 존재하는 것인 양 찾아내는 것은 출구였던 것이 벗어날 수 없는 불가능성으로 바뀌어 버린 바깥이기 때문이고, ─실존의 어두움인 양 발견하는 것은, 의미의 설명적이고 창조적인 빛으로부터 이해하지 않을 수 없는 것의 성가심으로 바뀌어 버린 낮의 존재, 그 연유를 밝힐 수 없는 원칙도 시작도 없는 연유라는 숨 막히는 강박이 되어 버린 낮의 존재이기 때문이다. 문학이란 의식을 잃을 정도의 무력함 속에서 자신의 존재를 발견하는 그러한 경험이다. 이를테면 의식이 자아의 어김없음을 벗어나, 사라지면서, 무의식 너머로, 무지無知 가운데 언제나 자신의 뒤편에서 시선으로 바뀐 자신의 그림자인 양 발견되는 아무것도 알지 못하고 누구도 알지 못하는 얼떨결의 앎의 집요함이라는 어떤 비인칭의 자발성 가운데, 다시 구성되는 그 움직임 속에서 자신을 발견하는 경험이다.

그래서 우리는 언어가 그 자체로 도달하려고 겨냥하였던 침묵 대신에 끝없는 말들의 되풀이가 되고 말았다고 언어를 비난할 수 있다. 그리고 또한 실존에 전념하려고 했던 언어가 문학의 관습에 빠지고 말았다고 언어를 책망할 수 있다. 그것은 사실이다. 그러나 내용 없는 단어들의 끝없는 되풀이, 단어들의 엄청난 훼손을 통한 말의 지속 그것은 바로 말 없음 가운데 말을 하는 침묵이고, 언제나 침묵 가운데 말하는 메아리처럼 말이 비워진 말인 침묵이며, 바로 그러한 침묵의 근원적 본질이다. 마찬가지로, 실존이 실존을 벗어날 수 없는 불가능성 그 자체라면, 언제나 존재로 다시 던져지는 존재라면, 바닥을 모르는 깊이 가운데 이미 바닥에 존재하는 것이고, 아직은 심연의 근거인 심연이며, 자기 구원은 존재하지 않는 구원이라면, 스스로를 벗어나기를 바라면서 언제나 한층 더 자기 본래의 강박으로 빠져드는 맹목적 각성으로서의 문학은 그때 실존의 강박에 대한 유일한 번역 그것이다.*

문학은 다음과 같이 두 가지 방향으로 나뉘진다. 여기서 겉으로 보기에 양립할 수 없음에도 불구하고 이 두 개의 방향이 작품으로도 각각의 분명한 목표로도 나아가지 않고, 한쪽 측면을 따를 것을 주장하는 예술이 이미 다른 편에 서 있다는 데 그 어려움이 있다. 첫번째 측면은 의미를 지닌 산문의 방향이다. 그 목적은 사물을 사물의 의미를 통하여 사물을 지시하는 언어로 표현하는 데 있다. 사람들은 말한다, 많은 사람들은 말하듯이 글을 쓴다고. 그러나 언어의 이러한 측면을 저버리지는 않는다 하더라도, 예술이 통상적 언어의 부정직함을 알아차리고 거기서 멀어지는 그러한 순간이 온다. 예술은 거기서 무엇을 비난하는가? 예술이 말하기를, 통상적 언어에는 의미가 결핍되어 있다. 각각의 단어 가운데 하나의 사물이 그 사물을 결정짓는 부재를 통해서 완벽하게 현전한다고 믿는다는 것은 예술에게는 무모한 것으로 보이고, 그래서 예술은 그러한 부재 자체가 되찾아지고 언어의 끝없는 움직임 가운데 이해가 이루어지는 그러한 언어를 찾아 나선다. 이러한 태도에 관해서는 충분히 말하였으니 되풀이하지 않겠다. 그러나 그러한 예술에 관해, 우리는 무엇을 말할 수 있는가? 예술은 순수 형태에 대한 탐구인가, 공허한 단어에 대한 헛된 염려인가? 오히려 정반대로, 예술은 참된 의미만을 염두에 두고 있다. 예술은 그러한 의미가 진실이 되게 하는 움직임을 보존

---

* 에마뉘엘 레비나스의 책 『존재에서 존재자로』*De l'Existence à l'Existant*에서 그는 '있음[il y a]'이라는 이름으로 모든 존재를 앞서는 존재의 익명적 비인칭의 흐름을 '빛'나게 하였다. 흩어짐 가운데 이미 현전하는 존재, 소멸 한가운데에서 존재의 숙명으로서의 존재로 또다시 돌아가는 존재, 존재로서의 무. 이를테면 아무것도 없을 때, 존재가 있다. 또한 『데우칼리온』 I을 볼 것.

하는 데에만 전념한다. 제대로 말하자면, 그릇된 의미만을 구사하는 그 어떤 통상적 산문보다 그 의미를 더 의미 있는 것으로 받아들여야 한다. 예술은 우리에게 세계를 보여 주고, 우리에게 세계의 총체적 존재를 발견하도록 가르쳐 주는, 세계를 위한 세계 속의 부정의 작업이다. 어떻게 그것을 그 무엇보다 활기차고 살아 움직이는 명료한 예술이라 칭송하지 않을 수 있겠는가? 분명 그러하다. 그렇다면 거기에 관한 한 스승인 말라르메를 그렇게 평가해야 하리라.

다른 쪽 방향에서도 말라르메를 만나게 된다. 일반적으로 시인이라 불리는 사람들이 여기 모여 있다. 왜? 그들은 언어의 현실에 대해 관심을 가지고, 세계에 대해 관심을 갖는 것이 아니라 세계가 없을 경우 사물과 존재가 어떠할까에 대해 관심을 가지고 있기 때문이고, 그리고 몰입하여 함몰하려고만 하는 비인칭의 힘에 자신을 맡기듯이 문학에 자신을 내맡기기 때문이다. 그러한 것이 포에지poésie라면, 우리는 적어도 포에지가 왜 역사의 변경에서 낯선 벌레 소리만을 들려주며 역사로부터 물러서야 하는가를 알 수 있고, 그리고 또한 심연을 향해 이 비탈길을 미끄러져 내려가는 그 어떤 작품도 산문 작품이라 불릴 수 없다는 것을 알게 된다. 그렇다면 그것은 무엇인가? 우리는 누구나 문학은 나누어지지 않는다는 것을 알고 있다. 그리고 우리는 거기서 분명하게 자신의 자리를 선택하고 비로소 존재하고 싶었던 곳에 존재하게 되었다고 자신한다는 것은 너무도 커다란 혼동에 직면하는 것이라는 것을 알고 있다. 문학은 이미 은밀하게 당신을 한쪽 경사에서 다른 쪽 경사로 넘어가게 하였으며, 당신을 당신이 없었던 곳으로 옮겨 놓았기 때문이다. 이것이 문학의 배반이고, 이것이 또한 문학의 교묘한 진실이다. 한 소설가는 가장 투명한 산문으로 글을 쓰고, 우리가 만날 수 있었던 인물들과 우리의 몸짓들을 묘사한다. 그가 말하기를 그의 목적은, 플로베르 식으로, 인간 세계의 현실을 표현하는 것이다. 그런데 결국 그의 작품의 유일한 주제는 무엇일까? 세계를 잃은 실존의 두려움, 그리고 소송이다. 소송을 통해 존재하기를 멈추는 것이 계속해서 존재하게 되고, 망각되는 것은 언제나 기억에 해명을 빚지고 있고, 죽는다는 것은 죽음의 불가능만을 만나며, 저 너머에 이르고자 하는 것은 언제나 이곳에 머무른다. 이러한 소송, 이것이 숙명이 된 낮, 즉 더 이상 각성의 투명함으로서의 빛이 아니라 잠의 부재가 주는 혼미함으로서의 빛을 지닌 의식이고, 이것이 실존을 내팽개친 단어의 의미 뒤에서 포에지가 다시 붙들려고 하는 그러한 존재 없는 실존이다.

　　그리하여 여기, 글을 쓰는 것 이상으로 관찰하는 인물이 있다. 그는 소나무 숲을 산책하며 한 마리 말벌을 바라보고, 조약돌 하나를 줍는다. 일종의 학자이다. 하지만 학자는 자신이 아는 것 앞에서, 이따금 자신이 알고 싶어 하는 것 앞에서 지워진다. 그는 사람을 대신하여 배우는 사람이다. 대상들 곁을 지나면서, 그는 때로는 물이고, 조약돌이고, 나무이다. 그리고 그가 관찰할 때, 그것은 사물들을 위해서이고, 그가 묘사할 때, 묘사되는 것은 사물 자체이다. 그런데 그러한 변화의 놀라운 특징은 바로 여기에 있다. 이를테면 한 그루의 나무가 된다는 것이 가능한 일인가, 그리고 어떤 작가가 나무로 하여금 말하게 할 수 있는가? 그러나 프랑시스 퐁주Francis Ponge의 나무는 프랑시스 퐁주를 관찰한 나무이고, 그리고 그 나무는 나무가 그를 묘사할 수 있다고 생각하는 식으로 묘사된다. 기이한 묘사이다. 어떤 점에 있어서 그 묘사는 너무도 인간적으로 보인다. 즉, 나무는 아는 것만을 말하는 인간의 나약함을 알고 있다. 하지만 생생한 인간 세계에서 빌려 온 그 모든 은유와 이미지를 떠올리는 이미지는 실제로 인간에 대한 사물의 관점을 보여 주고, 우주의 삶에 의해 생기를 얻은 인간 언어의 오묘함과 생명의 싹들이 갖는 힘을 보여 준다. 그래서 이러한 이미지들과 몇몇 객관적 개념들 곁에 ─왜냐하면 나무는 두 세계 사이에서 과학이 공모의 영역을 이룬다는 것을 알기에 ─땅의 근원에서 유래한 회상들, 변형 중인 표현들, 명료한 의미 아래로 성장하는 식물의 밀도 높은 유려함이 스며드는 단어들이 싹튼다. 매우 의미심장한 산문 작품의 이러한 묘사를 그 누가 이해하지 못하겠는가? 누가 그것을 문학의 선명한 인간적 측면이라 여기지 않겠는가? 하지만 이 묘사는 세계에 속하지 않고, 세계 아래에 속한다. 그것은 형태가 아니라 비형체를 위해 증언한다. 그리고 ─역시 한 그루의 나무인 ─도도네의 나무가 들려주는 신탁의 언어와는 다르게 그 묘사를 파고드는 사람에게만 선명하게 드러난다. 어두우나 의미를 숨기고 있는 신탁의 언어는 의미의 결핍을 숨기고 있기 때문에 비로소 선명하다. 사실 퐁주의 묘사는 세계가 완성되고, 역사가 완료되고, 자연이 거의 인간화되었을 때, 말이 사물을 맞이하러 오고 사물이 말하기를 배운다고 할 수 있는 그 순간에 시작한다. 퐁주는 아직 말 없는 실존과 우리가 알고 있는 실존의 살해자인 이 말이 세계의 변방에서 서로 만나는 감격적인 순간을 포착하고 있다. 무언의 심연에서, 그는 대홍수에 앞서 도래한 언어의 수고를 경청하고, 명료한 개념 언어에서 요소들의 심오한 작업을 알아차린다. 이렇게 그는 낮 이전의 실존이 아니라 낮 이후의 실존, 즉 세계의 종말의 세계를 표현하면서, 말을 향해 서서히 올라오는 것과 땅을 향해 서서히 내려가는 말의 중재 의지가 된다.

　작품에서 단어들이 의미보다 한층 더 견고해지고 의미가 단어보다 한층 더 물질화되는 순간은 어디서 시작되는가? 로트레아몽Lautréamont의 산문이 산문이라는 이름을 잃게 되는 것은 언제인가? 각각의 문장은 이해되기를 허락하지 않는가? 문장들 각각의 연결은 논리적이지 않는가? 그리고 단어들은 그것들이 말하고자 하는 것을 말하고 있지 않는가? 어느 순간에, 의미는 이러한 질서의 미로에서, 이러한 명료성의 미궁에서 길을 잃어버리게 되었고, 어느 길목에서, 추론은 '계속되기'를 멈추고, 추론을 대신하는 무언가가 추론과 아주 흡사하게 계속되고 발전하여 결론에 이른 사실을 알아차리게 되고, 그리고 어떠한 점에서, 깨어 있는 추론은 추론의 자리를 차지하였던 다른 것을 발견할 때까지 스스로를 알고 있다고 믿었던 것일까? 그러나 추론은 침입자를 고발하기 위해 그 자체의 발걸음으로 되돌아오고, 곧 환영은 사라지고, 그 추론은 스스로를 되찾아, 산문은 다시 산문이 되고, 그래서 그것은 보다 멀리 나아가고 그리고 그 추론은 스스로가 움직이는 계단, 구르는 복도와 같은 내키지 않는 물질적 실체로 대체되는 것을 보면서 다시 자신을 잃어버린다. 그 물질적 실체는 그 어김없음이 추론하는 모든 사람을 배제하는 이성, '사물의 논리'가 된 논리이다. 그렇다면 작품은 어디에 존재하는가? 각각의 순간은 스스로를 말하는 아름다운 언어의 명료성을 지니나, 그 전체는 스스로를 먹고 먹는 사물의 불투명한 의미를 지니고, 삼키고 함몰되고 아무것도 아닌 것으로 변하기 위한 헛된 노력 가운데 재구성되는 사물의 불투명한 의미를 지닌다.

　로트레아몽은 진정한 산문 작가가 아닌가? 사드의 문체는 산문체가 아니라면 무엇인가? 그리고 누가 그보다 더 명료하게 쓰는가? 가장 시적이지 못한 세기에 자라난 그 누가 어두움을 찾아 나선 문학의 염려를 더 이상 무시할 수 있겠는가? 하지만 어떠한 작품에 비인칭이면서 비인간적인 소리가, (장 폴랑Jean Paulhan이 말한) "머리를 떠나지 않는 거대한 웅얼거림"이 들리고 있는가? 그런데 이것은 결함일 수밖에 없다. 간략하게 쓸 수 없는 작가의 나약함! 물론 심각한 결함이다. 문학이 먼저 거기에 대해 비난한다. 그러나 한쪽에서 문학이 비난하는 것이 다른 쪽에서는 장점이 된다. 문학이 작품의 이름으로 고발하는 그것을, 문학은 경험으로서 찬미한다. 읽을 수 없어 보이는 것, 바로 이것이 쓰여질 가치가 있음 직한 유일한 것이다. 그리고 마침내 영광이 주어진다. 더 나아가, 망각이, 더 나아가, 죽어 버린 문화 한가운데 익명의 생존이, 더 나아가, 요소로서의 영원 가운데의 끈질김이 주어진다. 종말은 어디에 있는가? 언어의 희망인 이 죽음은 어디에 있는가? 하지만 언어는 **죽음을 가져오고, 죽음 가운데 보존되는 삶**이다.

우리가 문학을 문학의 모든 모호함을 감지하게 하는 움직임으로 귀결시키고자 할 때, 그 움직임은 여기에 있다. 이를테면, 공동의 말로서의 문학은 유일하게 문학의 이해를 허락하는 **종말**과 함께 **시작한다**. 말하기 위해서, 우리는 죽음을 보아야 한다. 우리들 뒤에서 죽음을 보아야 한다. 우리는 말할 때, 하나의 무덤에 우리는 몸을 기댄다. 그리고 이 무덤의 공허가 언어의 진실을 이루는데, 하지만 동시에 이 공허는 현실이며 죽음은 존재가 된다. 존재의 있음──이를테면 논리적이고 표현 가능한 진리──이 있고 그리고 세계가 있는데, 이는 우리가 사물들을 파괴하고 실존을 유예시킬 수 있기 때문이다. 여기서 우리는 무가 있기 때문에 존재가 있다고 말할 수 있다. 죽음은 인간의 가능성이고, 인간의 기회이며, 죽음을 통하여 우리는 완성된 세계의 미래로 남는다. 죽음은 인간의 가장 커다란 희망이자 인간이 될 수 있는 유일한 희망이다. 그래서 에마뉘엘 레비나스가 잘 보여 주었듯이,* 실존은 인간의 유일한 진정한 고뇌이다. 실존은 인간을 두렵게 한다. 그것은 실존에 종말을 고하게도 하는 죽음 때문이 아니라, 실존이 죽음을 배제하기 때문이다. 실존은, 부재 저 깊은 곳의 현전으로서, 그 위로 하루해가 뜨고 지는 가차 없는 낮으로서, 죽음 아래에 여전히 존재하고 있기 때문이다. 그런데 죽는다는 것은 물론 우리의 근심거리이다. 그런데 왜? 죽어가는 우리, 그때의 우리는 바로 세계를 죽음을 떠나기 때문이다. 이것이 마지막 순간의 역설이다. 죽음은 세계 속에서 우리와 함께 작업한다. 자연을 인간화하고 실존을 존재로 키우는 힘으로서의 죽음은 우리의 가장 인간적인 몫으로서 우리에게 있다. 죽음은 세계 속에서 비로소 죽음이고, 인간은 자신이 인간이기 때문에 비로소 죽음을 알며, 그리고 인간은 자신이 미래의 죽음이기 때문에 비로소 인간이다. 그러나 죽는다는 것 그것은 세계를 깨트리는 것이다. 그것은 인간을 잃어버리고, 존재를 무화시키는 것이다. 그것은 따라서 죽음을 잃어버리는 것, 죽음 가운데 나에게 있어서 죽음을 죽음으로 만들었던 것을 잃어버리는 것이다. 내가 살아가는 한, 나는 죽을 수밖에 없는 인간이다. 인간으로 존재하기

---

* "존재 앞에서의 고뇌는――존재의 공포는――죽음 앞에서의 고뇌만큼이나 근원적이지 않는가? 존재의 두려움은 존재에 대한 두려움만큼이나 근원적이지 않는가? 더 한층 근원적이기도 한 것이, 존재에 대한 두려움은 존재의 두려움을 통해 설명될 수 있기 때문이다"(『존재에서 존재자로』).

를 멈추고 죽을 때, 나는 죽을 수밖에 없는 인간이기를 멈추며, 더 이상 죽을 수 없다. 그리고 예고되는 죽음은 나를 두렵게 한다. 왜냐하면 나는 죽음을 죽음 그대로 보기 때문이다. 더 이상 죽음이 아니라, 죽는다는 것의 불가능성으로서.

죽음의 불가능성을 두고 어떤 종교들은 불멸성을 생각해 내었다. 말하자면 그 종교들은 '나는 한 인간으로 존재하기를 멈춘다'를 의미하는 사실 그 자체를 '인간화'시키려고 하였다. 그러나 오직 반대의 움직임만이 죽음을 불가능하게 한다. 죽음을 통하여, 나는 죽을 수밖에 없는 존재라는 특권을 잃어버린다. 왜냐하면 인간이 될 가능성을 잃어버리기 때문이다. 죽음을 넘어 인간이 된다는 것은 다음과 같은 기이한 의미만을 갖게 될 수도 있다. 즉, 죽음에도 불구하고 언제나 죽을 수 있다는 의미, 그리고 지평과 희망이라고는 '아무 일도 없었던 것처럼 계속하세요'라는 것을 제외한다면 다른 출구가 없는 죽음과 더불어 아무 일도 없었던 것처럼 계속한다는 기이한 의미 말이다. 이것이 다른 종교들이 회생의 저주라 부른 것이다. 사람은 죽지만, 제대로 살지 못하였기 때문에 제대로 죽지 못하고, 다시 살기를 선고받았으며, 그리고 진정한 인간이 되어 죽어가면서 하나의 행복한 인간이 될 때까지, 진정으로 죽은 한 인간이 될 때까지 다시 산다. 카프카는 카발라Kabbalah와 동방의 전통을 통해 이 주제를 물려받았다. 인간은 밤 속으로 들어간다. 하지만 밤은 깨어남으로 이르고, 여기 벌레가 있다. 혹은 인간은 죽지만, 하지만 실제로 그는 살고 있다. 그는 도시에서 도시로 옮겨 간다. 꽃에 이끌려, 사람들에게 알려지면서, 누구의 도움도 없이, 침대맡에선 지난번 죽음의 실수가 냉소하고 있고. 기이한 상황이다. 즉 그는 죽는다는 것을 망각하였다. 하지만 다른 자는 살고 있다고 믿고 있는데, 그것은 그가 자신의 죽음을 망각하였기 때문이다. 다른 자는, 자신이 죽었음을 알고서도, 죽기 위해 헛되이 싸운다. 죽음, 그것은 저기인데, 도달할 수 없는 거대한 성이고, 그리고 삶, 그것은 저기였는데, 잘못된 부름을 따라 떠났던 태어난 곳이다. 이제 완전하게 죽기 위해 싸우고, 일하는 수밖에 없다. 그러나 싸우는 것은 아직 산다는 것이다. 그리고 목표에 다가가게 하는 모든 것은 목표를 다가갈 수 없는 것으로 만든다.

카프카는 이 주제를 가지고 저승 드라마를 표현한 것이 아니라, 오히려 그 주제를 통해 우리 조건의 실상을 되찾으려 하였다. 그는 문학에서, 이러한 조건의 묘사뿐만 아니라, 거기로의 출구를 찾아 주기 위해서도 가장 훌륭한 수단을 보았다. 멋진 칭송이기는 하지만, 문학이 그럴 만한 자격이 있는가? 실제로 문학에는, 문학으로 하여금 두 개의 판 위에서 움직이게 하면서, 가장 솔직한 사람에게 지면서도 이겼다는 당치 않은 희망을 주는, 강력한 술책이자 불가사의한 기만이 있다. 우선 세계의 도래를 위해, 문학 역시 일한다. 문학은 문명이요 문화이다. 이러한 자격에서, 문학은 이미 두 개의 모순된 운동을 결합시키고 있다. 문학은 부정이다. 문학은 사물의 결정되지 않은 비인간적 측면을 무 가운데로 밀어내고 사물을 규정하고 완성된 것으로 만들기 때문이다. 이러한 의미에서 문학은 진정으로 세계 내의 죽음의 작품이다. 그러나 동시에 문학은 사물을 그 실존에 있어서 부정한 다음, 사물을 그 존재 가운데 보존한다. 문학은 사물이 의미를 갖게 한다. 그리고 일하는 죽음으로서의 부정은 또한 의미의 도래이고 활동하는 이해이다. 더구나 문학은 특권을 갖는다. 문학은 세계의 변경에 시간의 종말인 양 자리하기 위하여 지금의 장소와 시간을 넘어선다. 그리고 거기로부터 문학은 사물에 대해 말하고 사람들에게 관여한다. 이 새로운 힘에서 문학은 탁월한 권한을 얻는 것 같다. 매 순간 그 새로운 힘이 한 부분을 이루는 전체를 드러내면서, 문학은 그 힘이 그 자체가 아닌 전체를 의식하도록 그리고 또 다른 전체의 계기가 될 다른 계기가 될 수 있도록 도와준다. 그렇게 계속되는 가운데, 문학은 가장 중요한 역사의 요인이라 자처할 수 있다. 그러나 어떤 어려움이 뒤따른다. 문학이 보여 주는 그 전체는 단순한 관념이 아닌데, 왜냐하면 그것은 실현된 것이지 추상적으로 작성된 것이 아니기 때문이다. 그러나 그것은 객관적으로 실현된 것은 아니다. 왜냐하면 거기서 실제적인 것은 전체가 아니라, 그 자체로 역사 속에 잠겨 있는 개별 작품의 개별 언어이기 때문이다. 더구나 전체는 실제로 주어지는 것이 아니라, 허구로서, 말하자면 그야말로 전체로서 주어진다. 이를테면 세계를 총체적으로 볼 수 있는 **이미지와도 같은** 관점에서 포착된 세계의 시각으로서. 따라서 문제는 언어의 고유한 현실에서 출발하여 비실제적인 것으로서 실현되는 세계의 관점에 관한 것이다. 여기서 어떤 결과가 생겨나는가? 세계의 과제라는 측면에서 볼 때, 문학은 이제 믿음직한 도움이라기보다는 차라리 성가신 것으로 보여진다. 문학은 실질적 작업의 결과가 아니다. 문학은 현실이 아니고 비실제적인 것으로 남아 있는 관점의 실현이기 때문이다. 문학은 모든 실제 문화에 낯설다. 왜냐하면 문화, 그것은 시간 속에서 점차 변화해 가는 인간의 작업이지, 시간을 배제하고 작업을 배제하는 허구적 변화의 즉각적 유희는 아니기 때문이다.

역사로부터 밀려난 문학은 다른 판 위에서 움직인다. 문학이 실제로 세계를 만드는 일을 하면서 세계 속에 있지 않다면, 그것은 존재의 (이해 가능한 현실의) 결핍으로 인해 아직은 비인간적 실존에 관계하고 있기 때문이다. 그렇다, 문학은 알고 있다. 그 본성 가운데 존재하는 것과 존재하지 않는 것, 현전과 부재, 현실과 비현실 사이의 기이한 미끄러짐이 있다는 것을. 하나의 작품이란 무엇인가? 실제적 단어들이요 이미지와도 같은 역사이고, 일어나는 모든 것을 실제에서 빌려 온 세계이고, 그리고 이 세계는 다가갈 수 없는 세계이다. 살아 있다고 여겨지는 인물들, 하지만 우리는 그들의 삶이 살아가는 삶이 아니라는 것을 (허구로 남는다는 것을) 알고 있다. 그렇다면, 순수한 무인가? 그러나 우리가 만지는 책은 여기 있고, 우리가 바꿀 수 없는 단어들은 읽혀진다. 이해를 통해 존재할 수밖에 없는, 관념으로서의 무인가? 그러나 허구는 이해되지 않고, 허구가 실현되는 단어 위에서 경험되는데, 허구를 읽거나 쓰는 나에게 있어서 허구는 허다한 실제적 사건들보다 훨씬 더 실제적이다. 왜냐하면 허구는 언어의 모든 현실 가운데 잠겨 들며, 그렇게 존재하는 나머지 내 삶을 대신한다. 문학은 활동하지 않는다. 하지만 아무것도 하지 않겠다는 희망이 철저하게 무너지는, 존재도 무도 아닌 실존의 심연으로 빠져든다. 문학은 설명할 수 없는 것이 문학 가운데 현전하는 까닭에 설명도 아니고 순수한 이해도 아니다. 그리고 문학은 자신의 언어를 말의 부재 가운데 웅얼거리고 있는 것에 건네며 표현하지 않으면서 표현한다. 문학은 그리하여 존재가 거부하였고 모든 범주를 벗어나는 실존의 낯섦에 관계한다. 작가는 자신을 살게도 죽게도 내버려 두지 않는 비인칭의 힘의 먹이임을 스스로 느낀다. 그가 극복할 수 없는 무책임은 무의 기슭에서 그를 기다리는 저 죽음 없는 죽음의 번역이 된다. 문학의 불멸성은, 세계 내에까지, 야성적 실존에 의해 침식당한 세계 내에까지, 생존이 아닌 생존에 대한 역겨움이, 그 무엇도 끝내지 못하는 죽음에 대한 역겨움이 밀려들게 하는 움직임 그 자체이다. 작품을 쓰는 작가는 그 작품 가운데 사라지고, 그리고 그 작품 가운데 긍정된다. 작가가 자신을 버리기 위하여 작품을 썼다면, 작품은 작가를 끌어들여 작가를 작가 자신에게 회상시킬 수 있고, 그리고 작품 가운데 자신을 드러내어 살기 위하여 글을 쓴다면, 그는 자신이 한 것이 아무것도 아니고, 가장 훌륭한 작품이 가장 무의미한 행동보다 가치가 없으며, 작품은 그에게 자신의 실존이 아닌 실존을, 삶이 아닌 삶을 강요하고 있음을 알게 된다. 또한 그가 글을 썼던 것은 존재들로 하여금 그들 이름의 진실을 각오하도록 하는 그러한 죽음의 작업 소리를 언어의 깊은 곳에서 들었기 때문이다. 그는 이러한 무를 위하여 작업하였고 그리고 그 자신이 바로 작업하는 무였다. 하지만 공허를 실현하면서 사람들은 작품을 창작하고, 그리고 죽음에의 충실함으로부터 태어난 작품은 결국 더 이상 죽을 수 없으며, 그리하여 작품은 역사 없는 죽음을 스스로 준비하고자 했던 자에게 불멸이라는 조소만 안겨 준다.

　　그렇다면 문학의 힘은 어디에 있는가? 문학은 세계 내에서 작업하고자 하고, 세계는 그의 작업을 무의미하거나 위험한 것으로 여긴다. 문학은 실존의 어둠을 향한 길을 열어 가고, 그리고 거기서 저주를 멈추게 할 수 있는 '더 이상은 안 돼'라는 말을 발음하지 못한다. 그렇다면 문학의 힘은 어디에 있는가? 왜 카프카 같은 한 인간은, 그가 자신의 운명을 그르쳐야 한다면, 그로서는 작가가 되는 것이 진실을 가지고 삶을 그르칠 수 있는 유일한 방법이라고 판단했던 것일까? 이것은 아마도 풀 수 없는 하나의 수수께끼이다. 하지만 그것이 하나의 수수께끼라면 그 비밀은 각각의 문학의 순간에 각각의 문학의 결과에 긍정의 표시를 부정의 표시를 구분 없이 붙이는 문학의 권리에서 온다. 이 권리는 일반적인 모호함의 질문에 관련된, 기이한 권리이다. 왜 세계에는 모호함이 있는가? 모호함이 거기에 대한 적절한 대답이다. 우리는 대답의 모호함에서 그 질문을 되찾으면서 거기에 대답할 수밖에 없고, 그리고 모호한 대답은 모호함에 관한 질문이다. 모호함이 주는 매력들 가운데 하나는 모호함이 불러일으키는 모호함을 밝히려는 욕망인데, 카프카가 말하는 악 속에서 끝나는 악에 대항하는 싸움을 닮은 싸움, 이를테면 '침대에서 끝나는 여인과의 싸움'이 그러하다.

    문학은 모호해지는 언어이다. 일상어가 반드시 명료한 것만은 아니고, 일상어는 언제나 그것이 말하는 것을 말하지 않으며, 오해 또한 말의 길들 가운데 하나이다. 이것은 불가피한데, 우리는 말을 언제나 물질적 현전으로서의 현실과 관념적 부재로서의 의미라는 두 얼굴의 괴물로 만들면서 말할 수밖에 없다. 그러나 일상어는 애매성에 한계를 한정한다. 일상어는 부재를 현전 속에 확실하게 감금하고, 공모共謀에, 이른바 불확실한 이해의 움직임에 종지부를 찍는다. 공모는 제한되고, 하지만 오해 또한 제한된다. 문학에서 모호함은 모호함이 주는 편의 때문에 과도함에 빠지고, 모호함이 저지를 수 있는 남용의 정도에 따라 소진되는 것도 같다. 모호함이 그 고유의 계략들을 드러낼 수 있도록, 문학이 서슴없이 모호함에 자신을 맡기면서 세계의 시선과 세계의 관념을 벗어나 아무것도 위태롭게 하지 않는 영역 속에 모호함을 간직하려고 할 수 있도록, 어떤 숨겨진 계략이 문학에 마련되어 있다고 말할 수도 있다. 여기서 모호함은 모호함 자체와 실랑이를 벌인다. 그뿐만 아니라, 언어의 매 계기는 모호해질 수도 있고 그리고 언어가 말하고 있는 것과 다른 것을 말할 수도 있다. 하지만, 언어의 일반적 의미는 불확실하다. 이를테면 언어가 표현하고 있는지 혹은 표상하고 있는지, 그것이 하나의 사물인지 혹은 사물을 의미하는지, 언어는 잊혀지기 위해서 여기 있는지 혹은 우리가 언어를 보기만 하도록 그 자체를 잊어버리게 만드는지, 언어는 그것이 말하는 것의 의미의 미미함 때문에 투명한지 혹은 정확하게 말을 하기 때문에 분명한지, 말을 너무 많이 하기 때문에 흐린지, 아무 말도 하지 않기 때문에 불투명한지 우리는 알지 못한다. 모호함은 도처에서 찾아볼 수 있다. 보잘것없는 외현 가운데, 하지만 보다 하찮은 것은 심각한 것의 위장일 수 있다. 그 무관심 가운데, 하지만 그 무관심 뒤에는 모호함이 그 힘을 무시하면서 타협하는 세계의 힘이 있고, 혹은 나아가 그 무관심 가운데 모호함은 가치의 절대적 성격을, 이를테면 가치 없이는 행위가 중단되고 덧없는 것이 되고 말 수도 있는 그러한 가치의 절대적 성격을 보존한다. 그 비현실성은 따라서 행위의 원칙이고 활동의 불가함이다. 마찬가지로 허구가 그 모호함에 있어서는 진실이고, 허구는 또한 진실에 대한 무관심이다. 마찬가지로 모호함이 도덕과 관계하면 모호함이 손상되고, 모호함이 도덕에 반발하면 모호함도 여전히 타락한다. 마찬가지로 모호함이 모호함 자체의 끝이 아니라면 모호함은 아무것도 아니고, 하지만 모호함은 모호함의 끝을 그 내부에 가질 수 없는데, 왜냐하면 모호함은 끝이 없고, 모호함 자체를 벗어나 역사 속에서 완성되기 때문이다.

    긍정에서 부정으로의 이 모든 전복은——그리고 이 글에서 언급한 전복은——물론 매우 다양한 이유들을 통하여 설명될 수 있다. 우리는 문학이 양립할 수 없는 임무들을 안고 있음을 보았다. 우리는 문학이 작가에서 독자로, 작업에서 작품으로, 여러 계기를 지나고, 문학은 대립되는 모든 계기들의 긍정 속에서만 그 모습이 찾아질 수 있음을 보았다. 그러나 근원도 다르고, 종류도 다르고, 의미도 다른 이 모든 모순들, 이 모든 적대적 요구들, 이 대립들, 이 모순들 모두는 궁극의 모호함으로 되돌아가는데, 그 모호함의 기이한 효과는 문학이 의미와 기호를 아무런 구별 없이 바꿀 수 있는 불안정한 지점으로 문학을 끌어들이는 데 있다.

 이러한 궁극의 변동은 작품을 유예시키고 그 결과 작품은 작품대로 긍정적 혹은 부정적 가치를 지닐 수 있으며, 그리고 작품은 보이지 않는 축 주위를 보이지 않게 선회하듯, 긍정의 빛 혹은 부정의 역광으로 들어갈 수 있다. 사실 문체, 장르, 주제로는 이 극단적 변화를 설명할 수 없다. 말의 내용도 그 형태도 문제되지 않는다. 불확실하고, 명료하고, 시적이고, 산문적이고, 무의미하고, 중요하고, 조약돌을 말하고, 신을 말하는, 작품 속의 어떤 것이, 작품의 특성들과 관계없이 작품 내부의 깊은 곳에서 작품을 바닥에서 꼭대기까지 항상 변화시키는 어떤 것이 작품 속에 현전한다. 마치 문학과 언어 한가운데, 문학과 언어를 변화시키는 외현의 움직임 너머, 아무것도 변화시키지 않고서도 모두를 변화시킬 수 있는 불안전의 지점이, 실질적 변화의 힘이 마련되어 있는 것 같다. 이 불안전성은 풍화의 힘이 주는 효과라 할 수 있는데, 힘을 가득 실은 가장 강력한 작품도 이 불안전성으로 인해 불운과 파산의 작품이 될 수 있다. 하지만 이 풍화는 또한 건설이기도 한데, 순식간에 불안전성을 통해 비탄은 희망이 되고, 파괴는 파괴할 수 없는 것의 요소가 된다. 언어에 관계하는 의미와 언어의 현실을 벗어나 언어의 깊이 속에 주어진 이러한 변화의 긴박함이 어떻게 그 의미와 그 현실 가운데 현전할 수 있는가? 단어의 의미는, 단어 가운데서, 그 명확한 의미를 보장하고 그 의미를 해치지 않고서도 그 단어를 완전히 변화시켜 단어의 물질적 가치를 변화시킬 수도 있는 그 무엇을 의미와 함께 받아들일 수 있는 것일까? 말의 내밀성 속에 숨겨진, 의미 위가 아니라 의미 뒤에서 작용하는 친구이자 적인 힘이, 건설과 파괴를 위한 무기가 있을 수 있는 것일까? 의미를 결정하면서도 이 결정에 예와 아니오 사이에서 심의 중인 모호한 미결정을 드리우고 있을 수도 있는 단어들의 의미의 의미를 상정해야만 하는 것일까?

그러나 우리가 상정해야 할 것은 아무것도 없다. 언어의 현실을 통한 실존의 어두운 바닥으로의 회귀이면서 자신의 진실을 향한 단어의 움직임이기도 한 이러한 단어의 의미의 의미를, 사물이 존재가 되고 관념이 되기 위하여 무화되고 파괴되는 그러한 부재의 모습을 우리는 오랫동안 질문하였다. 부재는 바로 **죽음을 안고 죽음 속에 보존되는 삶**이요, 죽음이요, 부정의 경이로운 위력이요, 아니 자유이다. 이러한 작업을 통해 실존은 실존을 벗어나 의미 있는 것이 된다. 그런데, 사물의 이해에 관하여, 언어에 있어서 단어들의 명시 기능에 관하여, 부재의 힘은 언제나 또 다른 가능성으로 계속해서 긍정되고, 그리고 그 힘이 대립 속의 동일성이라는 모호함 가운데 그 항목들이 서로 겹치면서 번갈아 나타나는, 이른바 환원 불가능한 **이중의 의미**를 영속화하는 것이 전체이다.

우리가 이러한 힘을 부정 혹은 비현실 혹은 죽음이라 부른다면, 언어의 바닥에서 작업하는 죽음은, 부정은, 비현실은 곧 세계 내의 진실의 도래를, 구축되는 이해 가능한 존재를, 형성되는 의미를 지칭한다. 그러나 곧, 기호는 변한다. 의미는 이해의 경이로움을 보여 주는 것이 아니라, 우리를 죽음의 무로 돌려보내고, 이해 가능한 존재는 실존의 거절만을 의미하며, 그리고 진실에 대한 절대적 염려는 실제로는 활동하지 못하는 무력함으로 나타난다. 혹은 죽음은 존재의 이해에 도달하는 문명의 힘으로 드러난다. 하지만 동시에, 존재에 이르는 죽음은 절대적 광증을, 자신 안에서 죽음과 존재를 결합하는 존재도 죽음도 아닌 실존에 대한 저주를 표상한다. 죽음은 존재에 이른다. 그것이 인간의 소망이고 임무이다. 무 자체는 세계를 만드는 데 도움을 주는데, 무는 작업하고 이해하는 인간으로서의 세계의 창조자이기 때문이다. 죽음은 존재에 이른다. 그것이 인간의 상처이고, 그의 불행한 운명의 근원이다. 인간을 통하여 죽음은 존재에 도달하고 그리고 인간을 통하여 의미는 무 위에 놓이기 때문이다. 우리의 실존을 박탈함으로써만, 죽음을 **가능하게** 함으로써만, 그리고 우리가 이해하는 것을 죽음의 무에 물들게 함으로써만 우리는 이해한다. 따라서 우리가 존재를 벗어나면, 우리는 죽음의 가능성 밖으로 떨어지고, 출구는 모든 출구의 사라짐이 된다.

아직은 모르고 있는 형벌처럼 그리고 아직은 보이지 않는 행복처럼, 모든 말의 바닥에 존재하는 이 최초의 이중의 의미 속에서, 문학은 그 근원을 발견한다. 왜냐하면 문학은 그 최초의 이중의 의미가 단어들의 의미와 가치 뒤에서 그 모습을 드러낼 수 있도록 선택한 형식이고, 그리고 그 의미가 제기하는 물음이 문학이 제기하는 물음이기 때문이다.

2장
카프카의 독서

카프카는 자신의 작품을 없애 버리고 싶었는지도 모른다. 자신의 작품이 모두의 오해를 키우기만 한다고 생각되었기 때문이다. 그의 작품이 우리에게 건네질 때의 그 무질서를, 작품에 관해 사람들이 우리에게 알려 주는 것들을, 숨기는 것들을, 이런저런 단상들에 대한 사람들의 편파적인 설명을, 그 미덕이 나누어지지 않을 성유물인 것처럼 사람들이 항상 더 잘게 나누어 먼지처럼 만들어 버린 그 자체가 미완성인 글들의 흩어짐을 살펴볼 때, 또한 수다스런 논평들에 휩싸여 차라리 침묵하는 이 작품을, 끊임없는 지속적인 출판 대상이 된 출판 불가능한 이 책들을, 역사 속의 논평으로 변해 버린 시간을 넘어선 이 창작물을 바라볼 때, 사람들은 카프카 자신이 그러한 승리 속에서 그러한 파탄을 예견했던 것은 아닐까 되묻게 된다. 그의 바람은 시선을 벗어나기를 바라는 수수께끼처럼 조심스럽게 사라지는 것이었는지도 모른다. 그러나 이러한 신중함 때문에 그는 대중에게로 넘어갔고, 그 비밀 때문에 그는 영예롭게 되었다. 이제, 수수께끼는 도처에 펼쳐져 있고, 수수께끼는 밝혀졌으며, 수수께끼가 자기 연출을 한다. 어떻게 하려고?

『내면 일기』*Journal intime**는 우리에게 보여 주고 있다. 카프카는 작가가 되기를 원했을 뿐이라고. 하지만 『일기』는 마침내 한 작가 이상의 카프카를 보여 준다. 그것은 글을 썼던 자보다는 삶을 체험한 자를 우선으로 하고 있다. 이제부터 우리가 그의 작품에서 찾는 것은 바로 그러한 인물이다. 그 작품은 작품이 우리에게 그 이해를 도와주는 실존의 흩어진 잔해를 이루고, 작품 없이는 볼 수 없었던 예외적 운명에 대한 더없이 귀중한 증언이기도 하다. 끊임없이 우리를 문학 너머의 진실로 돌려보내는 것은 『소송』이나 『성』 같은 책들의 낯섦인지도 모른다. 그때, 진실이 그 진실과는 혼동될 수 없는 문학의 바깥으로 우리를 이끌고 가면서부터, 우리가 그 진실을 배반하기 시작한다 하더라도.

이러한 움직임은 불가피한 것이다. 모든 평론가들은 이야기들에서 이야기들을 찾기를 요청한다. 사건들은 단지 사건만을 의미하고, 측량사는 그냥 측량사라고. "실제 이야기로 취급해야 할 사건의 전개를 변증법적 구성으로" 대체하지 마십시오(클로드 에드몽 마니). 하지만 몇 페이지 뒤에 적고 있다. 우리는 "카프카의 작품에서 셋 모두 충분히 일관성 있는, 그리고 전적으로 지적인 어휘로 옮겨질 수 있을 정도로 소설 형식과는 별개의, 이를테면 책임에 관한 이론과, 인과성에 관한 견해들과, 인간 운명에 관한 총체적 해석을 찾을 수 있다"**고. 이러한 모순은 이상하게 보일 수도 있다. 그리고 실제로 사람들은 흔히 단정적으로

---

* [옮긴이] 이하 『일기』라 표기한다.
** 클로드 에드몽 마니Claude-Edmonde Magny, 『엠페도클레스의 샌들』*Les Sandales d'Empédocle*.

그 예술적 성격을 무시하고서 그의 글을 해석하였다. 하지만 카프카 자신마저 종종 자신의 이야기에 논평을 달면서 그 의미를 밝히려고 한 사례도 있다. 차이가 있다면, 의미가 아니라 그 유래를 우리에게 설명하고 있는 몇몇 세부 묘사들을 제외한다고 할 때, 카프카는 우리가 포착할 수 있는 차원에서 이야기를 옮기고 있지 않다. 이를테면, 그가 논평에 사용한 언어는 허구로 빠져들고, 그리고 허구와 구분되지 않는다.

『일기』는 이해하기 쉬운 이론적 지식에 관련된 듯한 지적들로 가득 차 있다. 그러나 이러한 형태의 사유들은 사유들에 그 형식을 제공하는 일반론과는 낯선 것으로 남아 있다. 그 사유들은 마치 그곳에 망명 중인 듯하고, 특정 사건의 언급으로도 또한 보편적 진리의 설명으로도 받아들일 수 없는 애매한 어조로 빠져든다. 카프카의 사유는 일률적으로 적용되는 규칙과는 무관하다. 그렇다고 그의 삶의 특정 사실에 대한 단순한 지표는 더더욱 아니다. 그의 사유는 이 두 개의 물줄기 사이를 흘러 사라지는 유영遊泳과도 같다. 그의 사유는 (어느 일기의 경우처럼) 실제로 일어나지 않은 일련의 사건들을 옮기는 작업이 되는가 하더니 어느새 사건들의 의미를 찾는 작업으로 옮아가면서 의미의 접근을 뒤쫓으려 한다. 그 순간, 이야기는 설명과 뒤섞이기 시작한다. 그러나 설명은 하나만이 아니고, 설명해야 하는 것의 결말에 이르지도 못하며, 더구나 이야기를 넘어서지도 못한다. 이것은 마치 사유가 스스로의 무게에 실려 사유의 힘으로 그 폐쇄적 상태를 타파해야 할 특정 상황으로 이끌려 가는 것과 같다. 사유가 부추기는 의미는 사실들 주위를 떠돌고 그 의미는 사실을 벗어날 때 비로소 설명이 되지만, 또한 사실과 분리될 수 없을 때에만 설명이 된다. 생각의 끝없는 우여곡절, 그 생각을 깨트리는 이미지로부터의 새로운 시작들, 하찮은 어떤 대상에 쏟은 추론의 치밀한 엄격성, 이 모두는 일반론적 사유의 형태들이면서도, 유일한 세계로 환원된 세계의 두께 속에서 이루어질 수밖에 없는 사유이다.

마니 부인이 지적하기를, 카프카는 매우 섬세한 지성 덕분이 아니라 이미 주어진 관념에 대한 일종의 선천적인 무관심 때문에 결코 진부한 것은 쓰지 않는다. 실제로 카프카의 사유는 대저 평범하지도 않지만, 그것이 그야말로 하나의 사유에 불과한 것도 아니다. 그 사유는 유일한, 이를테면 진정 그것 하나에 고유한 사유이기에, 긍정적인, 부정적인, 옳은, 그릇된 등과 같은 추상적 어휘를 사용해도 소용이 없으며, 아직 결코 일어나지 않았기에 결코 되풀이되지도 않을 어렴풋한 사건들의 계기들로 이루어진 더없이 개별적인 이야기를 닮았다. 카프카는 자전적 에세이에서 끊임없이 규범과 충돌하며, 자신을 알리지도 지워 버리지도 못하며, 때로는 비밀스럽고 때로는 공공연한 특징들의 총체로서 자신을 묘사하였다. 키르케고르가 깊숙이 그 의미를 파고들었던 갈등이 그것이다. 하지만 키르케고르는 비밀을 지킬 결심을 하였으나, 카프카는 아무런 결심도 하지 못한다. 자신이 지닌 기이한 것들을 숨기면서 그는 자신과 자신의 운명을 혐오하고, 자신을 형편없거나 돼먹지 않았다고 여긴다. 카프카는 자신의 비밀을 바깥으로 털어놓고 싶지만, 그에게 비밀을 되돌려 주며 다시금 비밀을 지키도록 강요하는 집단에 의해 비밀은 비밀로 받아들여지지 않는다.

그의 작품들이 우리에게 그 놀라운 전개들을 보여 주고 있는 우의寓意, 상징, 신화적 허구 등은 그의 사색의 특성으로 인해 카프카에게는 불가피한 것이 되었다. 그의 사색은 고독과 법, 침묵과 공동의 언어라는 두 개의 극 사이에서 동요한다. 사색은 여기에도 저기에도 이르지 못하고, 동요는 또한 동요를 벗어나기 위한 시도이기도 하다. 그의 사유는 일반적인 것에서 안정을 찾지 못하고 있다. 간혹 그 광기와 그 폐쇄성을 불만스러워하기도 하지만, 그의 사유는 절대적 고독이 아니다. 왜냐하면 그의 사유는 고독에 대해 말하기 때문이다. 그의 사유는 무의미가 아니다. 왜냐하면 그의 사유는 무의미를 의미로 갖기 때문이다. 그의 사유는 법을 벗어나 있지 않다. 왜냐하면 그것이 자신의 법이고, 이미 법과 화해하는 유배이기 때문이다. 사람들이 이러한 사유의 척도로 삼고자 하는 부조리에 관해, 우리는 카프카 자신이 쥐며느리 떼를 두고 언급한 것을 말해 볼 수 있다. "다만 너 자신이 스스로 쥐며느리를 이해할 수 있도록 노력하여라. 쥐며느리에게 그가 하는 일의 목적을 묻게 되면, 너는 동시에 쥐며느리 떼를 말살시키게도 될 것이다." 사유가 부조리를 만나자마자, 그 만남은 부조리의 끝을 의미한다.

    이처럼 카프카의 모든 글은 어떤 유일한 것을 이야기할 수밖에 없고, 그것의 일반적 의미를 드러내기 위해서만 그것을 이야기하는 것으로 보일 수밖에 없다. 이야기, 그것은 일련의 정당화될 수 없는 이해 불가능한 사건이 되어 버린 사유이고, 그리고 이야기를 떠나지 않는 의미, 그것은 마치 이해 불가능한 것을 뒤집는 상식처럼 이해 불가능한 것을 가로질러 계속 나아가는 바로 그 동일한 사유이다. 이야기 그 자체에 머무는 자는 그가 이해할 수 없는 어떤 불투명한 것으로 빠져들고, 의미에 만족하는 자는 그 의미가 밝혀 드러내는 어둠에 이를 수 없다. 그러한 두 독자는 결코 서로를 따라잡을 수 없다. 한 독자가 있고, 그리고 다른 독자가 된다. 사람들은 언제나 필요 이상으로 혹은 필요에 못 미치게 이해하고 있다. 진정한 독서란 불가능한 것으로 남는다.

그래서 카프카를 읽는 자는 어쩔 수 없이 거짓말쟁이가 된다. 하지만 완전히 거짓말쟁이가 되는 것은 아니다. 이것이 그의 예술에 고유한 불안이고, 그가 종종 주제로 삼는 우리의 운명에 관한 고뇌보다 분명 한 층 더 깊은 불안이다. 우리는 우리가 피할 수 있다고 믿고 있는 위선을 직접 경험한다. 우리는 (상반된 해석들의 화해를 통하여) 위선에 대항하여 싸우는데, 이러한 노력은 기만이고, 우리는 위선에 동의하는데, 이러한 안일은 배반이다. 섬세함, 재간, 순진함, 공정함, 무심함 등은 단어들의 진실 가운데, 그 단어들의 모범적 위력 가운데, 그 명료함 가운데, 그 흥미로움 가운데, 그 보증 가운데, 우리를 이끌고 우리를 버려두고 우리를 다시 붙드는 그 능력 가운데, 우리가 저버리는 것도 따르는 것도 허락하지 않는 그 의미에 대한 어김없는 믿음 가운데 존재하는 실수의 (기만의) 방식들이다.

붙잡을 수 없기 때문이 아니라 오히려 놓치지 않아야 할 것이 너무도 많기 때문에 우리를 벗어나는 그 세계를 우리는 어떻게 그려 볼 수 있을까? 평론가들의 의견들이 항상 다른 것은 아니다. 그들은 부조리, 우연, 세계 속에 함께하려는 의지, 그 불가능, 신의 욕망, 신의 부재, 절망, 고뇌 등 거의 동일한 단어들을 사용하고 있다. 하지만 이 단어들은 무엇을 말하는가? 어떤 이들에게 카프카는 절대에 대한 믿음을 가진, 절대를 희망하기도 하는, 어쨌든 절대에 이르기 위해 끊임없이 싸우는 종교 사상가이다. 다른 이들에게 그는 절망의 세계를 살아가는, 혼돈을 키우지 않기 위해 가능한 한 평안 속에 머무르는 휴머니스트이다. 막스 브로트Max Brod에 의하면, 카프카는 신에 이르는 여러 개의 출구를 발견하였다. 마니 부인에 의하면 카프카는 자신의 우선적 가능성을 무신론에서 찾는다. 다른 이들은 실제로 피안의 세계가 있다고 말하는데, 그 세계는 혹은 불길하기도 혹은 부조리하기도 한, 다가갈 수 없는 세계이다. 또 다른 이에게는, 피안의 세계는커녕 거기로 향한 움직임조차 없다. 우리는 내세 속에 살고 있으며, 중요한 것은 언제나 우리에게 남아 있는 유한의 감정이고, 그 유한성이 우리를 몰아넣는 미결의 수수께끼이다. 장 스타로뱅스키Jean Starobinski는 "이상한 병에 걸린 한 인간, 카프카는 우리에게 그렇게 보인다…… 여기 먹이가 된 한 인간이 있다"고 적고 있다. 그리고 피에르 클로소프스키Pierre Klossowski는 "카프카의 『일기』는 …… 회복을 바라는 환자의 『일기』이다. 그는 건강을 원한다…… 따라서 그는 건강을 믿고 있다"고 하면서 이어 "우리는 어떠한 경우에도 그가 궁극의 비전을 갖지 못하였다고 그에 대해 말할 수는 없다"고 적고 있다. 또한 장 스타로뱅스키는 "…… 마지막 말이란 존재하지 않으며, 그는 마지막 말을 가질 수가 없다"고 적는다.

　이러한 글들은 수수께끼와 해답을 보존하려고 하는 독서의 불안을, 오해를, 그 오해의 표현을, 그리고 이러한 독서에 대한 해석의 불가능성 속에서의 독서의 가능성을 보여 주고 있다. 모호함조차 우리를 만족시키지 못하고, 모호함은 미끄러지고 지나가는 방식으로 진실을 포착하는 술책인데, 하지만 이 글들을 기다리고 있는 진실은 아마도 유일하게 단순한 것이리라. 이들 각각의 주장에 그 주장을 교란시키는 다른 주장을 대립시키고, 서로 다른 방향의 주제들로 주제들에 무수한 뉘앙스를 주었다 하더라도, 카프카를 보다 잘 이해할 수 있을지는 확실하지 않다. 믿음은 배제하지만 믿음에 대한 탐구는 배제하지 않는, 희망은 배제하지만 희망에 대한 희망은 배제하지 않는, 여기와 저곳의 진실은 배제하지만 최후의 절대적 진실을 향한 호소는 배제하지 않는 이 세계에서 모순은 통용되지 않는다. 작품을 쓴 자의 역사적·종교적 조건을 참조하고, 그를 일종의 한층 뛰어난 막스 브로트로 여기면서 그 어떤 작품을 설명하는 것은 분명 만족스러울 수 없는 일종의 속임수이다. 하지만 그의 신화와 그의 허구가 과거와 아무런 관계가 없다면 신화와 허구의 의미는 그 과거가 밝혀 주는 요소들로 우리를 되돌려 보내고, 또한 문제가 불행한 의식의 고뇌하는 정신이 담긴 신학적·종교적 문제가 아니라면 분명 같은 방식으로 제기되지 않을 그러한 문제들로 우리를 되돌려 보내는 것 또한 사실이다. 그러한 이유에서, 사람들이 우리에게 제안하는 모든 해석들에 대해 그들은 다 같이 거북해할 수 있는데, 하지만 모든 해석들이 다 같이 가치를 지닌다거나 모든 해석들이 그 목표와 무관하게 다 같이 참되거나 다 같이 거짓되고 혹은 그 해석의 불일치에 있어서만 참되다고 말할 수는 없다.

    카프카의 주요 이야기들은 단상들로 되어 있고, 작품 전체가 하나의 단상이다. 이러한 결핍은 독서의 방향을 변화시키지 않지만 독서의 형태와 그 내용을 불안정하게 하는 불확실성에 대한 설명이 된다. 하지만 그 결핍은 우연한 것이 아니다. 결핍은 결핍이 손상시키는 의미 자체에 통합된다. 결핍은 허용되지도 거절되지도 않은 부재의 표현과 일치한다. 우리가 읽는 페이지들은 더할 나위 없이 충만하여서, 아무런 결함이 없는 작품을 예고하고 있고, 더구나 작품 전체가 더 이상 할 말이 없었던 듯 갑자기 중단되는 그 세심한 전개들 가운데 주어진 듯하다. 그러한 전개에 결핍된 것이라고는 없고, 심지어 전개의 대상인 그 결핍마저 결핍된 것은 아니다. 그것은 결함이 아니라, 도처에 현전하는, 하지만 결코 받아들여지지 않는 불가능의 ─ 공동의 실존의 불가능, 고독의 불가능, 이러한 불가능들에 만족하지 못하는 불가능 ─ 기호이다.

우리의 독서의 노력을 고통스럽게 하는 것은 다양한 해석의 공존이 아니라 각각의 주제가 때로는 부정적 의미로, 때로는 긍정적 의미로 나타나는 비밀스러운 가능성 때문이다. 이 세계는 희망의 세계이자 형벌의 세계이고, 영원히 닫힌 세계이자 무한한 세계이며, 부당함의 세계이자 과오의 세계이다. 카프카 자신이 종교적 인식에 대해 "인식은 영원한 삶으로 이르는 단계이자 아울러 이 삶 앞에 세워진 장애이다"라고 말한 것은 그의 작품을 두고 말한 것임에 틀림없다. 즉, 그의 작품에서는 모든 것이 장애이지만 모든 것이 단계가 될 수 있다. 이보다 더 어두운 글도 드물지만, 그 결말에서 아무런 희망이 보이지 않는 글조차 궁극의 가능성을, 미지의 승리를, 다가갈 수 없는 요구의 빛남을 표현하기 위해 글의 흐름을 뒤집을 준비가 되어 있다. 부정적인 것을 파고들었기에 그는 거기에 긍정적인 것이 될 기회를, 단 한 번의 기회를, 실제로 끝내 실현되지 않고 오히려 그것을 통해 반대되는 것이 끊임없이 드러나 보이는 그러한 기회를 부여한다.

카프카의 작품은 그 전체가 부정을 통해 얻고자 하는 긍정에 대한 탐구이다. 그 긍정은, 이를테면 엿보이자마자 빠져나가고, 거짓처럼 보이고, 이렇게 새로이 긍정을 가능하게 하면서 긍정으로부터 배제되는 긍정이다. 바로 이런 까닭에 초월을 모르는 세계를 말한다는 것은 매우 엉뚱하게도 보인다. 초월은 바로 부정을 통해서만 긍정될 수 있는 그러한 긍정이다. 초월은 초월이 부인된다는 그 사실로부터 존재한다. 초월은 초월이 여기에 존재하지 않는다는 그 사실로부터 현전한다. 죽은 신은 그의 작품에서 일종의 인상적인 보상을 얻게 되었다. 왜냐하면 신의 죽음은 신에게서 신의 권능을, 신의 무한한 권위를, 신의 무오류성無誤謬性을 박탈하지 않는다. 죽은 신, 그는 그를 이길 가능성이 더 이상 없는 투쟁 속에서 한층 더 두렵고, 한층 더 굳건할 따름이다. 우리는 죽은 초월과 실랑이를 벌이고, 『중국의 만리장성』의 관리官吏가 표상하는 것은 죽어 버린 황제이며, 고문 기구가 항상 현전하게 하는 것은 「유형지流刑地에서」의 고인이 된 옛 지휘관이다. 그리고 장 스타로뱅스키가 지적하고 있듯이, 그의 권능, 그의 진실이 삶이 아니라 죽음이기에 죽음을 선고할 수밖에 없는 『소송』의 최후 심판관은 죽지 않았던가?

부정의 모호함은 죽음의 모호함에 관련된다. 신은 죽었다. 이 말은 죽음은 가능하지 않다는 훨씬 가혹한 진실을 의미할 수 있다. 「사냥꾼 그라쿠스」Le chasseur Gracchus라는 제목의 짧은 글에서 카프카는 계곡에서 추락하여 목숨을 잃었음에도 피안의 세계를 얻지 못한—이제, 그는 살아 있고 그리고 그는 죽었다—흑림의 한 사냥꾼의 모험을 이야기하고 있다. 그는 즐거이 삶을 받아들였고, 즐거이 그의 삶의 종말을 받아들였다—일단 죽게 되자, 그는 즐거움 속에서 자신의 죽음을 기다렸다. 그는 누워서 기다렸다. 그는 말한다. "그때 불운이 닥쳐왔다." 불운, 그것은 죽음의 불가능성이다. 그것은 거창한 인간의 술책을 향해 던져진 조소이고, 밤이고, 무이고, 침묵이다. 종말이란 없다. 낮을, 사물의 의미를, 희망을 마침내 끝낼 수 있는 가능성이란 없다. 그것이 서구인들이 지복의 상징으로 삼았던 진실이고, 거기서 행복의 비탈길을, 불멸의 비탈길을, 삶을 보상할 사후의 삶의 비탈길을 내면서 감내할 수 있는 것으로 받아들이고자 하였던 진실이다. 하지만 사후의 삶, 그것은 우리의 삶 자체이다. 카프카는 말한다. "한 인간의 죽음 이후 각별히 자비로운 침묵이 고인들과 관련하여 잠시 땅 위로 찾아들고, 땅의 열기는 사라졌으며, 죽음이 지속되고 있는 것도 더 이상 보이지 않으며, 실수는 멀어진 듯하고, 살아 있는 자들에게조차 이것은 숨을 돌릴 기회이며, 그리하여 빈소의 창을 연다. 이 나른함이 착각인 듯 여겨지고 고통과 비탄이 시작될 때까지."

카프카는 계속해서 말한다. "죽은 자의 머리맡에서의 비탄은 결국 진정한 의미에서 그가 죽지 않았다는 사실에서 비롯한다. 우리는 여전히 이러한 방식으로 죽는다는 데에 대해 만족해야 한다. 우리는 놀이를 계속한다." 그리고 그와 못지않게 분명한 것이 있다. "우리의 구원은 죽음이다. 하지만 죽음이 아니다." 우리는 죽지 않는다. 이것이 진실이다. 하지만 그 결과, 우리는 더 이상 살지 않으며, 우리는 살아 있기 때문에 죽었고, 우리는 본질적으로 생존자들이다. 이처럼 죽음은 우리의 삶을 끝마치게 하지만 우리의 죽음의 가능성을 끝마치게 하지는 않는다. 죽음은 삶의 종말로서는 실제적이지만 죽음의 종말로서는 허울에 불과하다. 여기서부터 이 애매함, 이 모든 인물들의 약간의 몸짓조차 기이해 보이게 하는 이중의 애매함이 시작된다. 과연 그들은 사냥꾼 그라쿠스처럼 헛되이 죽음을 마치는 죽은 자들이고, 알 수 없는 물속으로 사라진 존재들이며, 그들의 지나간 죽음의 실수가 그 특유의 냉소뿐만 아니라 온유와 무한의 예의를 다하며 또렷한 사물들의 친숙한 장식 가운데 보존하는 존재들인가? 혹은 그들은 수많은 죽은 적들과, 그리고 끝났거나 끝나지 않은 그 어떤 것과, 그들이 물리치면서 다시 생겨나게 하고, 그들이 찾으면서 멀리 떼어 놓는 그 어떤 것과 영문도 모른 채 싸우고 있는 살아 있는 자들인가? 실제로 이것이 우리의 불안의 근원이다. 불안은 사람들이 말하듯이 그 위로 인간 현실이 떠오르고 다시 그곳으로 떨어지는 무로부터 오는 것이 아니라, 그 피난처 자체가 우리에게서 지워지지 않고, 거기엔 아무것도 없으며, 이 아무것도 없는 것이 아직 존재하는 것이 아닐까 하는 두려움에서 온다. 우리가 실존에서 벗어날 수 없는 한, 이 실존은 끝나지 않고, 충분히 체험될 수도 없으며 ─그리고 살기 위한 우리의 싸움이 죽기 위한 싸움이라는 사실을 모르는 싸움, 언제나 보다 더 초라한 가능성으로 빠져드는 맹목적인 싸움이다. 우리의 구원은 죽음 속에 있으나, 희망 그것은 산다는 것이다. 그 결과 우리는 결코 구원되지 못하고 결코 절망하지도 않으며, 그리고 우리의 길을 잃게 하는 것은 어떻게 보면 희망이고, 그 희망이 우리의 고뇌의 징후인데, 그리하여 고뇌 또한 구원의 가치를 가지며 우리를 희망으로 이끈다. "네가 절망하지 않는 것에 대해서조차 절망하지 마라…… 이것이 바로 삶이라 불리는 것이다."

각각의 어휘, 각각의 이미지, 각각의 이야기가 그 반대되는 것을 의미할 수 있다면 ─그리고 이 반대의 것도 마찬가지이다─ 우리는 그 까닭을 죽음을 매혹적이고 비실제적이고 불가능한 것으로 만드는, 진정 절대적인 단 하나의 어휘마저 우리로부터 앗아 가면서도 죽음의 환영은 앗아가지 않는 그러한 죽음의 초월에서 찾아야 한다. 우리를 지배하는 것은 죽음이다. 하지만 죽음은 우리를 그 불가능성으로 지배하는데, 이는 우리는 태어나지 않았고("나의 삶은 출생 앞의 망설임이다"), 또한 우리는 우리의 죽음에 부재한다는 것을 ("너는 쉬지 않고 죽음을 말하지만 너는 죽지 않는다") 의미한다. 밤이 갑자기 의혹에 잠기면 그때는 낮도 밤도 없고, 때로는 낮의 추억인, 때로는 밤의 회한인, 태양의 종말이자 종말의 태양인 황혼의 희미한 불빛만 남는다. 실존은 끝이 없고, 실존은 우리가 배제되어 있는지 (그래서 우리는 여기서 헛되이 확고하게 잡을 것을 찾는다) 혹은 영원히 갇혀 있는지 (우리는 절망적으로 바깥에 구원을 청한다) 알지 못하는 불확실한 것에 불과하다. 실존은 가장 강력한 의미에서의 유배이다. 우리는 그곳에 없고 다른 곳에 있으며, 그리고 우리는 결코 거기에 존재하기를 멈추지 않는다.

『변신』의 주제는 목표가 결핍된 문학의 고통, 희망과 절망이 끝없이 서로 응답하는 소용돌이로 독자를 몰고 가는 문학의 고통에 대한 예시이다. 그레고르의 상황은 실존을 벗어나지 못하는 존재의 상황 그 자체이며, 실존한다는 것은 언제나 실존으로 다시 떨어진다고 선고받는 것이다. 벌레가 된 그는 추락의 상태에서 계속 살아가고, 동물의 고독 속으로 빠져들면서 부조리와 삶의 불가능성에 가장 가까이 다가간다. 그런데 무슨 일이 일어나고 있는가? 분명 그는 계속 살고 있고, 그의 불행을 벗어나려고 애쓰지도 않는다. 하지만 불행의 내부에서 마지막 수단, 마지막 희망을 전달하는데, 소파 아래의 자기 자리를 위해, 벽이 주는 상쾌함을 향한 짤막한 여행을 위해, 불결함과 먼지 속에서의 삶을 위해 그는 줄곧 싸우고 있다. 따라서 우리는 그와 함께 진정으로 희망해야 한다. 그가 희망하기 때문에. 그러나 우리는 목표 없이 공허 속에서 계속되는 이 소름끼치는 희망을 진정으로 절망하여야 한다. 그리고 그는 죽는다. 버림받은 채 고독 속에서 참을 수 없는 죽음을——죽음이 전하는 해방의 감정에서, 지금의 결정적 종말이 주는 새로운 희망으로 약간은 행복한 죽음을. 그러나 곧 이 마지막 희망도 그것대로 사라진다. 아니, 그렇지 않다. 종말은 없고, 실존은 계속되며, 그리고 여동생의 몸짓은, 생명을 깨우고 환희를 부르며 이야기를 끝맺는 그녀의 모습은 이 단편 전체에서 더 없이 소름끼치는 혐오의 극치를 가져다준다. 이것은 저주 자체이고, 또한 갱생이자 희망이다. 왜냐하면 어린 소녀는 살고 싶어 하고, 그리고 산다는 것은 이미 불가피한 것을 외면하는 것이기 때문이다.

카프카의 이야기들은 문학 가운데 너무도 어둡고 절대적 파탄에 극단으로 못 박힌 작품들에 속한다. 그리고 희망이 금지되었기 때문이 아니라 희망은 금지되지 않기 때문에, 희망에 가장 처절하게 고통을 가하는 작품들이다. 파국이 그 아무리 절대적이라 하더라도, 희망을 담고 있는지 희망을 영원히 떨쳐 버리는지 알 수 없는 희미한 여백은 남아 있다. 신 자신이 스스로에게 내린 선고를 따라 가장 추악한 파멸로 빠져들고, 쇠구조물과 신체 기관의 그 고장으로 빠져드는 것으로는 충분치 못하다. 아직도 그의 부활을 기다려야 하고, 우리를 영원히 불안과 위로에로 운명 짓는 알 수 없는 그의 정의의 재림을 기다려야 한다. 아버지의 거역할 수 없는 부당한 심판에 답하여 아들은 그를 향한 온후한 사랑의 표시와 함께 강물에 몸을 던지는 것으로는 충분치 못하며, 그 죽음은 카프카 자신이 그 상징적 가치와 심정적 의미를 명시하였던 다음의 기이한 마지막 문장처럼 실존의 영속으로 이어져야 한다. "그때 다리 위에는 말 그대로 미친 듯이 사람들이 오가고 있었다." 그리고 마침내 그 누구보다 비극적인 『소송』의 요제프 K.는 두 인물이 아무 말 없이 그를 살해하는 황량한 교외에서 정의를 패러디하고는 죽는다. 하지만 그가 "개처럼" 죽는 것으로는 충분치 못하여, 그는 여전히 자신의 생존의 몫을 떠맡고 있다. 그가 저지르지 않았던 과오의 무한성이 죽는 것뿐만 아니라 살기를 그에게 선고하면서 그에게 남겨 놓은 수치스런 생존의 몫을.

"죽음은 마치 교실 벽의 「알렉산더 전투」La Bataille d'Alexandre 그림처럼 우리 눈앞에 놓여 있다. 그러한 삶을 사는 이상 우리는 우리의 행위를 통해 그림을 어둡게 하거나 혹은 지우기까지 해야 한다." 카프카의 작품은 죽음이라는 바로 그 그림이며, 또한 그 그림을 어둡게 하고 지우는 행위이다. 그러나 죽음처럼 그의 작품은 어두워질 수 없었고, 오히려 소멸되기 위해 기울인 그 헛된 노력으로 놀랍도록 빛나고 있다. 우리가 그의 작품을 배반하면서밖에 이해할 수 없고, 그리고 우리의 독서가 오해의 주변을 불안스레 떠도는 것은 바로 이 때문이다.

3장
카프카와 문학

"나는 문학에 불과하며 그리고 다른 그 무엇이 될 수도 그러하기를 바랄 수도 없다." 그의 생애 모든 시기를 통하여 카프카는 그의 『일기』와 편지에서 자신을 글쟁이라 여겼고, 그리고 오늘날 대부분 사람들이 대수롭지 않게 여기는 이 칭호를 자랑스레 고집하였다. 많은 카프카의 평론가들에게 있어서, 카프카를 칭송하는 것, 그것은 그를 작가로서의 그의 조건 바깥에 두는 것이다. 카프카는 문학 작품에 종교적 의미를 부여할 줄 알았다고 장 스타로뱅스키는 말한다. 그의 삶, 그의 작품을 문학의 범주가 아닌 성스러움의 범주에 포함시켜야 한다고 막스 브로트는 말한다. 피에르 클로소프스키는 말한다. 그는 하나의 작품을 창작할 뿐만 아니라 하나의 메시지를 전해야 했다고. 그러나 카프카는 말한다. "난 나의 유일한 바람이요 나의 유일한 소명인 문학에 어긋나는 이 상황을 견딜 수가 없다." ─ "문학이 아닌 모든 것은 지겹기만 하다." ─ "문학과 관련이 없는 모든 걸 난 증오한다." ─ "나의 능력들과 그 각각의 가능성을 살릴 수 있는 나의 기회는 전적으로 문학의 영역에 속한다."

우리는 이따금 카프카가 우리에게 문학이 무엇인가를 엿볼 수 있는 기회를 제공하고 있다는 느낌을 갖게 된다. 그가 무시하지도 않았을 뿐더러 거기에 이를 수만 있다면 그를 구원할 수 있는 유일한 것으로 믿었던 분야가 카프카에게 어울리지 않는다고 판단하고 들어서는 안 된다. 기이하게도, 그 무엇도 인정하지 않았던 한 인간이 어떤 믿음을 가지고 단어들을 바라보았고, 대개 우리에게 가장 해악스러운 위협이 되어 버린 것에 대해 (우리에게, 또한 당시 많은 작가들에게도 그러하였음을 잊지 말자. 카프카는 괴테와 플로베르를 스승으로 삼았으나, 그는 아방가르드의 표현주의 운동 시대에 살고 있었다) 그는 위협을 느끼지 않았다. 그가 의심한 것은, 그의 글쓰기 능력이지 글쓰기의 가능성 혹은 예술의 가치는 아니다.

　카프카는 온 힘을 다하여 작가가 되려고 하였다. 작가가 될 능력이 없다는 생각이 들 때마다 그는 절망하였다. 아버지의 공장 일을 떠맡으면서 15일 동안 글을 쓸 수 없다는 생각에 죽으려고까지 하였다. 그의 『일기』의 대부분은 자신의 『일기』에 몇 마디 적는다는 그 결실에 이르기 위해 일과 다른 사람들 그리고 자기 자신에 맞서 이겨 내야 하는 매일매일의 싸움 주위를 맴돌고 있다. 이러한 강박이 놀랍기는 하나, 하지만 그렇게 희귀한 일만은 아님을 우리는 알고 있다. 카프카의 경우, 문학에서 자신의 정신적·종교적 숙명을 다하기 위해 그가 선택한 수단이 문학이라는 것을 안다면, 그 강박은 차라리 자연스러워 보인다. 자신의 실존 전부를 자신의 예술에 던졌기에, 다른 활동에 자신을 양보해야 할 때면 그는 자신의 실존 전체가 위기에 처하게 됨을 본다. 그때, 말 그대로 그는 더 이상 살고 있는 게 아니다.

어떻게 실존 전체를 몇몇 단어를 가지런히 하려는 염려 가운데 내던질 수 있을까? 이 점 그렇게 명확하지는 않다. 그러나 인정하자. 카프카에게 글쓰기는 미적 행위가 아니라는 것을. 그리고 그가 염두에 두고 있는 것은 문학적으로 의미 있는 작품의 창작이 아니라, 그의 구원, 그의 삶 속에 담긴 구원의 메시지의 완수임을 인정하도록 하자. 평론가들은 부차적이라 여겨지는 예술적 관심과 오직 그 자체로서 탐구될 필요가 있는 내면적 관심을 명확하게 구분하려 한다. "여기서 미적 고려는 개입되지 않는다"고 우리에게 말한다. 그럴 수도 있다. 그러나 그 경우 문학이 무엇이 되는가를 살펴보도록 하자. 문학이라는 이 기이한 활동은 (가령 잘 만들어진 책의 완성과 같은) 사소한 목표를 겨냥하고 있는가, 단어의 위력을 의식하고서 기법과 구성에 관심을 가지면서 전체와 세부에 주의하는 정신을 요구하고 있는가, 아니면 (가령, 우리 삶의 의미 자체와 같은) 보다 높은 목표를 겨냥하고 있는가, 그때 문학은 위의 모든 조건에서 벗어난 정신을 요구하면서, 문학 본래의 성격을 구성하는 것에 대한 완전한 무관심 속에서 실현될 수 있는 것일까? 그 수단에 대한 고려 없이 행해질 수 있는 활동으로 이해된 문학에 대한 생각이 단순한 이론적 공상은 아님을 지적해 두자. 이러한 문학관은 **자동 기술**이라는 명칭으로 잘 알려져 있다. 하지만 그러한 형식이 분명 카프카에게는 낯선 것으로 남아 있었다.

카프카는 이야기를 쓰고 소설을 쓴다. 자신의 『일기』에서 카프카는 자신이 목격한 장면들과 자신이 만난 인물들을 묘사하고 있다. 그는 "R에 대한 묘사가 제대로 된 것 같지 않군" 하는 식으로 자신의 작업을 판단한다. 종종 그는 대상들을 치밀하게 묘사한다. 왜 그럴까? 막스 브로트가 주장하듯이 카프카는 도처에서 눈에 뜨이는 진실을 도처에서 찾아내기 때문인가? 오히려 수련을 하고 기량을 쌓는 것은 아닐까? 그는 클라이스트Kleist의 차가운 문체를 열심히 학습하였고, 괴테와 플로베르는 그에게 완벽하게 작업한 형식의 가치를 판별하는 방법을 가르쳐 주었다. 그는 폴락Pollak에게 적고 있다. "나에게 부족한 것은 규율이다…… 석 달을 계속해서 부지런히 작업하고 있다. 특히 오늘 알게 된 것은, 예술은 예술이라는 직업 이상의 직업을 요구한다는 사실이다. 나는 물론 사람들이 애써 아이를 낳을 수 있다고는 생각하지 않지만, 반대로 아이들을 애써 가르칠 수는 있다고 생각한다." 카프카는 다른 사람들보다 많은 것을 문학에 요구하였고 그리고 얻어 냈다. 그러나 무엇보다 그는 문학을 그 모든 형태를 통해, 그 모든 구속 가운데, 예술로서뿐만 아니라 직업으로서, 특권을 지닌 활동으로서뿐만 아니라 임무로서 받아들이는 진솔함을 지니고 있었다. 글을 쓰는 순간, 그는 글을 제대로 쓰지 않고 넘어갈 수는 없다고 생각한다.

생명이나 도덕에 관한 염려에서 글을 쓰는 사람들에게 미적 고려의 모든 부담을 벗어난다는 것은 너무도 홀가분한 일일 수는 있다. 문학은 각자가 자기 자리를 갖는 여러 층으로 이루어진 거처가 아니고, 그리고 맨 위에 살고자 하는 자는 결코 하인들의 계단을 이용하여서는 아니 되리라. 작가란 적당하게 손을 뗄 수가 없다. 글을 쓰는 순간, 그는 문학으로 들어가 철두철미 그곳에 존재한다. 그는 훌륭한 장인이 되어야 하고, 또한 탐미주의자가, 단어의 탐구자가, 이미지의 탐구자가 되어야 한다. 그는 말려들었다. 이것이 그의 숙명이다. 저 유명한 문학의 대학살이란 사건들조차 이 상황을 바꿀 수는 없다. 문학을 바친다는 바로 그 목적에서 문학을 수련하는 것일까? 하지만 그것은 사람들이 바치는 그 것이 존재한다는 사실을 전제한다. 따라서 무엇보다 문학을, 문학의 소명을 믿고서 문학을 존재하게 해야 하며——그리하여, 글쟁이가, 끝까지 글쟁이가 되어야 한다. 아브라함은 자신의 아들을 바치기를 소망하였으나, 아들을 갖게 되리라 확신하지 않았다면, 그가 아들로 받아들인 것이 이미 한 마리 숫양에 불과하였다고 한다면? 어떤 작가이건 그를 한 명의 작가 이상으로 만들기에는 침묵으로는 부족하며, 그리고 랭보Rimbaud가 되기 위하여 예술을 떠나고자 하는 자는 어쨌든 침묵 속의 무능한 자로 남게 된다. 또한 카프카가 자신의 작품이 도덕적으로 불온하거나 혹은 자신이 전해야 했던 메시지에 충실하지 못하거나 혹은 침묵에 못 미친다고 판단되어 그것을 내던져 버렸다고 말할 수도 없다. 그는 문학적으로 불충분하다고 생각되어 작품을 없애 버리고 싶었는지도 모른다. 나의 메시지에 상관하지 마십시오라고 말하는 사자使者와 나의 작품은 실패한 것이니 없애 버려야 한다고 선언하는 예술가를 어떻게 구분할 것인가? 어떤 의미에서 예술가만이 그 결정을 내릴 권한이 있다. 사자는 자기 말의 주인이 아니고, 마음에 들지 않아도 말은 그를 벗어나는데, 마음에 들지 않는 것은 바로 말의 의미이기 때문이다. 기껏 기억해 둘 수 있는 것은, 메시지에는 그것을 파기한다는 서약이 포함되어 있어야 한다는 사실이다. 말의 비밀스런 욕망, 그것은 자취를 감추는 것인데, 하지만 이 욕망은 헛된 욕망이고 말은 결코 자취를 감추지 않는다.

기이한 것은, 많은 작가들은 글쓰는 행위에 자신들의 실존 전체를 쏟고 있다고 믿고 있을 뿐만 아니라, 거기에 삶을 쏟으면서도 그들은 바로 그들이 비난하는 관점인 미학의 관점에서 볼 때에만 걸작일 따름인 작품들을 생산하고 있다는 사실이다. 더구나 그들의 활동에 중요한 의미를, 이른바 우리의 조건 전체를 포함하는 탐구의 의미를 부여하고자 하는 작가들은 이 활동을 그들이 배척하는 피상적 의미로 축소시킴으로써만, 이른바 잘 만들어진 작품의 창작으로 축소시킴으로써만 성공적으로 수행해 나가는데, 그리하여 잘 만들어진 작품은 비록 일시적이나마 작가들을 삶으로부터 분리시키고 이탈시켜 무관심하게 만든다. 우리가 잘 알고 있는 갈등이 여기에 있다. 차라투스트라는 말한다. "피로 글을 써라, 피가 정신임을 배우게 되리라." 아니 오히려 그 반대이다. 즉, 정신으로 글을 쓰고, 그리고 피를 흘린다고 생각한다. 카프카 자신은 "난 피로에 굴복하지 않고, 비록 얼굴을 베인다 하더라도 또 다른 피로한 가운데 뛰어들리라"라고 말한다. 작가가 상처투성이의 얼굴로 작업에서 물러서는, 분명 드라마틱한 이미지다. 하지만 이미지는 이미지에 불과하다. 카뮈의 『칼리굴라』Caligula는 자신의 예술적 감동을 나눠 갖지 못하는 사람들의 머리를 베도록 한다. 작가에게는 칼리굴라가 없다. 작가의 견디기 어려운 (그리고, 어떤 작가들에게는 치욕스럽기도 한) 상황은 부분적으로 그의 성공에서 비롯한다. 그는 작품 속에서 위험을 무릅쓰려고 한다. 하지만 그가 겪는 위험은 결코 위험이 아닐지도 모른다. 위험에 굴복하기는커녕, 그는 자신의 삶을 증진시키는 멋진 작품과 함께 그곳을 빠져 나온다. 여기에 피로 물든 수많은 단어들의 알리바이가 있다. 피가 없기 때문이다. 여기에 또한 펜을 든 손에 대한 경멸의 말이 있다.

찾아야 할 진실에 대한 강박에서 글을 쓰는 라신Racine를 떠올려 보자. 또한 그러한 탐구로 인해 일종의 금욕으로, 조화로운 시구에 대한 혐오로, 완성에 대한 거절로, 결국 페드라식의 침묵이 아니라 차라리 프라도식의 어떤 『페드라』*Phèdra*로 나아가게 된 그를 상상해 볼 수 있다. 문제는 여기에 있다. 우리는 작가들이 글쓰기에 대한 혐오에서 혹은 문학의 희생을 통해 문학을 넘어서려는 욕구에서 글쓰기를 거절하는 것을 보았다. 그리고 그 중 어떤 작가들은 자신들에 대한 배신처럼 느껴진다고 하여 훌륭한 작품들을 없애려 하는 것을 보았다. 그러나 내면의 삶에의 헌신을 통해 좋은 작가로서 사라지는, 글쓰기가 필연이었기에 계속해서 글을 써 가는, 하지만 점점 더 글이 엉망이 되어 가는 그러한 인물은 보지 못했다. 랭보 같은 작가는 결코 쉴리 프뤼돔Sully Prudhomme이 되지 않았다. 얼마나 기이한 일인가? 휠덜린조차 자신의 광기 속에서 계속해서 훌륭한 시인으로 남는다. 그리고 카프카는 자신의 작품을 못마땅해 할 수는 있어도, 볼품없는 언어의 무가치와 진부함과 우둔함으로 인한 죽음을 결코 선고받지는 않았다(오직 플로베르만이 이따금 이러한 자살을 언급한다).

    카프카 같은 인간은 왜 작가가 되지 못하면 스스로가 쓸모없다고 느끼게 되는 것일까? 이것이 그의 '소명', 적절한 형태의 그의 직무인가? 자신의 운명을 그르치게 되리라는 어떤 확신, 하지만 운명을 그르치는 자신의 방식, 그것은 글쓰기라는 그 확신을 그는 어디로부터 가져오는가? 많은 글들은 그가 문학에 지극히 중대한 의미를 두고 있음을 보여 주고 있다. "나의 머릿속을 채우고 있는 세계의 거대함 ······ 그것을 억압하거나 내 안에 매장시키기보다는 차라리 산산이 터뜨려 버릴 것. 내가 존재하는 이유는 바로 그 때문이며, 여기에 대해 나는 추호의 의심도 없다"고 적을 때, 카프카는 맹목적으로 바깥을 향해 서두르는 창작의 절박함을 여전히 통상적 방식으로 표명하고 있다. 언제나, 그의 문학에서 문제가 되고 있다고 느끼는 것은 자신의 고유한 삶이다. 글을 쓰는 것은 그를 존재하게 한다. "…… 난 한 의미를 찾아내었고, 그리고 단조롭고, 공허한, 길 잃은 나의 삶, 한 독신의 삶이 자기 이유를 갖는다…… 이것이 나를 발전에 이르게 할 수 있는 유일한 길이다." 다른 대목에서 "글을 쓸 때면 여느 때와는 다른 거리낌 없는 씩씩하고 놀라운 용기가 생긴다"라고 적고 있다. 이 문장은 문학 행위를 하나의 보상 행위로 깎아내리고 있는 것 같다. 카프카는 그럴듯한 생활 능력을 갖추지 못하였고, 그는 글을 쓰면서 살아갈 수밖에 없었다. 하지만 이러한 관점에서 보더라도, 본질적인 것에 대한 설명이 필요하다. 사람들이 이해하고 싶어 하는 것은 왜 글을 쓰는가—왜 하나의 중요한 작품이 아니라, 무의미한 단어들을 쓰는가("내가 속해 있는 이 특별한 유형의 영감은…… 정해진 작업을 목표로 할 뿐만 아니라, 내가 전부이다. 내가 별 생각 없이 '그는 창을 통해 바라보고 있었다'는 문장을 쓸 때, 이 문장은 이미 완전하다"),—'그는 창을 통해 바라보고 있었다'고 쓴다는 것 왜 그것은 이미 사기 이상이 되는 것인가이다.

　카프카는 자신에게 잠재적 힘을 풀어 놓을 능력이 있음을, 혹은 그가 감금되고 포위되어 있다고 느낄 때 그러한 방법을 통해 그가 모르는 임박한 가능성을 발견할 수 있음을 암시하고 있다. 고독 가운데, 그는 무너져 내린다. 이러한 붕괴가 그의 고독을 매우 위험한 것으로 만든다. 그러나 동시에 이 혼돈으로부터, 언어가 받아 주기만 한다면, 중요한 무엇이 생겨날 수도 있다. 문제는, 그 순간 그는 말하는 것이 거의 불가능해진다는 사실이다. 평상시 카프카는 침울한 의식 상태로 인해 자신을 표현하는 데 크나큰 어려움을 겪는다. 그러나 이제 어려움은 가능한 모든 것을 넘어선다. "나의 힘은 최소한의 문장에도 미치지 못한다." "글을 쓸 때 한 단어에 적합한 다른 단어는 하나도 없다…… 나의 의혹은 미처 느끼기도 전에 모든 단어를 추궁하고 있고, 아니 그게 아니라, 이 단어를 내가 만들어 낸다!" 이 단계에서 중요한 것은 말의 성질이 아니라 말의 가능성이다. 문제가 되는 것은 말이고, 시험하게 되는 것은 말이다. "가끔 내 안에서 어린 고양이 울음소리 같은 것을 들으면서 이따금 나의 생각을 따르곤 했는데, 하지만 결국 언제나 이것이다."

문학은 말하기가 가장 어려워지는 순간 말하려고 애쓰는 가운데 이루어지는 것 같다. 이를테면, 혼돈이 모든 언어를 배척하면서 결과적으로 가장 정확하고, 가장 의식적이고, 애매함과 혼돈과는 가장 거리가 먼 언어, 바로 문학 언어의 도움을 필요로 하면서. 이 경우 작가는 자신의 정신적 삶의 가능성을 창조한다고 믿을 수 있다. 그는 자신의 창작이 한 단어 한 단어 삶에 연결되어 있음을 느끼고, 자신을 재창조하고, 자신을 새롭게 이룩한다. 그때 문학은 "경계에 대한 공격"이 되고, 고독과 언어라는 대립되는 힘을 통해 우리를 이 세계의 극단으로, "일반적으로 인간적이라는 것의 한계로" 이끌고 가는 추적이 된다. 그리하여 문학이 새로운 카발라로 발전하고, 지난 세기로부터 전해져 오늘날 새롭게 창조되어 문학으로부터 문학을 넘어 존재하기 시작하는 새로운 비밀스런 교리로 발전해 나가기를 열망해 보게도 된다.

분명 결실에 이르지 못할 임무, 하지만 가능한 것으로 받아들여진다는 데에서 이미 놀라운 임무이다. 우리가 말했듯이, 일반적인 불가능성 가운데, 문학에 대한 카프카의 믿음은 예외적인 것으로 남아 있다.

드물지만 이따금 그는 예술의 부족함 앞에 멈춰 선다. "예술은 스스로를 불태우지 않는다는 분명한 의도를 가지고 진실의 주위를 선회한다. 예술의 역량은 허공 속에서 예전의 빛에 대한 가늠 없이 빛의 광선이 강력하게 포착될 수 있는 장소를 찾는 데 있다"라고 적으며, 그는 다른 성찰에 대한 보다 무거운 대답을 내어놓는다. 즉, "우리의 예술, 그것은 진실로 인해 눈이 머는 것이다. 찡그리며 뒷걸음치는 얼굴에 내리쬐는 빛, 이것만이 진실되고 다른 그 무엇도 그렇지 못하다." 그리고 이러한 정의가 희망이 없는 것은 아니다. 시력을 잃어버리는 것은 그나마 다행이며, 그 이상, 눈먼 채로 보게 되는 것이다. 우리의 예술이 빛이 아니라면, 그것은 어두움, 어두움을 통하여 섬광에 이르는 가능성이다.

평론가들이 극구 카프카가 잃어버린 친구와 연관 지으려 하는 **바로 그** 막스 브로트에 따르면, 예술은 종교적 인식의 반영일 수 있다. 우리는 이따금 카프카에게 있어서 예술은 인식보다 더 멀리 나아간다는 전혀 다른 인상을 갖게 된다. (종교적 의미에서의) 자신에 대한 인식은 우리의 자기 잘못에 대한 인정의 한 방식이다. 우리는 인식을 통해서만 성장하면서도, 또한 인식은 그것만으로 성장을 방해하기도 한다. 습득되기 전, 인식은 필요한 길이고, 습득되고 나서는, 인식은 넘을 수 없는 장애이다. 우리의 소멸이 우리의 구원처럼 그리고 그 역으로도 드러나는, 카발라에서 유래한, 이 고대의 사고가 왜 인식이 실패하는 곳에서 예술이 성공할 수 있는가를 이해하게 해줄는지도 모른다. 예술은 길이 될 만큼 진실되지는 못하고, 장애로 바꾸기에는 지나치게 비실제적이다. 예술은 일종의 **인 듯함**comme si이다. 우리가 진실 앞에 현전하고 있는 것처럼 모든 것이 이루어지나, 이 현전이 하나의 진실은 아니다. 그래서 현전은 우리가 나아가는 것을 금지하지 않는다. 예술은 인식이 영원한 삶에 이르는 단계일 때 인식으로 긍정되고, 그리고 예술은 인식이 삶을 가로막는 장애일 때 인식 아닌 인식non-connaissance으로 긍정된다. 예술은 의미를 바꾸고 기호를 바꾼다. 예술은 잔존하면서도 소멸한다. 이것이 예술의 기만이다. 하지만 이것이 또한 예술의 가장 고귀한 위엄, "글쓰기, 곧 기도의 형식"이라는 문구를 공인하는 바로 그 위엄이다.

    이따금 카프카는 다른 사람들처럼 이러한 변화의 비밀스러운 특성에 사로잡혀 여기서 그 예외적인 힘의 증거를 인정할 용의가 있는 듯하다. 문학 활동의 영역에서 그는 (이따금) 계시 상태를, "지속되는 동안 나는 전적으로 하나하나의 생각 속에 머물고 있었고, 또한 그 하나하나를 완성하고 있었던 상태를", 그의 한계를 넘어서 보편적 한계에 이르는 것 같았던 격정적 상태를 체험하였다고 말한다. 하물며 그가 덧붙이길, "나의 작업 중 최상의 것을 쓴 것은 이러한 상태 속에서가 아니다". 따라서 계시는 특별한 언어 활동의 수행에 연관된 것이리라. 그러한 활동이 계시를 전제로 하는지 혹은 유발하는지 알 수 없을지라도 그렇다 (우리가 앞서 말했던 고독에 연관된 붕괴의 상태 그것 또한 모호하다. 말하는 것이 불가능하고 그럼에도 말을 목적하기 때문에 붕괴가 생겨난다. 여기서 묵언과 공백은 채워지기 위한 것으로만 주어진다). 언어가 "창조하지 않는, 하지만 간청하는" 적절한 낱말의 "마술적" 위력에 의해 심연으로부터 삶의 성대함이 솟아나게 하든지, "정신"의 손에 들린 투창처럼 글을 쓰는 자에게 해를 가하든지, 어쨌든, 놀라운 일이 언어의 차원에서 벌어지고 있다. 정신과 마술이라는 관념은 그 자체로서는 아무것도 설명해 주지 않으며, 그것은 여기 비밀스러운 것이 있으니 유의해서 살펴보십시오라고 말하는 하나의 예고이다.

비밀은 다음과 같다. 불행한 나는 책상에 앉아, '난 불행하다'라고 적는다. 이러한 일이 가능한가? 사람들은 왜 이러한 가능성이 낯설고 어떤 지점에서는 터무니없어 보이는가를 알고 있다. 나의 불행의 상태는 나의 힘의 고갈을 의미하고, 나의 불행의 표현은 힘의 증대를 의미한다. 고통의 측면에서 볼 때 생활하고, 존재하고, 사유하는 모든 것이 불가능하고, 글쓰기의 측면에서 볼 때 단어들의 조화, 정확한 전개, 만족스러운 이미지 등 모든 것이 가능하다. 더구나 나의 고통을 표현하면서, 나는 부정적인 것을 긍정하고, 긍정하면서 그것을 변형시키지 않는다. 나는 가장 커다란 행운으로 가장 완벽한 불운을 짊지게 한다. 내가 더 많은 행운을 누릴수록, 말하자면 나의 불행을 전개, 각색, 이미지를 통하여 느끼게 할 수 있는 재능을 더 많이 가질수록, 이 불행이 의미하는 불운은 한층 더 존중될 것이다. 이것은 마치 나의 글쓰기가 행사하는 가능성은 불가능성을 제쳐 두거나 혹은 불가능성을 파괴하지도 불가능성에 의해 파괴되지도 않고서 그 불가능성을 그대로 받아들일 뿐만 아니라, 그 불가능성 속에서 그리고 그 불가능성 때문에 비로소 진정으로 가능해지는 식으로, 본질인 양 그 고유한 불가능성을——나의 고통인 글쓰기의 불가능을——지니고 있는 것 같다. 언어, 특히 문학 언어는 계속해서 앞으로 언어의 죽음을 향해 달려 나가지 않으면, 그 언어는 가능하지 않다. 언어의 죽음을 향한 이 움직임이 언어의 조건이고 언어의 근거이기 때문이다. 언어의 무를 예견하고서, 언어를 실현하지 않고 무가 되는 언어의 가능성을 결정하는 것이 이 움직임이다. 바꾸어 말해서, 언어는 존재하지만 실현하지 않는 언어 아닌 언어non-langage를 향해 나아가기 때문에 비현실적이다.

    우리가 방금 언급한 글에서 카프카는 적고 있다. "글을 쓰고자 하는 누구든 고통 속에서 고통을 대상화한다는 것이 가능하다는 것을 결코 깨닫지 못했다." 대상화한다는 단어는 주의를 필요로 하는데, 문학은 분명 하나의 대상을 구축하려고 하기 때문이다. 문학은 고통을 대상으로 구성하면서 고통을 대상화한다. 문학은 고통을 표현하지 않고 고통을 다른 방식으로 존재하게 하며, 문학은 육체의 물질성이 아니라 괴로움이 존재를 요청하는 그러한 세계의 전복을 의미하게 하는 그러한 단어들의 물질성을 고통에 부여한다. 그러한 성격의 대상은 반드시 고통이 우리로 하여금 겪게 하는 변화의 모방은 아니다. 그 대상은 고통을 **재현하기** 위해서가 아니라 고통을 **현시하기** 위하여 구성된다. 무엇보다 이 대상이 존재하여야 한다. 말하자면 그것은 규정된 관계들의 항구적 미결의 총체이어야 한다. 다르게 말해서, 거기에는 모든 존재하는 사물에 있어서 그렇듯이 언제나 설명할 수 없는 과잉이 존재해야 한다. "당연히 그러하겠지만, 하나의 이야기를 쓰기 위하여 모든 방향으로 나를 펼칠 시간이 없다." 카프카의 유감은 모든 방향으로 퍼져 가는 문학적 표현의 본질을 지적하고 있고, 그리고 또한 문학 창조의 고유한 움직임의 성격, 즉 문학 창조의 추격을 받으면서 하지만 그 창조를 앞지르는, 문학 창조를 어디든지 끌고 가면서 어디로든 떠밀려 가는 것과 같이, 모든 방향으로 추구하면서 비로소 진정한 문학 창조를 가능케 하는 그러한 움직임의 성격을 지적하고 있다. '나는 불행하다'는 말은 이 말이 형태를 얻고, 깊어지고, 사라지고, 어두워지고, 영속화되는 그 새로운 언어 세계 속에서 두터워질 때 비로소 불행이 된다.

문학이 **나**Ich에서 **그**Er로의 이행임을 깨달은 날, 카프카는 문학의 풍요로움을 (그를 위해, 그의 삶을 위해, 그리고 살아가기 위해) 체험하였다는 사실이 특히 클로드 에드몽 마니를 비롯한 많은 평론가들에게는 놀라워 보인다. 이것이 그가 썼던 최초의 중요한 소설『판결』의 커다란 발견이다. 우리가 알고 있듯이 그는 이 사건을, 그의 문학의 가능성과의 충격적인 만남을 증언하고, 이 작품이 그에게 밝히게 해주었던 관계들을 자신에게 분명히 한다는, 두 측면에서 설명하였다. 마니 부인이 T. S. 엘리엇의 표현을 빌려 말하듯이, 카프카는 원래 전달이 불가능한 자신의 감정에 대한 "객관적 상관물"을 구축하는 데 성공하였고, 그것은 내면적 심화를 위해서가 아니라 하나의 독립된 완전한 작품을 태어나게 하기 위해서 작가가 동의한, 일종의 자기 소멸에 관계되는 문제이다. 물론 그렇다. 하지만 한층 더 기묘한 일이 일어나고 있는 듯하다. 확실히, 카프카가『판결』혹은『소송』혹은『변신』을 쓸 때, 그 자체들에게만 해당하는 이야기를 지닌 존재들의 문제, 하지만 동시에 카프카만의 문제, 즉 카프카 자신에게만 해당하는 카프카의 고유한 이야기의 문제를 다루는 작품들을 쓰고 있는 것이다. 모든 게 마치, 그가 자신에서 멀어지면 멀어질수록, 자신이 더욱더 현전하게 되는 것처럼 진행된다. 허구의 작품은 글을 쓰는 자의 내면에 그것 없이는 자신을 표현할 수 없는 거리가, (그 자체가 허구인) 간극이 생겨나게 한다. 이 거리는 작가가 자신의 작품에 개입하면 하는 만큼 더 깊어져야 한다. 작가는 이중의 모호한 의미에서 자신을 문제화하는데, 즉, 문제는 그에 관한 문제이고, 그리고 문제가 되는 것은 그이기에 ─종국에는 소멸된 그이다.

따라서 **나는** 불행하다고 쓰는 것만으로는 충분치 못하다. 내가 다른 무엇을 쓰는 것이 아닌 만큼, 불행이 진정 언어의 형태로 나의 것이 되기에는 나는 내 자신에 너무 가까이, 나의 불행에 너무 가까이 있다. 난 아직 진정으로 불행한 것은 아니다. **그는** 불행하다는 이 이상한 치환에 내가 도달하는 그 순간부터 비로소, 언어는 나에게 있어서 불행의 언어로 구성되기 시작하고, 언어 속에 실현되는 그대로의 불행의 세계를 그리고 비추기 시작한다. 그때 아마도, 나는 내가 문제되고 있음을 느끼게 되고, 그리고 나의 고통은 고통이 부재하는 세계, 고통이 사라지고 고통과 함께 내가 사라진 세계, 고통을 달랠 수도 가라앉힐 수도 즐길 수도 없는 세계, 그 스스로에게 낯선 고통이 머물지도 떠나지도 않고서 지속의 가능성 없이 지속되는 세계, 바로 이러한 세계에서 겪는 고통이다. 시는 해방이다. 그러나 이 해방은 더 이상 해방할 것이 없다는 것을 의미하고, 내가 어쨌든 나를 더 이상 되찾을 수 없는 타자에 관여하고 있음을 의미한다(이렇게 해서 카프카의 작품들이 있음 직하거나 실현 가능한 것을 넘어서는 신화이면서 비상한 이야기임이 약간은 설명된다. 즉 그는 여기서 측정이 불가능한 거리를 통하여, 그가 있는 곳에서의 자신의 확인 불가능을 통하여 자신을 표현한다. 벌레, 이 벌레가 그일 수는 없다. 따라서 그것은 가장 내밀하고 환원이 불가능한 조건 속에서의 그이다).

언어의 본질에 충실한 것으로 간주되는 비인칭의 신화적인 이야기는 필연적으로 모순들을 키우고 있다. 우리는 언어란 언어가 실현할 수 없는 언어가 아닌 언어의 상태에서만 실제적인 것임을 지적하였다. 그것은 언어가 헛되이 사라지려고 하는 위험스런 지평을 향한 긴장이다. 언어 아닌 언어, 이것은 무엇인가? 우리가 그것을 여기서 밝혀서는 안 된다. 그러나 우리는 그것이 모든 형태의 표현에 있어서 그 부족함을 환기하는 요소임을 기억한다. 언어를 가능하게 하는 것은, 언어가 불가능하게 되는 곳으로 나아간다는 데에 있다. 따라서 언어에는 그 모든 수준에 있어서 언어가 벗어날 수 없는 이의제기와 염려의 관계가 존재한다. 무엇이 말해지는 즉시 다른 무엇이 말해질 필요가 있다. 그리고 또다시 사람들이 말하는 모든 것이 최종적인 것이 되려 하고 동요 없는 사물의 세계로 진입하려는 경향을 바로잡기 위해 상이한 무엇이 여전히 말해져야 한다. 휴식은 없다. 문장의 단계에서도 작품의 단계에서도 휴식은 없다. 다시 시작하지 않고서는——더구나 침묵 속에서는——확인될 수 없는 이의제기의 시선에서 볼 때도 휴식은 없다. 언어는 정적주의를 통해서 실현될 수는 없다. 말이 없는 것도 그 내연內緣의 움직임이 우리를 말로 돌려보내는 하나의 표현 방식이다. 더구나 단어들을 감돌지만 실현될 수는 없는 자살, 단어들을 하얀 백지의 유혹으로 이끄는, 혹은 무의미 속으로 사라지는 말의 광기로 이끄는 자살, 이러한 단어의 자살이 시도되어야 하는 곳은 단어 내부에서이다. 이 모든 해결책들은 환영적이다. 언어의 가혹함은 언어가 결코 죽을 수 없음에도 끊임없이 자신의 죽음을 상기한다는 사실에서 비롯한다.

 중국의 만리장성은 그것을 건설한 사람들에 의해 완성되지 않았다. 중국의 만리장성에 관한 이야기 또한 카프카에 의해 완성되지 않았다. 또한 작품이 종종 작품의 고유한 실패를 통하여 이른바 실패라는 주제에 대해 응답한다는 사실은 모든 문학적 목표 깊은 곳에 내재하는 염려에 대한 반증으로 받아들여야 한다. 카프카는 글쓰기를 그만둘 수 없지만, 글쓰기는 그가 글쓰는 것을 그만두게 한다. 그는 멈추고, 그리고 다시 시작한다. 그의 노력은 끝이 없다, 마치 그의 열정이 희망이 없는 것처럼——희망의 부재는 이따금 가장 끈질긴 희망이 된다고 가정한다면, 하지만 희망을 결코 끝내지 못하는 불가능은 다름 아닌 계속하기의 불가능이다. 가장 놀라운 것은, (그것 없이는 언어도 문학도 진정한 탐구도 없지만, 문학과 탐구와 언어를 보장해 주기에는 충분치 못한 항의, 항의의 대상에 선행하지 않는 이의제기, 그것이 뒤집는 움직임처럼 그 형태에 있어 예견할 수 없는 항의) 이러한 이의제기가 바로 카프카의 스타일 속에 비쳐 보이고, 스타일이라는 것이 종종 거의 날것 그대로 드러나는 항의이라는 사실이다.

우리는 특히 그의 『일기』에서 다음과 같은 이상한 방식으로 이루어지는 글의 전개를 알고 있다. 하나의 주된 주장 주위로 얼마간 부분적 유보들을 불러내면서 그 주장을 전체적으로 뒷받침하는 부차적인 주장들이 등장한다. 각각의 유보는 그것을 보충하는 유보로 이어지고, 서로 서로 연결된 유보들 전체는 쫓기는 동시에 완성되는 중심 구조에 병행하는 하나의 부정적인 구조를 형성한다. 막바지에 이른 주장은 완전히 전개되는 동시에 완전히 철회된다. 거기서 우리가 표면과 이면을 가려낼 수 있을지, 우리가 구조물을 앞에 두고 있는지 혹은 그 구조물이 사라진 구덩이를 앞에 두고 있는지 알지 못한다. 사유의 어느 쪽이 우리를 향하고 있는지 발견하기가 전적으로 불가능한데, 그만큼 사유는 돌아서고 되돌아서곤 한다. 마치 꼬여 버린 전화 통화가 끝나면서 사고는 비틀린 운동을 되풀이하는 것만을 목적으로 하였다는 느낌이 드는 것처럼. 카프카의 단어들은, 사실상 무한한 후퇴를 기도하고 있다는 측면에서, 현기증이 날 정도로 그 자체를 넘어서는 만큼 허공에 의지하고 있는 듯한 인상을 준다. 사람들은 단어 너머를, 실패 너머를 믿는다. 그리고 하나의 불가능 이상일 수 있는 그리하여 우리에게 희망을 되돌려 줄 수 있는 그러한 불가능성을 믿는다("메시아는 더 이상 그를 필요로 하지 않을 때 비로소 올 것이며, 그가 오신 다음 어느 날 올 것이며, 최후의 날엔 그는 오지 않을 것이며, 하지만 진정 최후의 날엔"). 혹은 계속해서 "한마디 말밖엔, 한 번의 기도밖엔, 한 줄기 바람결밖엔, 네가 아직 살고 있다는 그리고 기다리고 있다는 증거밖엔. 아니야, 기도가 아니라 한 번의 숨결밖엔, 숨결도 아니야, 한 번의 현전밖엔, 현전도 아니야, 하나의 생각밖엔, 생각도 아니야, 잠의 고요밖엔", 하지만 단어들이 멈추면서, 우리에게는 끝없는 실행에 대한 희망도, 끝난 내용에 대한 확신도 없다. 무한에 이끌린 우리는 한계를 거부하였고, 마침내 우리는 무한 또한 거부하여야 한다.

　이따금, 카프카의 언어는 마치 예, 아니오를 벗어나는 것을 구실로 어떤 것을 잡으려 기대하는 것처럼 물음의 형식을 유지하려고 하는 것 같다. 그러나 물음은 스스로를 한정 지으면서 되풀이된다. 물음은 점점 더 물음이 추구하는 것을 멀리하고, 물음의 가능성을 훼손한다. 물음은 단지 하나의 해답에 대한 희망 속에서만 절망적으로 계속되고, 그리고 물음은 모든 해답을 불가능하게 하면서만, 더욱이 물음을 던지는 자의 실존마저 무효화하면서만 계속될 수 있다("그런데 그게 무엇인가? 그래서 누가 강변의 나무 아래로 멀어져 가는가? 그래서 누가 완전히 버려졌는가? 그래서 누가 더 이상 구원될 수 없는가? 누구의 무덤 위로 잔디가 자라나는가?" 혹은 "무엇이 너를 혼란스럽게 하느냐? 무엇이 너를 영혼까지 뒤흔들리게 하느냐? 누가 너희 문의 문고리를 더듬거리고 있느냐? 어쨌든 열려 있는 문을 통해 들어오지 않고 누가 길에서 너를 부르고 있느냐? 아, 네가 혼란케 하는 그, 네가 영혼까지 뒤흔들고 있는 그, 네가 그의 문을 더듬고 있는 그, 열려 있는 문을 통해 들어가려 하지 않고 네가 길에서 부르고 있는 그, 바로 그이다!"). 실제로 여기서 언어는 언어의 역량을 모두 소진해 버리고, 어떠한 대가를 치르더라도 언어 자체만을 뒤쫓는 것을 목표로 하고 있는 듯하다. 언어는 언어의 가장 공허한 가능성과 만나는 것처럼 보이고, 그래서 우리에겐 그토록 비극적인 충만의 모습으로 드러난다. 이러한 가능성, 그것은 바로 모든 것에 좌절한 언어, 더 이상 항의할 것을 찾지 못하는 항의의 몸짓에 의해 실현될 수밖에 없는 언어이기 때문이다.

문학은 모순과 불화의 장소이다. 문학에 가장 깊숙이 얽매인 작가는 또한 그곳에서 벗어나려는 충동을 가장 극심하게 느낀다. 문학은 그에게 있어서 모든 것이고, 그리고 그는 문학에 만족할 수도 문학을 고집할 수도 없다. 자신의 문학적 소명을 확신한 카프카는 문학을 하기 위해 희생해야 하는 모든 것에 대해 죄책감을 느끼고 있다. 그는 (특히 결혼을 하면서) 법을 따라야 하고, 하지만 그 대신, 그는 글을 쓴다. 그는 종교 공동체에 가담하면서 신을 찾아야 하고, 하지만 그 대신, 그는 글쓰기라는 이 기도의 형식에 만족한다. "여기, 아무것도 쓰여지지 않은 시간. 신은 내가 글을 쓰는 것을 원치 않으나, 난 글을 써야만 한다. 그것은 쉼 없이 천당과 지옥을 오가는 삶이고, 결국 신은 가장 강한 자이고 불행은 네가 상상할 수 없을 만큼 거대하다." 정당하던 것이 과오가 되고 죄가 된다. 『조제핀』이야기에서, 그는 예술가가 자신을 집단의 혼이라 믿고, 민중을 덮쳐 오는 불행에 맞서기 위한 민중의 으뜸가는 힘의 원천이라고 믿는 것이 허망한 것임을 보여 준다. 예술가는 자신의 노동의 몫, 공동의 책임을 벗어날 수 없으며, 그의 예술은 그 몫과 그 책임으로 괴로워하고 심지어 파멸하게도 된다. 그의 쇠락은 우리 민중의 영원한 의식에 관한 조그마한 에피소드이고, 그리고 우리 민중은 곧 이 상실을 딛고 지나가리라. 비록 절대적이라 하더라도 예술은 행위에 앞서 아무런 권한이 없음을 가공架空은 분명하게 알려 주고 있다. 예술은 권한이 없다. 하지만 이 부당함에 대한 의식이 갈등을 해결해 주는 것은 아니다. 그 증거로, 그러한 사실을 우리에게 알려 주기 위해 카프카는 계속해서 또 하나의 작품을 써야 하고, 그 자신은 마지막 책의 교정을 보면서 죽어가게 될 것이다. 이러한 의미에서 글쓰기를 시작하는 자는 이미 패배한 것이다. 그러나 그는 글쓰기를 중단하는 것이 패배하는 것이라 믿으면서, 그의 임무를 결코 중단하지 못한다. 그는 모든 해결책을 모색해 보게 될 것이다. 그러나 침묵도 행동도 예술의 요청을 통해서만 벗어날 수 있는 그 예술의 얼마간 부족한 방편에 불과할 것이다. 라신의 비극의 포기는 비극의 일부를 이루고——니체의 광기나 클라이스트의 죽음 또한 마찬가지이다. 최근, 모든 작가들의 문학에 대한 경시는 다양한 문학 수단의 동원이라는 대가를 치르는 것을 우리는 보았다. 문학이 정치적·사회적 행동의 심각성에 관여하면서 문학의 그 무상성을 잊어버리고자 할 때, 그 참여는 어쨌든 일탈이라는 방식으로 완성된다는 사실을 사람들은 곧 알게 될 것이다. 그리고 문학이 되는 것은 행동이다.

안에서 그리고 바깥에서, 문학은 문학을 위협하는 것과 공모하고, 그리고 궁극적으로는 이 위협이 또한 문학과 공모한다. 문학이 할 수 있는 것이란 자기 항의밖에 없다. 하지만 이 항의가 문학을 문학답게 한다. 문학은 자기 희생을 하고, 그리고 이 희생이 문학을 사라지게 하는 것이 아니라 새로운 힘으로 문학을 풍요롭게 한다. 파괴가 파괴하는 것과 같은 것일 때, 혹은 카프카가 말하는 생생한 마술처럼, 파괴가 파괴하는 파괴가 아니라 건설하는 파괴일 때, 파괴는 과연 어떻게 파괴하는 것인가? 이러한 마찰이 우리가 이 글을 통해 살펴본 여러 마찰에 덧붙여진다. 글을 쓴다는 것, 그것은 참여하는 것이다. 글을 쓴다는 것, 그것은 또한 일탈하는 것, 책임 없이 참여하는 것이다. 글을 쓴다는 것, 그것은 자기 실존을, 가치의 세계에 소송을 거는 것이고, 그리고 어떤 측면에서, 선善에 유죄를 선고하는 일이다. 하지만 글을 쓴다는 것은 언제나 잘 쓰려고 애쓰는 것이고, 선을 추구하는 것이다. 그리고 글을 쓴다는 것, 그것은 글쓰기의 불가능성을 떠맡는 일이고, 그것은, 하늘처럼, 말없이 있는 것, "벙어리만을 위한 메아리가 되는 것"이다. 하지만, 글을 쓴다는 것, 그것은 침묵을 이름하는 것이고, 글쓰기를 삼가면서 글을 쓰는 것이다. 예술은 '잠언집'이 우리에게 말하고 있는 사원을 닮았다. 집은 결코 그렇게 쉽게 세워지지 않았다. 돌 하나하나에 불경스런 비문이 새겨지고, 너무도 깊이 새겨진 그 불경스러움은 사원보다 더 오래 남아, 사원보다 더 신성하게 되리라. 예술은 이렇게 불안과 기쁨의 장소이고, 불만과 안심의 장소이다. 예술이 지니는 한 이름, 그것은 자기파괴, 끝없는 해체이고, 예술이 지니는 또 다른 이름, 그것은 행복과 영원이다.

4장

카프카와 작품의 요구

누군가 절망으로 인한 결심에서 글을 쓰기 시작한다. 그러나 절망은 그 무엇도 **결정하지** 못한다. "절망은 언제나 즉각 절망의 목적을 넘어섰다"(카프카, 『일기』, 1910). 그리고 마찬가지로, 글쓰기는 진정한 절망, 어디로도 안내하지 않고 모든 것으로부터 비켜 나는 절망, 무엇보다 글 쓰는 이로부터 펜을 앗아 가는 절망 속에서만 그 근원을 갖는다. 이것은 다음의 두개의 움직임이 공통점이라고는 각각의 미결정의 상태만을, 질문의 형식만을 함께 나누고 있음을 의미한다. 그리고 이러한 질문의 형식을 통해서만 우리는 그 움직임들을 붙잡을 수 있다. 자신에게 속으로 "난 절망하고 있다"라고 말할 수 없다. 하지만 "네가 절망하고 있다고?"라고는 말할 수 있다. 누구도 "난 글을 쓰고 있다"라고 주장할 수는 없다. 하지만 "네가 글을 쓰고 있다고? 그래? 네가 글을 쓰게 될까?"라고는 할 수 있다.

 카프카의 경우는 혼돈스럽고 복잡하다.* 횔덜린의 열정은 순수한

---

* 아래에 인용된 거의 모든 글은 카프카의 완판본 『일기』(l'édition complète du *Journal*)에서

시적 열정이고, 이러한 열정은 달리 이름할 수 없는 요구에 의해 그를 그 자신의 바깥으로 이끌어 간다. 카프카의 열정 또한 순수한 문학적 열정이다. 하지만 항상 어김없이 그러한 것은 아니다. 그에게는 구원에 대한 염려가 컸다. 이 염려는 절망적이기에 더욱 강렬하고, 타협이 불가능

빌려 온 것이다. 이 판본은 4절판 노트 열세 권을 담고 있는데 그중 1910년에서 1923년 사이에 걸쳐 카프카는 개인적인 사건들, 이 사건들에 대한 성찰, 인물과 장소의 묘사, 꿈에 관한 묘사, 시작하고 중단하고 다시 시작한 이야기들과 같이 그에게 중요한 모든 것들을 적었다. 따라서 이것은 단순히 오늘날 우리가 말하는 『일기』가 아니라, 그 시작에 있어서 그리고 카프카가 이 어휘에 부여하게 된 본질적 의미에 있어서 글쓰기 경험 과정 그 자체이다. 바로 이러한 관점에서 『일기』를 읽고 질문하여야 한다.

막스 브로트는 몇 가지 대수롭지 않은 삭제만 하였다고 말한다. 그것을 의심할 필요는 없다. 반대로 카프카가 아주 결정적인 순간에 그의 노트의 많은 부분을 없애 버렸다는 것은 분명하다. 1923년 이후의 『일기』는 사실상 남아 있지 않다. 카프카의 부탁으로 도라 디아만트Dora Diamant가 없애 버린 원고가 그의 수첩의 뒷부분을 포함하고 있는지도 모른다. 그럴 가능성은 매우 크다. 따라서 1923년 이후의 카프카는 우리에게 미지의 모습으로 남아 있다고 말해야 한다. 왜냐하면 그를 가장 잘 아는 인물들이 카프카를 카프카 자신이 상상하던 모습과는 너무도 다르게 판단하고 있음을 우리는 알고 있기 때문이다.

(여행 수첩이 보완하고 있는)『일기』는 그에게 흥미로울 수 있었던 주요 주제에 대한 그의 견해를 거의 보여 주지 않고 있다. 『일기』는 아직은 견해가 없었던 지난 시절의 카프카에 관해 우리에게 말하고 있다. 그것이 그 중요한 가치이다. G. 야누흐 Janouch의 책(『카프카와의 대화』, 프랑스어로는 『카프카는 나에게 말하였다』*Kafka m'a dit*라는 제목으로 번역되었다.)은 반대로 꾸밈 없는 일상 대화 속에서의 세계의 미래뿐만 아니라 유대인 문제, 시오니즘, 여러 종교의 형태들 그리고 때로는 그의 책들에 관하여 말하는 카프카를 들려주고 있다. 야누흐는 카프카를 1920년 프라하에서 알게 되었다. 그는 그와 나눈 대화를 곧장 옮겨 적었고, 브로트는 그러한 메아리의 충실함을 확인하였다. 그러나 이 말들이 다루고 있는 범위에 대해 오해하지 않기 위해, 이 말들은 17세라는 아주 젊은 나이의 청년에게 들려준 것임을 기억해 두어야겠다. 청년의 젊음, 그 솔직함, 그 자신에 찬 의욕이 카프카에게는 인상적이었고, 하지만 또한 그 젊은 영혼에 위험을 끼치지 않도록 카프카는 또한 그가 스스로 자신의 생각을 순화하도록 인도하였다. 신중한 친구인 카프카는 자신에게만 불가피한 진실을 발설하여 그의 친구들을 혼란스럽게 할까 이따금 두려워하였다. 이것은 그가 생각하는 것을 말하지 않는다는 것이 아니라, 이따금 깊이 생각하지 않는 것을 말한다는 것을 의미한다.

하기에 더욱 절망적이다. 그 염려는 분명 놀라울 정도로 한결같은 문학을 통한 염려이고 그리고 꽤 오랫동안 문학과 혼동되기도 한다. 문학을 통한 염려가 계속되기는 하나, 그 염려는 더 이상 문학 속으로 사라지지 않고, 문학을 활용하는 경향을 보인다. 하지만 문학은 자체가 결코 수단이 되는 것을 허락하지 않고 그리고 카프카 자신 그 점을 알고 있기에, 바로 여기서 그에겐 물론 우리에게 한층 더 모호한 갈등들이, 그리고 밝히기 힘들긴 하지만 그럼에도 불구하고 우리에게 무언가를 밝혀 주고 있는 전개의 양상이 비롯된다.

젊은 카프카

카프카, 그는 언제나 한결같은 카프카는 아니었다. 1912년까지, 글을 쓰려는 그의 욕망은 매우 컸고, 그리고 그 욕망은 그에게 그의 재능을 확인시켜 주지는 못하는 작품을, 재능보다는 오히려 그의 문학에 대한 직접적 의식을 확인시켜 주는 작품을 낳게 한다. 파괴력 넘치는 야성적 힘으로 그는 거의 아무것도 해내지 못한다. 시간이 없기도 했지만, 또한 그러한 힘을 가시고 아무것도 할 수 없고, "이 고양된 순간을 욕망하는 만큼이나 두려워하기" 때문이다. 여러 면에서 카프카는 자신의 내면에서 글쓰기의 취향이 싹트고, 글쓰기에서 자신의 소명을 발견하고, 또한 글쓰기의 어떤 요구들을 알아차리면서도 거기에 적절한 능력을 발휘하게 될 것인가에 대한 증거는 갖추진 못한 아직은 매우 젊은 청년과도 같다. 어떤 측면에서 그가 다른 작가들과 같은 한 명의 젊은 작가인가에 대한 가장 두드러진 조짐은 브로트와 함께 협력하여 쓰기 시작한 소설에 나타나 있다. 이러한 종류의 고독의 분담은 카프카가 여전히 고독 주위를 서성이고 있음을 보여 준다. 『일기』에 적힌 다음의 노트가 지적하고 있듯이 그는 이러한 사실을 매우 일찍부터 깨닫고 있다. "막스와 난 근본적으로 다르다. 그만큼 내가 다다를 수 없는, 그 무엇도 다다를 수 없는 하나의 초연한 전체로서 내 앞에 주어질 때 나는 그의 글에 감탄한다……, 그만큼 그가 쓴 『리하르트와 자무엘』을 위한 각각의 문장은 나로서는 혐오스럽고, 나의 깊은 내면에서 고통스럽게 느껴지는 타협에 관련된 것으로 보인다. 적어도 오늘은 그렇다"(1911년 11월).

1912년까지, 그가 혼신을 다하여 문학에 헌신하지 못한 데 대해서 다음과 같이 해명한다. "나를 충분히 만족시킬 수 있는 아주 훌륭한 작업에 성공하지 못하는 한 난 그 무엇도 감히 시도할 수가 없다." 이러한 성공, 그 증거를 1912년 9월 12일 밤이 그에게 가져다준다. 단숨에 『선고』를 써 내려 간 그날 밤, "모든 것이 표현될 수 있고, 모든 것, 가장 낯선 생각들이 그 속에 소멸되고 사라질 수 있는 그러한 거대한 불길이 마련되어 있는" 것 같은 지점에 결정적으로 그를 데려다 준 그날 밤. 얼마 후 그는 이 소설을 그의 친구들에게 읽어 준다. 읽으면서 그는 확신한다. "눈엔 눈물이 흘렀다. 이야기의 확실한 모습이 확인되었다." (그가 방금 쓴 것을 친구들에게, 종종 누이에게, 그리고 아버지에게까지 읽어 주려는 욕구는 중간 지역에 속한다. 그는 이 지역을 결코 완전히 포기하지는 않을 것이다. 그것은 문학적 허영이 아니라—카프카 자신이 허영을 비난하긴 하지만—자신을 신체적으로 작품에 밀착시키려는 욕구, 그의 탁월한 낭독의 재능을 빌려 빚어낸 음성 공간 속에 작품이 펼쳐지게 함으로써 작품이 자신을 고무시키면서 이끌어 가도록 하는 욕구이다.)

카프카는 이제 그가 글을 쓸 수 있다는 것을 알게 된다. 그러나 이

앎은 글쓰기에 관한 앎이 아니고, 그 능력은 그의 능력이 아니다. 몇몇 예외의 경우를 제외한다면, 그는 그가 쓰고 있는 것에 관련하여 그가 진정으로 글을 쓰고 있다는 증거를 결코 발견하지 못한다. 그것은 기껏 서주이거나, 접근과 식별의 작업에 불과하다.『변신』을 두고 그는 이렇게 말한다. " 난 이 작품이 형편없다는 생각이 든다. 아주 가망이 없는지도 모르지." 그러고 나서 "『변신』에 대한 크나큰 혐오. 읽을 수 없는 마지막 부분. 거의 총체적인 허점투성이. 출장으로 방해받지 않았더라면 훨씬 나을 수도 있었는데"(1914년 1월 19일)라고 적는다.

갈등

방금 이 문장은 카프카가 부딪히고 좌절하게 된 갈등이 무엇인가를 암시하고 있다. 그에겐 직업이 있고, 가족이 있다. 그는 세계에 속해 있고, 또 그러해야만 한다. 세계는 그에게 시간을 허락하지만, 그 시간은 세계에 달려 있다.『일기』는 ― 적어도 1915년까지 ― 자살하려는 생각이 되풀이되는, 절망적인 기분으로 가득 차 있다. 자기 시간, 즉 시간, 신체적 힘, 고독, 침묵이 주어지지 않기 때문이다. 분명 외부 상황은 그에게 만족스럽지 못하고, 그는 저녁이나 밤에 작업을 해야 하고, 잠을 설치며, 불안이 그를 지치게 한다. 하지만 "일들을 매우 조직적으로 처리"했더라면 갈등이 사라질 수도 있었을 텐데 하는 것은 헛된 생각이리라. 그 후 병으로 그에게 여가가 주어질 때에도, 갈등은 여전하여, 더욱 심각해지면서, 양상은 달라진다. 순조로운 여건이란 없다. 작품의 요구에 "그의 시간 전부"를 쏟는다 하더라도, 그 "전부"가 아직은 충분치 못하다. 여기서 문제되는 것은 작업에 시간을 바치고, 글쓰는 데 시간을 보내는 것이 아니라, 글쓰는 시간이 더 이상 작업이 아닌 다른 시간으로 들어가, 시간이 상실되는 지점, 시간의 부재가 주는 매혹과 고독으로 들어서는 그 지점에 다가서는 것이기 때문이다. 언제나 시간이 주어질 때, 더 이상 시간은 없고, 그리고 "우호적인" 외부 상황은 더 이상 상황이 존재하지 않는——비우호적인——그러한 상황이 되어 버린다.

카프카는 시간을 쪼갠 불완전한 상황에서 "조금씩" 글을 쓸 수는 없고, 그것을 용납하지도 않는다. 9월 22일 밤이 그에게 밝혀 준 것이 이것이다. 그날 밤, 단숨에 글을 써 내려 가는 충만 속에서 무한의 움직임을 다시 만났다. 무한의 움직임은 그로 하여금 이렇게 적게 한다. "글을 쓴다는 것은, 이렇게 연속적으로 써 가고, 육체와 영혼이 또한 완전히 열린 상태일 때에만 가능하다"라고. 그리고 나중에 "단편적으로 쓰여진 모든 것들은, 밤 늦도록까지 혹은 밤을 꼬박 새우며 칼날을 세운 것이 아니기에, 가치가 떨어지고, 나의 생활 여건으로 인해서 나는 가치가 떨어지는 그런 작품밖에 쓰지 못한다는 그러한 사실에 비추어 볼 때"(1914년 12월 8일)라고 적고 있다. 여기서 우리는 현재 상태의 『일기』가 우리에게 그 인상적인 파편들을 보여 주고 있는 버려진 그 많은 이야기들에 대한 우선적 해명을 만나게 된다. 대개의 경우 "이야기"는 겨우 몇 줄을 넘기지도 못하고, 때로는 빠른 속도로 응집력과 밀도에 이르지만, 간신히 한 페이지를 채우고 끝나 버리며, 때로는 몇 페이지를 이어 가며, 확신을 얻어 확장되어 가다가——그러고는 멈춰 버린다. 여기에 대해 여러 이유가 있겠지만, 무엇보다 카프카는, 그가 할애할 수 있는 시간 동안 이야기를 이야기가 원하는 여러 방향으로 전개할 수 있는 시간적 여유를 찾지 못한다. 이야기는 언제나 단편에 불과하며, 그러고는 또 다른 단편만이. "어떻게 이 조각들에서 출발하여, 비약이 가능한 하나의 이야기를 내가 꾸며 낼 수 있을까?" 그리하여, 제대로 다뤄지지 못하고, 글을 쓰려는 욕구가 제어되는 동시에 표출되는 그러한 적절한 공간을 마련하지 못한 이야기는 고삐가 풀린 듯 방황하다 스스로가 유래한 밤으로 되돌아가, 그 이야기에 빛을 줄 줄 몰랐던 자를 고통스럽게 그 밤 가운데 묶어 둔다.

카프카에게는 더 많은 시간이 필요했다. 하지만 또한 그에게 세계는 좀더 적어야만 했다. 세계란 우선 그가 결코 벗어나지 못한 채 어렵게 그 구속을 견뎌 내야 하는 가족을 말한다. 그리고 약혼자를, 인간이란 세계 가운데 자기의 운명을 실현하고, 가족과 아이들을 가지며 공동체에 속해야 한다고 언명하는 법을 완수하려는 약혼자 본래의 욕망을 말한다. 여기서, 갈등은 새로운 양상을 보이며, 카프카의 종교적 상황으로 인해 특히 극심한 모순으로 빠져든다. F. B.와 이루어졌다 깨어지고 다시 이루어진 약혼을 두고, 카프카가 매우 절박한 심정으로 "결혼에 도움이 되는 것과 방해가 되는 모든 것"을 지칠 줄 모르고 따져 볼 때마다, 그는 언제나 다음과 같은 요구에 부딪힌다. "나의 유일한 열망, 나의 유일한 소명은…… 문학이다. …… 내가 행한 모든 것은 오로지 고독의 소산이다…… 그렇다면, 난 더 이상 홀로 머물지 못할 거야. 그것만은 안 돼, 절대로 안 돼." 베를린의 약혼식 동안, "나는 범죄자처럼 묶여 있다. 나를 실제 사슬로 묶어 구석에 처넣고 헌병들을 그 앞에 지키게 한다 하여도, 이보다 더 고통스럽지는 않았으리라." 그런데 이것이 나의 약혼식이었고, 그리고 모두가 나를 인생살이에 끌어들이려 애썼으나, 여의치 않자, 나를 그냥 그대로 받아 주려고 하였다." 얼마 후 약혼은 파기되나, 열망은 남는다. 가까운 사람에게 상처를 주었다는 괴로움이 처절한 힘이 되는 '정상적' 삶에 대한 욕망. 사람들은, 그리고 카프카 자신도, 자신의 약혼 이야기와 키르케고르의 약혼 이야기를 비교하였다. 그러나 서로가 겪은 갈등은 다르다. 키르케고르는 레기네Regine를 포기할 수 있고, 윤리적 차원을 포기할 수 있다. 그리하여 종교적 차원으로 이르는 길이 위태로워진 것이 아니라 오히려 가능해진다. 그러나 만약 카프카가 정상적 삶의 세속적 행복을 저버린다면, 그는 또한 적절한 삶의 확고함 또한 저버리고, 법을 벗어나고, 존재하기 위해 필요한 토대와 근거를 포기하고, 어떤 의미에서 법에서 그 토대와 근거를 박탈하는 것이다. 이것이 아브라함의 영원한 질문이다. 아브라함에게 요구된 것은 아들을 희생하라는 것만이 아니라 신 자체를 희생하라는 것이다. 아들은 이 땅의 신의 미래이다. 약속의 땅, 곧 선민과 선민 속의 신의 진정한 유일한 거처는 실제로 시간이기 때문이다. 그런데 아브라함은 자신의 유일한 아들을 희생하면서 시간을 희생하여야 하고, 그리고 희생된 시간은 내세의 영원 속에서도 결코 그에게 되돌려지지 않을 것이다. 내세란 미래, 시간 속의 신의 미래가 아니라면 그 무엇도 아니다. 내세, 그것은 곧 이삭이다.

 카프카에게 시련은 그 시련을 가볍게 하는 것들로 해서 한층 더 무겁다(아들이 없는 아브라함에게, 그럼에도 불구하고 그에게 아들의 희생을 요구한다면, 아브라함의 시련은 과연 무엇인가? 사람들은 그 시련을 진지하게 받아들이지 못하고, 웃고 말 것이다. 웃음, 그것이 카프카의 고통의 모습이다). 문제는 이렇게 하여 우리를 벗어나고, 그 미결정 속에서 그 문제를 떠맡으려 하는 자를 벗어난다. 다른 작가들도 흡사한 갈등을 알고 있었다. 횔덜린은 자기가 목사가 되기를 바라는 어머니와 다투고, 정해진 임무에 자신을 관련지어 둘 수도, 자신이 좋아하는 임무에 자신을 관련지어 둘 수도 없다. 그는 정확히 말해서 자신이 관련되지 않는 임무를, 그 진정한 의미에서 자신이 겪게 되는 갈등을, 부분적으로 그를 다치게 하는 갈등을, 하지만 시적 언어의 절대적 요구는 결코 문제 삼지 않는 갈등을 좋아한다. 적어도 1,800년 이후, 이러한 요구를 벗어나면서 그는 더 이상 실존을 갖지 못한다. 카프카에게 있어서 모든 사정은 더욱 혼란스러운데, 그는 작품의 요구와 자신의 구원이라 이름할 수 있는 요구를 분리시키지 않으려 한다. 글쓰기가 카프카에게 고독을 언명하고, 그의 삶을 사랑도 유대도 없는 독신의 삶으로 만든다면, 하지만 글쓰기가 그에게는――적어도 가끔은 한참 동안――그를 정당화시켜 줄 수 있는 유일한 행위로 보였다면, 그것은 어쨌든 그 자신 안에서 그 자신 바깥에서 고독이 그를 위협하고 있음을 뜻하고, 공동체란 단지 하나의 환영에 불과하며, 공동체 안에서 여전히 말하고 있는 법은 망각된 법이 아니라, 법의 망각의 숨김이라는 것을 뜻한다. 글쓰기는 그리하여, 비탄과 비탄의 움직임과 뗄 수 없는 연약함 가운데, 충만의 가능성이 되고, 글쓰기가 도달하여야 할 유일한 것이기도 한 길 없는 목적과 거의 일치하는 이른바 목적 없는 길이 된다. 글을 쓰지 않을 때, 카프카는 홀로이고, G. 야누흐에게 말하듯이 "카프카처럼 홀로"일 뿐만 아니라, 싸늘한 볼모의 외로움으로서의 홀로이고, 그가 마비 상태라고 부르며 두려워한 가장 커다란 위협이기도 했던 돌처럼 굳어 버린 싸늘함으로서의 홀로이다. 카프카를 정상을 벗어난 인물이 되지 않게 하려고 그토록 염려하였던 브로트조차 그가 때로는 정신이 나간 죽은 사람 같았다고 시인한다. 이 점 횔덜린과 매우 흡사하여, 불만을 털어놓을 때 두 사람 모두 같은 단어를 사용할 정도이다. "굳어져 버려, 난 이제 돌과 같다"고 횔덜린은 말한다. 카프카는 "나의 생각할 능력, 관찰할 능력, 확인할 능력, 기억할 능력, 말할 능력, 다른 사람들의 삶을 함께할 능력, 이 모든 나의 능력이 매일매일 점점 더 불가능해지면서, 난 돌이 되어 간다······ 작업을 통해 날 구해 내지 못한다면, 난 쓸모없는 인간이야"(1914년 7월 28일)라고 말한다.

문학을 통한 구원

"작업을 통해 날 구해 내지 못한다면······", 그러나 어떻게 작업이 그를 구원할 수 있단 말인가? 카프카는 남들에게도 자신에게도 자신이 사라지는 이러한 소름끼치는 자신의 붕괴 상태 그곳에서 분명 글쓰기 요구의 무게중심을 확인하였던 것 같다. 자신의 바닥까지 파괴되었다고 느끼는 그곳에서 파괴를 가장 고귀한 창작의 가능성으로 대신하는 깊이가 생겨난다. 놀라운 전복, 극도의 절망에 언제나 버금가는 희망, 우리가 알고 있듯이 이러한 경험으로부터 그는 기어코 의혹을 두지 않을 믿음의 움직임을 이끌어 낸다. 그리하여 작업은, 특히 그의 젊은 시기의 작업은 (아직 정신적 구원은 아닌) 심리적 구원의 수단으로서 "단어 하나하나가 그의 삶에 이어질 수 있는" 창작, 그를 그 자신으로부터 구해 내기 위해 자기에게로 이끌어 오는" 창작, 그러한 창작의 노력이 된다. 이것을 그는 가장 솔직하고 강한 어조로 다음과 같이 말한다. "나는 오늘 글을 쓰면서 나의 불안한 상태를 완전히 나의 바깥으로 끌어내고만 싶고, 불안은 저 깊은 곳에서 다가오는 것처럼 그것을 진정 종이의 깊이 속으로 데리고 가거나 혹은 글로 옮기고 싶으니, 그리하여 나는 쓰여진 것을 나의 내면에 그대로 채워 넣을 수 있을 것이다"(1911년 12월 8일).* 카프카가 아무리 침울해진다 하더라도, 이 희망은 결코 변하지 않을 것이며, 그리고 우리는 언제 어느 때의 그의 『일기』에서도 다음과 같은 노트를 발견하게 된다. "최소한의 글쓰기가 나에게 안겨 주는 확고함은 의심할 여지없고 놀랍기만 하다. 그러한 시선으로 어제 산책길에서 난 모든 걸 한눈에 알아보았다!"(1913년 11월 27일) 이 순간 글을 쓴다는 것은 호소나, 은총의 기다림 혹은 막연한 예언적 단언이 아닌, 보다 단순하고 보다 절박한 그 무엇이다. 이를테면 침몰하지 않으리라는 희망, 보다 정확히 말해서 자신보다 더 빨리 침몰하여 마지막 순간 자신을 되찾으리라는 그러한 희망. 따라서 다른 그 무엇보다 절박한 임무는 그로 하여금 1914년 7월 13일 다음과 같은 주목할 만한 말을 적게 한다. "내겐 시간이 없다. 총동원령이 내렸다. K와 P도 소집령을 받았다. 이제야 난 고독에 대한 보수를 받게 된다. 그것은 어쨌든 기껏해야 보수에 불과하다. 고독은 징벌만을 가져다준다. 상관없다. 난 이따위 모든 고통에 대해 개의치 않으며, 그 어느 때보다 난 확고하다. 난 어떻게 해서라도, 어떤 대가를 치르더라도 글을 쓸 것이다. 이것은 생존을 위한 나의 투쟁이다."

관점의 변화

전쟁의 소용돌이, 하지만 그보다는 약혼으로 야기된 계속되는 위기, 그리고 글쓰기의 동요와 심화, 거기서 부닥치는 어려움, 이 모든 것이 작

---

* 카프카는 덧붙인다. "이것은 하나의 예술적 욕구가 아니다"라고.

가로서의 그의 실존을 조금씩 밝혀 줄 전체적으로 불행한 그의 상황이다. 이러한 상황의 변화는 결코 확인되지 않고, 어떤 결정에 이르지도 못하는 불확실한 관점에 불과하다. 하지만 몇몇 징후가 나타난다. 가령, 1914년, 글을 쓰기 위한 얼마간의 시간을 마련하고, 글을 쓰는 데에만 할애할 15일간의 휴가를 얻으려는 이 유일한 목적을 위해 그는 여전히 열정적으로 그리고 절망적으로 긴장하고 있다. 그러나 1916년 그가 다시 휴가를 요청한 것은 전장에 나서기 위해서이다. "병사가 된다는 즉각적 의무에는 조건이 없다." 이 계획은 실현되지 않는다. 하지만 상관없이, 그 계획의 핵심으로서의 맹세는 카프카가 1914년 7월 31일 "어떻게 해서라도 글을 쓰겠다"라고 할 때와는 이미 얼마나 아득히 멀어졌는지를 보여 준다. 그후, 그는 시오니즘의 선봉대에 합류하기 위해 팔레스타인으로 떠나는 것을 진지하게 고려한다. 야누흐에게 이 사실을 말한다. "노동자나 농부로 팔레스타인으로 떠나기를 소망하였습니다."─"여기의 모든 것을 버리시려구요?"─"예, 모든 것을. 안전과 아름다움 속 의미로 충만한 삶을 찾기 위해서 말입니다." 그러나 카프카는 이미 병들었고, 꿈은 꿈에 불과하다. 그리고 그가 또 한 명의 랭보처럼 보장된 안전한 삶을 찾게 될 사막에 대한 애정 때문에 자신의 유일한 소명을 포기할 수 있었을는지 ─사막에서 그러한 삶을 찾게 되었을는지─ 우리는 결코 알 수 없으리라. 다른 삶을 살아 보려는 그의 모든 노력들에 대해 그 자신은, 그 노력들은 미완성의 원과 같은 그의 삶의 중심 주위로 날카롭게 곤두선 빛줄기 가득한 깨어진 시도들에 불과하다고 말한다. 1922년 그는 실패만을 맛본 모든 계획들을 열거한다. 피아노, 바이올린, 외국어, 게르만 문화 연구, 반시오니즘, 히브리 문화

연구, 정원 일, 목공예, 문학, 결혼의 시도, 독립된 주거, 그리고 그는 덧붙인다. "법률 공부나 약혼과 같이 평상시보다 좀더 멀리 생활의 범위를 넓혀 가게 될 때, 모든 것은 더 멀리 나아가려는 나의 노력의 과잉으로 해서 더 악화되곤 하였다"(1922년 1월 13일).

지나치며 남겨 놓은 노트들로부터 거기에 언급된 절대적 단언을 끄집어내는 것은 무리일 수 있고, 그리고 카프카 자신이 여기서 그 사실을 잊고 있지만, 그가 쉬지 않고 글을 썼으며, 그가 끝까지 글을 쓰게 되리라는 것을 우리는 잊을 수 없다. 그러나 장래의 장인으로 염두에 두었던 이에게 "나는 문학에 불과하며 그리고 다른 그 무엇이 될 수도, 그러기를 바랄 수도 없습니다"라고 말하였던 청년과 10년 후 문학을 사소한 정원 일의 시도와 같은 차원에 두게 되는 성숙한 인물 사이의 내면적 차이는 아무튼 크다. 비록 외면적으로는 작가로서의 힘이 동일하더라도, 그 차이는 우리에게는 보다 엄격하고 보다 올바른 최후, 즉 『성』을 두고 우리가 빚지고 있는 바로 그 최후를 향하고 있는 듯 여겨진다.

이러한 차이는 어디서 오는 것일까? 그것을 말한다는 것은, 끝없이 신중하고, 친구들에게조차 비밀스러우며 게다가 자기 자신에게 다가가는 것조차 거의 불가능한 한 인물의 내밀한 삶의 주인이 되는 것이리라. 그로서도 이해가 가능한 말의 투명함에 이를 수 없었던 것을 누구도 몇 마디 단언으로 요약할 수 있다고는 말할 수 없다. 더구나 그러기에는 이른바 가능하지 않은 의도의 공동체를 필요로 한다. 예술의 역량에 대한 그의 믿음이 얼마간 강렬하게 남아 있다 하더라도, 언제나 시련에 들게 되는 자신의 역량에 대한 카프카의 믿음은 또한 이러한 시련이 무엇인가를, 그의 요구가 무엇인가를, 특히 그 자신이 예술에 대해 요구하는 것이 무엇인가를 그에게 밝혀 주고 있다고 말함으로써, 적어도 외부적인 오류는 범하지 않게 된다. 그 자신이 예술에 대해 요구하는 것은 자신의 인격에 현실성과 일관성을 부여하는 것, 이를테면 그를 터무니없음에서 구해 내는 것이 아니라, 그를 파멸에서 구해 내는 것이다. 이 현실 세계에서 추방된 자신은 어쩌면 이미 다른 세계의 시민이고, 거기서 자신을 위해서뿐만 아니라 다른 세계를 위해서도 싸워야 한다는 것을 예감하게 될 때, 글쓰기는 그의 눈에 모든 것을 잃지 않고서 잃을 수도 있는, 때로는 실망스럽고, 때로는 경이로운 투쟁의 수단으로만 보일 것이다.

다음의 두 노트를 비교해 보자. 첫번째 노트는 1912년의 것이다. "나에게 문학 활동에 관한 매우 뛰어난 집중력이 있음을 알아차려야 한다. 글쓰기가 나라는 존재가 나아갈 가장 풍요로운 길임을 나의 신체가 깨달았을 때, 모든 것은 여기로 향했고, 성性의 즐거움, 마시는 즐거움, 먹는 즐거움, 철학적 명상의 즐거움, 무엇보다 음악의 즐거움 등 이 모두를 대상으로 하는 다른 능력들을 난 포기해 버렸다. 난 이 모든 방향에 있어서 메말라 버렸다. 그러해야만 했다. 모두를 합친다 해도 나의 힘은 너무도 미약하여 글을 쓰는 목표에 겨우 절반밖에 미치지 못했기 때문이다…… 이 모두에 대한 보상은 분명하다. 나의 얼굴이 나의 작업의 진전에 따라 자연스럽게 늙어 가게 될 그러한 실질적 삶을 시작하기 위해선 ——내가 볼 때에, 나의 발전은 끝났고, 더 이상 희생할 것도 없으니—— 사무실 일을 집어치우기만 하면 된다." 반어법의 가벼움에 우리가 물론 속으면 안 된다. 가벼움은, 하지만 예민한 홀가분함은 겉보기에 그 의미는 마찬가지인 다음의(1914년 8월 6일자의) 다른 노트에 나타난 긴장감을 대조적으로 밝혀 주고 있다. "문학의 관점에서 볼 때 나의 운명은 간단하다. 나의 몽상적 내면의 삶을 표현하도록 이끄는 감각은 다른 모든 것을 부차적인 것이라 하여 거절하였고, 그리하여 이 모두는 극도로 위축되었으며, 계속해서 위축되어 갔다. 다른 그 무엇도 나를 만족시키지 못하리라. 그러나 이제 나의 표현 능력은 모든 예측을 빗나가고 있다. 어쩌면 영원히 사라졌는지도 모르고, 다시 돌아올는지도 모른다. 내 삶의 조건들은 물론 적절하지 못하다. 그래서 난 흔들리고, 쉬지 않고 산 정상을 향해 달려가지만 그곳에 기껏 한순간 머물 수 있을 따름이다. 다른 사람들도 마찬가지로 흔들린다. 하지만 좀더 낮은 곳에서, 좀더 충분한 힘을 지니고서. 그들이 쓰러질 위험은 있지만, 동료들이 그들을 격려하면서, 그들 가까이에서 목표를 향해 함께 나아간다. 그러나 난, 저 높은 곳에서 흔들린다. 그것은 불행히도 죽음이 아니고, 영원한 죽음의 고통이다."

여기서 세 가지 움직임이 서로 교차하고 있다. "(문학이 아닌) 다른 무엇도 나를 만족시키지 못하리라"라는, 단언. "모든 예측을 빗나가는" 자신의 재능의 어쩔 수 없이 불확실한 본질에 관련된, 자신에 대한 의구심. 이 불확실성 ─글을 쓴다는 것은 우리가 마음대로 할 수 있는 능력이 결코 아니라는 사실─은 불행히도 죽음이 아니라, 거리를 두고서 주어지는 죽음, 이른바 영원한 죽음의 고통이라는 작품 속의 극단적인 것, 다시 말해 핵심이 되는 가혹한 요구에 고유한 것이라는 자각.

이 세 가지 움직임은 그 동요의 굴곡을 통해서, "자신의 유일한 소명"에 대한 카프카의 충실함을 흔들리게 하는 시련, 나아가 종교적 염려와 일치하면서 이 유일한 요구에서 다른 것을, 즉 이 유일한 요구를 능가하면서 적어도 그것을 변화시키려 하는 또 다른 요구를 읽어 내도록 하는 시련을 이루고 있다. 글을 쓰면 쓸수록, 카프카는 점점 글을 쓰는 데 대한 확신을 잃어 간다. 가끔은 "일단 글쓰기가 무엇인가를 알게 되면, 그 앎은 퇴락하거나 소멸될 수 없는데, 하지만 아주 드물게 한계를 넘어서는 무엇이 갑작스레 솟아난다"라고 생각하며 자신을 안심시키려 애쓴다. 아무런 소용이 없는 위안이다. 글을 쓰면 쓸수록, 그는 작품이 그 근원을 향한 듯 나아가는 극단의 지점에 보다 가까이 다가서게 된다. 하지만 그것을 예감한 자는 그것을 무한의 공허한 깊이로서만 바라볼 수 있을 뿐이다. "더 이상 계속해서 글을 쓸 수가 없다. 결정적 한계에 이르렀다. 이 한계 앞에서 다시 몇 년을 머물러야 할지도 모른다. 또다시 미완성으로 끝나게 될 새로운 이야기를 시작하기 전에. 운명은 이렇게 날 뒤쫓고 있다"(1914년 11월 30일).

일상의 시간을 벗어나는 움직임에 날짜를 매기려 드는 것이 부질없긴 하지만, 1915년에서 1916년경 생각의 변화가 이루어진 것 같다. 카프카는 옛 약혼녀와의 관계를 되찾는다. 이 관계는 1917년 새로운 약혼식으로 이어지나, 곧이어 그때 나타난 병으로 끝을 맺게 되면서, 그를 극복할 수 없는 고통 속에 빠트리고 만다. 그는 홀로 살아갈 줄도 모르고 다른 사람들과 살아갈 수도 없음을 점점 더 실감하게 된다. 인색함, 우유부단, 이해타산과 같은 그가 관료들의 악습이라 부르는 것에 직면하며 살아가는 상황과 삶에서 오는 죄의식이 그를 옥죄고 괴롭힌다. 어떤 대가를 치르더라도 이러한 관료주의를 벗어나야 한다. 그러기 위해 그는 문학에 기대할 수도 없다. 이 일은 어디론가 빠져나가는, 무책임한 기만에 관련되어 있기 때문이다. 이 일은 고독을 요구하는데, 하지만 또한 고독에 의해 상실되기도 하기 때문이다. 여기서 "병사가 되리라는"

는 결심이 생겨난다. 동시에 『일기』엔 구약에 대한 암시가 나타나고, 패배한 인간의 외침이 들려온다. "너의 두 팔로 나를 안아 주오. 그것은 나락이오, 나락 속에 나를 받아 주오. 지금 나를 거절한다면, 후에라도 받아 주오." "받아 주오, 받아 주오, 뒤얽힌 광기와 고통일 따름인 나를 받아 주오." "나를 불쌍히 여기소서, 저 존재 깊은 곳까지 죄인인 나를 …… 패배한 자들 가운데 나를 버려두지 마오."

지금까지 사람들은 이 구절들을 '신Dieu'이라는 말을 덧붙여 프랑스어로 번역하였다. 여기서 '신'이라는 단어는 보이지 않는다. 신이라는 단어는 『일기』에 거의 나타난 적이 없으며, 결코 의미심장하게 쓰여진 적도 없다. 그렇다고 이러한 기원祈願이 그 불확실성으로 인해 종교적 방향을 갖지 않는다는 의미는 아니다. 하지만 그 기원에 불확실성의 힘을 보장해 주어야 하고, 자신의 가장 중요한 것에 대해 변함없이 보여주었던 신중함을 카프카에게서 박탈하여서는 안 된다. 이 비탄의 말들은 1916년 7월에 적은 것이고, F. B.와 마리엔바트에서 함께한 체류 시기와 일치한다. 처음엔 만족스럽지 못했으나, 마침내 두 사람을 마음으로 가깝게 해준 체류. 일 년 후 다시 약혼을 하나, 한 달 후 각혈하게 되고, 9월에 프라하를 떠나는데, 그때 병은 아직 위중하지 않았지만, (아마도) 1922년부터는 위독해진다. 1917년엔 (특별히 그에게만 해당되지는 않는 일반적 형태의) 정신적 긍정이 부정적 초월의 시험을 이따금 벗어나는 유일한 글인 "잠언"을 계속해서 쓰고 있다.

그후 몇 년 동안 『일기』는 거의 쓰여지지 않는다. 1918년엔 한마디도 찾아볼 수 없다. 몇 줄을 남긴 1919년, 카프카는 우리가 거의 아는 바 없는 젊은 여인과 6개월 동안 약혼 생활을 한다. 1920년 그는 감수성이 예민하고, 지적이고, 놀랍도록 자유로운 정신과 열정을 겸비한 젊은 체코 여인 밀레나 예젠스카Milena Jesenska를 만나는데, 카프카는 그녀와 2년 동안 처음에는 희망과 행복에 넘쳤으나 그후 비탄으로 빠져드는 격렬한 감정의 관계를 나눈다. 1921년 『일기』는 다시금 중요해지는데, 특히 1922년 병은 점점 악화되지만 그녀와 나눈 우정의 시련은 그의 정신이 광기와 구원의 결심 사이를 오가는 듯 보이는 절박한 지점으로 그를 몰고 간다. 여기서 두 개의 긴 인용을 하여야겠다. 첫번째 글은 1922년 1월 28일의 것이다.

"썰매타기에 지쳐 약간은 멍하다. 나에겐 아직 무기들이 남아 있으나, 그것들을 거의 사용하지 않았다. 나는 그것들을 사용하는 즐거움을 모르고, 어릴 적 배우지 않았기 때문에, 힘겹게 그 길을 헤쳐 가고 있다. '아버지의 잘못'이기도 하지만, '휴식'을 깨트리고 균형을 흐트리고 싶었기 때문에, 그리고 다른 한편 매장하려고 했던 누군가를 다시 태어나게 버려둘 권리가 내게는 없었기 때문에, 그러한 즐거움을 배우질 않았다. 그렇다, 난 여기서 다시 '잘못'을 이야기하게 되는데, 왜 나는 세계를 벗어나려고 했던가? 그것은 '그'가 나를 세계 속에, 그가 사는 세계 속에 살아가도록 내버려 두지 않았기 때문이다. 물론 오늘 거기에 대해 분명하게 판단할 수는 없다. 이제 나는 이미, 사막이 경작된 땅과 갖는 관계와 동일한 관계(40년 동안 난 가나안 땅 바깥에서 헤매었다)를 습관적 세계와 나누고 있는 또 다른 세계의 시민이기 때문이며, 그리고 이방인의 시선으로 과거를 돌아보기 때문이다. 물론 여기 또 다른 세계에서도 난 가장 보잘것없고 가장 불안스러운 자일 뿐이다(난 아버지의 유산인 이것을 나와 함께 이곳으로 가져왔다). 그리고 내가 거기서 살아갈 수 있다면 오로지 그곳 특유의 조건 때문이다. 즉, 가장 형편없는 자들에게도 전격적인 고양이 있고, 바다 전부의 무게로 수천 년 계속된 짓누름이 또한 당연히 거기에 있다. 이 모두에도 불구하고, 나는 감사해야 하지 않을까? 여기까지 오는 길을 난 찾아야만 하지 않았던가? 이곳의 추방에 보태어진 저곳의 배척은 그 경계에서 나를 으스러뜨릴 수도 있지 않았을까? 추방이 그 무엇도 (내가 아니라, 그 추방에) 거역할 수 없을 정도로 강력하였던 것은 아버지의 힘 덕분이 아닌가? 그렇다, 그것은 (특히 여자들에 관한 한) 유치한 희망을 안고 계속해서 가까워지는 사막을 거슬러 가는 여행이다. '아직은 내가 가나안에 머물지 못한단 말인가?', 그러는 사이, 난 오래전부터 사막에 와 있고, 그곳에서도 내가 그 누구보다도 비참한 이 시간, 가나안이 유일한 약속의 땅으로 주어져야 할 바로 이 시간, 그 모두는 절망의 환영일 뿐이다. 인간에게 제3의 땅이란 없기 때문이다."

두번째 글은 그다음 날의 것이다.

"눈 내린 저녁 길에서의 발작 증세. 언제나, 대략 다음과 같은 생각들이 겹친다. 이 세계에서의 상황은 끔찍스럽겠지, ─여기 슈핀들레루브 믈린에서 홀로, 더구나 어둠 속에, 눈 속에 계속 헛발을 내딛게 되는 버림받은 길, 더구나 방향도, 목적지도 없는 길(이 길이 다리로 이어진다고? 왜 거기로? 더구나 거기엔 이른 적이 없는데), 더구나 이곳에, 나 또한 버림받은 채(난 의사가 나에게 개인적인 도움을 줄 수 있다고 생각하지 않고, 나의 장점이 그를 능가하는 것도 아니며, 궁극에는 그와 진료비의 관계만을 나누고 있을 뿐인데), 누구에게 알려질 수도 없고, 알려지는 것을 참을 수도 없고, 흥겨운 모임과 아이들을 데리고 있는 부모들에 대해서는 사실 무척이나 놀라면서(실제로 호텔에는 그럴듯한 즐거움이 없는데, '그림자가 너무도 커다란 인간'으로서의 내가 그 원인이라고까지 말하지는 않겠지만, 실제로 나의 그림자는 너무나 거대하여, '기어코' 이 그림자 속에, 바로 그림자로 살기를 바라는 어떤 존재들의 완강한 저항과 고집을 확인하곤 새삼 놀란다. 하지만 여기엔 보태어 말할 다른 무엇이 아직 남아 있다), 더구나 여기서만 버림받은 것이 아니라, 어디서나, 내 '고향' 프라하에서도 버림받았다. 사람들로부터만 버림받은 것이 아니다. 그것이 최악의 경우라 할 수 없는 것이, 내가 살아 있는 한 그들을 뒤쫓을 수 있기 때문이다. 따라서 사람들과 관계하는 나로부터, 사람들과 관계하는 나의 힘으로부터 난 버림받은 것이다. 나는 사랑하는 사람들에 대해 감사하고 있지만, 난 사랑할 수 없고, 난 너무 멀리 떨어져 있으며, 난 추방당하였다. 그렇지만 난 한 인간이기에, 뿌리는 양분을 필요로 하기에, 이를테면 난 '저 아래'에 (혹은 저 위에) 나의 대리인들을, 애처롭고 보잘것없는 배우들을 데리고 있다. 나로서는 이들로 충분한데(사실은 이들이 나에겐 전혀 충분치 않고, 내가 그토록 버림받은 것은 이 때문이다), 나의 주된 양분은 다른 대기 속의 다른 뿌리들로부터 오며, 이 뿌리들 또한 애처로우나, 삶의 가능성을 더 많이 지니고 있다는 오직 그 이유로 해서 나에겐 이들로 충분하다. 이러한 사실은 나를 여러 상황들의 혼전으로 이끌고 간다. 모든 것이 눈 내린 길에서 나타난 것과 같다면, 그건 끔찍스러울 것이며, 난 길을 잃고 말 것이다. 어떤 위협으로서가 아니라, 즉각적인 처형이라는 의미에서 말이다. 그러나 난 다른 곳에 존재한다. 다만, 인간 세계가 나를 끌어당기는 힘이 끔찍스럽기도 하고, 그 힘은 한 순간 모든 것을 잊게 만들 수도 있다. 그러나 나의 세계의 인력引力 또한 대단하다. 나를 사랑하는 자들이 나를 사랑하는 것은, 내가 '버림받았기' 때문이고, 그리고 아마도 바이스Weiß의 진공 상태와는 다르게, 내가 여기서는 결코 찾아볼 수 없는 자유로운 움직임을 다른 세계의 행복한 시간 속에서 누리고 있음을 그들은 느끼고 있기 때문이다."

긍정적 경험

이 글에 주석을 단다는 것은 부질없어 보인다. 그러나 이 시기에 세계의 상실이 어떻게 긍정적 경험으로,* 또 다른 세계에 대한 경험으로 전환하는가를 주목할 필요가 있다. 이른바 이미 그가 분명 가장 보잘것없고 가장 불안한 자로서의 시민으로 살고 있는 세계, 하지만 그가 또한 전격적인 고양을 맛볼 수 있고, 사람들이 그 가치를 예감하고 그 영예를 존중하는 자유를 누릴 수 있는 세계, 그러한 세계에 대한 경험으로의 전환을 주목할 필요가 있다. 하지만 이러한 이미지들의 의미를 왜곡시키지 않기 위해서, 그것을 일반적 기독교의 관점(이 관점에 따르면, 현세가 있고 내세가 있는데, 내세만이 가치와 진실 그리고 영광을 지닐 수 있다)이 아니라, 언제나 "아브라함"의 관점에서 읽을 필요가 있다. 어쨌든 카프카에게 있어서 세계로부터 쫓겨난다는 것은 가나안으로부터 쫓겨나 사막을 방황한다는 것을 의미하고, 이러한 상황이 그의 투쟁을 비장하게 만들고 그의 희망을 절망적이게 하기 때문이다. 마치 세계 바깥으로, 한

---

* 밀레나에게 보낸 몇몇 편지 또한 이 두려운 상황에서 그에게 알 수 없는 것으로 남아 있는 것에 대해 암시하고 있다(이 책에 실린 글 「카프카와 브로트」, 「밀레나의 실패」, 「진정 마지막 말」을 보라).

없이 떠도는 이주의 길로 내쫓긴 그가 이 바깥을 또 다른 세계로 만들기 위해 그리고 이 떠돎을 새로운 자유의 원리이자 기원으로 만들기 위해 끝없이 투쟁하여야 하는 것처럼. 출구도 확신도 없는 싸움, 여기서 그가 이루어야 하는 것은 자기 자신의 상실, 유배의 진실, 흩어짐 그 한가운데로의 회귀이다. 특히 스페인에서 추방당한 신앙심 깊은 자들이 유배를 극한까지 몰고 감으로써 그것을 극복하려고 할 때의 그 심오한 유대인의 사색과 나란히 놓을 수 있는 싸움.* 카프카는 분명 자신의 "이 모든 문학"(자신의 문학)을 마치 "새로운 카발라"처럼, "그 사이 시오니즘이 일어나지 않았더라면" "발전할 수도 있었을 새로운 비밀 교리"처럼 암시하였다(1922년 1월 22일). 그리하여 우리는 그가 왜 시오니스트이면

---

* 이 문제에 관해서는 게르숌 숄렘Gershom Gerhard Scholem의 저서 『유대 신비주의의 주요 경향』을 참조할 필요가 있다. "추방의 공포는 영혼의 추방의 여러 단계에 관해 강조하면서 당시 대단한 명망을 얻었던 카발라의 윤회 이론에 영향을 끼쳤다. 지옥의 고통보다 훨씬 두려운, 영혼 위로 떨어지는 가공스러운 운명은 버려지는 것 혹은 발가벗겨지는 것, 추방 상태나 소생 혹은 지옥으로의 흡입이었다. 가정의 절대적 박탈은 절대적 불경, 극단의 도덕적·정신적 타락의 불길한 징조였다. 신과의 결합 혹은 절대적 추방은 유대인들이 추방의 힘을 물리칠 수 있는 삶의 체제 아래 살아갈 가능성을 부여하는 그러한 체계를 형성하는 두 기둥이 되었다." 그리고 또한 "고통을 가중시키면서, (쉐키나chekinah의 밤 그 자체까지) 고초를 극단까지 겪으면서 추방을 극복하려는 뜨거운 열망이 있었다"(p.267). (동물성의 끈질긴 허구와 같은) 『변신』의 주제가 카발라주의의 윤회 전통을 암시하는 무의지의 기억인가는, "잠자Samsa"가 "삼사라"(삼사라, 윤회)의 회귀인지 확실치는 않더라도 상상해 봄 직하다(카프카와 잠자가 유사한 이름이기는 하지만 카프카는 이러한 비교를 거부한다). 카프카는 이따금 자신은 아직 태어나지 않았다고 확신한다. "출생을 앞두고서의 망설임. 영혼의 윤회가 가능하다면, 난 아직 가장 저급한 부류에 속해 있지 않아. 내 삶은 출생을 앞두고서의 망설임이다"(1922년 1월 24일). 『시골의 혼례 준비』*Hochzeitsvorbereitungen auf dem Lande*에서 이 청춘의 이야기의 주인공 라반Raban은 침대에서 빈둥거리면서 공동체의 귀찮은 책임에서 벗어난 벌레Käfer가 되고 싶다는 바람을 장난삼아 말하고 있음을 기억해 두자. 고독한 "갑각甲殼"은 이렇게 『변신』의 인상적인 주제 속에 살아나게 될 이미지와도 같다.

서 동시에 반시오니스트인가를 보다 잘 이해하게 된다. 시오니즘은 유배의 치유이고, 지상의 체류 가능성에 대한 긍정이며, 유대 민족의 거처는 한 권의 책, 곧 성경일 뿐만 아니라 땅이기도 하며, 시간의 흐름 속의 흩어짐은 더 이상 아니다. 이러한 화해를, 카프카는 진정으로 바라고, 비록 그가 제외되더라도 그는 화해를 바라고 있다. 이러한 공정한 양심의 고귀함은 언제나 자신보다는 남을 위하여 희망을 키우고 그리고 그의 개인적 불운을 모두의 불행의 척도로 삼지 않는 데 있기 때문이다. "훌륭하다, 이 모두는, 나를 위해서가 아니라면 당연히." 하지만, 이러한 진실에, 그는 속하지 못하고, 그래서 그는 즉각적 처형이나 절대적 불경이라는 절망에 처해지지 않으려면 자신을 위하여 반시오니스트가 되어야 한다. 그는 이미 다른 기슭에 위치해 있다. 그리고 이 다른 세계에서 역시 버림받고 현실 세계의 기쁨에 여전히 마음이 끌린 (분명 밀레나를 암시하고 있는, "특히 여인들에 관한 한") 그가 아마도 아직은 자신이 가나안에 머물고 있다고 믿으려 노력할 때에도, 그의 이주는 가나안이 아니라, 사막에, 사막의 진실에 가까이 다가가고, 이쪽 기슭으로부터 언제나 더 멀리 나아가는 이주이다. 자신을 위해 그가 반시오니스트가 아니라면(물론 하나의 비유로서 말하는 것이긴 하지만), 그리고 여기 이곳 세계밖에 존재하지 않는다면, 그런 상황은 끔찍스러울 것이며, 그때 그는 그 자리에서 파멸하고 말 것이다. 그러나 그는 "다른 곳"에 존재한다. 그리고 인간 세계의 끌어당기는 힘이 그를 경계에까지 이끌고 가, 그를 그곳에 짓누른 채 묶어 둘 정도로 강력하다면, 자신의 세계, 그가 자유를 누리는 세계, 평소의 겸손과는 대조를 이루는 예언적 권위가 담긴 격앙된 어조로 말하는 그러한 자유를 누리는 세계가 당기는 힘 또한 그에 못지않게 강력하다.

　이 다른 세계가 문학 활동과 모종의 관계가 있음은 의심할 나위가 없다. 그 증거로 "새로운 카발라"를 말하면서 카프카는 분명 "이 모든 문학"에 관해서 말하고 있다. 그러나 이 다른 세계의 요구, 이 다른 세계의 진실은 그때부터 그의 눈에 작품의 요구를 넘어서고, 작품의 요구에 의해 해소되는 것이 아니라 그 요구 가운데 불완전하게밖에는 충족되지 않는다는 사실이 또 한편 예감되기도 한다. 글을 쓴다는 것이 "기도의 형태"가 될 때, 그것은 분명 글과는 다른 형태임을 말하고, 기도의 형태가 될 때, 그것은 분명 다른 형태에 속하는 것이고, 그리고 불행한 세계인 만큼이나 결코 또 다른 형태에 속하지 않는다 하더라도, 글을 쓴다는 것은, 그러한 관점에서 볼 때, 작품으로의 접근이기를 그만두면서, 카프카 스스로가 엿보고 있다고 인정하고 그리고 거기서는 더 이상 글을 쓰지 말아야 하는 그러한 유일한 은총의 순간에 대한 기다림이 된다. 카프카에게 "시는 따라서 종교를 향하게 되는가?"라고 말한 야누흐에게 "난 그렇게 말하지는 않겠다. 하지만 기도로 향하는 것은 분명하다"라고 답변한다. 그리고 문학과 시를 대립시키면서, 그는 덧붙인다. "문학은 사물들을 쾌적한 빛 가운데 두려고 노력한다. 하지만 시인은 사물들을 진실과, 순수와, 지속의 왕국으로 고양시켜야만 한다." 의미 있는 대답이다. 왜냐하면 이 대답은 『일기』의 한 노트와 일치하기 때문이다. 거기서 카프카는 글쓰기가 그에게 어떤 즐거움을 줄 수 있을까 자문하고 있다. "내가 아직 『시골 의사』와 (전혀 가망이 없지만) 비슷한 류의 작업에 성공할 수 있다면, 여전히 글쓰는 작업에서 일시적 만족을 얻을 수 있다. 하지만, 세계를 순수하고 진실한 세계, 불변의 세계로 고양시킬 수 있을 경우에만 행복을 느낄 수 있다"(1917년 9월 25일). 여기서 "이상적" 혹은 "정신적" 요구가 분명해진다. 또다시 야누흐에게 말하고 있듯이, "글을 쓴다, 그렇다. 계속해서 글을 쓴다. 하지만 사라져 없어질 것을, 고립된 것을 무한의 삶으로, 우연에 속하는 것을 법의 영역으로 끌어올리기 위해서만 글을 쓴다". 그러나 곧 물음이 제기된다. 그런데 그것이 가능한가? 글쓰기가 악에 속하지 않는다는 것이 그토록 확실한가? 글쓰기가 가져다주는 위안은 피해야만 하는 위험스러운 착각은 아닌가? "평화롭게 글을 쓸 수 있다는 것은 부인할 수 없는 일종의 행복이다. **숨이 막힌다는 것은 그 어떤 생각 이상으로 두려운 것이다**. 그렇다, **그 어떤 생각 이상으로**, 그리하여 다시금 아무것도 쓰여진 것이 없는 듯하다"(1921년 12월 20일). 세상에서 가장 보잘것없는 현실도 가장 강력한 작품에는 결여된 확실함을 지니고 있지 않은가? "글을 쓴다는 사실은 독자성을 결여하고 있다. 글을 쓴다는 것은 불을 피우는 하녀, 난로 가까이에서 몸을 덥히는 고양이, 심지어 몸을 덥히는 이 불쌍한 늙은이에 의존하고 있다. 이 모두는 그들의 고유한 법칙을 지닌 자율적 완성체이다. 오로지 글쓰기만이 어떠한 도움도 없이, 자신 가운데 머무르지도 못하는, 우스개이자 절망이다"(1921년 12월 6일). 빛 앞에 뒷걸음질 치는 일그러짐, 얼굴의 일그러짐. "무의 방어, 무의 보증, 무에서 빌려 온 한 줄기의 즐거움", 이것이 예술이다.

그러나 젊은 시절의 믿음이 점점 더 엄격한 생각으로 바뀐다면, 가장 어려운 순간, 자신이 송두리째 위협받고 있다고 느낄 때에도, 미지로부터 그대로 느껴지는 공격을 받을 때에도("마치 그것이 엿보고 있듯이, 이를테면 의사에게로 가는 길, 그곳에서, 줄곧"), 그는 자신의 작업에서 그를 위협하는 것이 아니라, 그에게 도움을 주고 구원의 결심을 열어 줄 수 있는 것을 보고 있다. 놀랍고 신비하며 위험스럽기도 하고 구원과 같기도 한 글쓰기의 위안, 그것은 성벽의 총안銃眼의 대열을 뛰어넘는 행동하는 관찰Tat-Beobachtung(행동이 된 관찰)이다. 보다 예리한 것이 아니라 보다 높은, 이처럼 보다 높은 차원의 관찰이 일어나는 범위 내에서의 관찰-행동이 있는데, 관찰은 (총안의) 대열이 이를 수 없을 정도로 드높을수록, 그만큼 덜 의존적이고, 관찰의 고유한 법칙을 따르면 따를수록, 관찰의 길은 모든 계산을 벗어나 흥겹게 높이 솟아오른다"(1922년 1월 27일). 여기서, 문학은 예속을 벗어나는 역량, "모든 것이 목에 걸린 듯 느껴지는" 세계의 억압을 물리치는 힘으로 예고되고 있다. 문학은 "나"에서 "그"로 가는, 카프카의 고뇌였던 자신에 대한 관찰에서 견딜 수 없는 현실을 넘어 또 다른 세계, 자유의 세계로 이르는 드높은 관찰로 가는 해방의 통로이다.

왜 예술은 정당화되고, 정당화되지 않는가

왜 이러한 믿음이? 우리는 그것을 질문해 볼 수 있다. 존재하는 것 가운데 지고의 것은 탁월한 글쓰기인 한 권의 책 가운데 드러난다는 전통, 문자의 배열과 조합에서 시작하여 황홀한 경험으로 이르렀던 전통, 문자의 세계, 즉 알파벳 문자의 세계가 진정한 지복至福의 세계라 불리는 전통,* 이러한 전통에 카프카가 속해 있다고 생각하며 여기에 대답해

---

* 카프카는 야누흐에게 말한다. "시인의 임무는 예언적 임무이다. 바른 말은 이끌고, 바르지 못한 말은 속인다. 성경이 글쓰기Écriture라 불리는 것은 우연이 아니다."

볼 수 있다.* 글을 쓴다는 것, 그것은 성령들과 모의하여, 아마도 우리들로부터 성령들을 해방시키는 것인지도 모른다. 하지만 이 위험은 해방시킨다는 권능의 본질에 속하는 것이다.**

그러나 카프카는 "미신적"인 정신의 소유자는 아니었다. 그에게는 하시딤hassidim파의 의식을 마치고 나오는 길에 막스 브로트에게 "사실, 흑인 부족들에서나 볼 수 있는 야만적 미신 같았지"***라고 말하게 하였던 냉철한 명석함이 있었다. 따라서 이러한 설명에 머물러서는 안 된다. 어쩌면 옳을지도 모르지만, 적어도, 자신의 약간의 몸가짐의 흐트러짐에도 지극히 민감했던 카프카가 어떻게 엄청난 믿음을 가지고 글쓰기라는 본질적 실수에 빠져들었는가를 우리에게 납득시켜 주지는 못한다. 더구나, 자신들의 예술을 그 무엇보다 우위에 두었기에, 카프카가 흔히 다른 누구보다도 높이 사려 하였던 괴테와 플로베르 같은 예술가들의 영향을 청소년 시절부터 강하게 받았다는 것을 상기하는 것으로

---

* 여기서 또한 (자신에게도 해당하는) 독일어를 사용하는 유대인들을 향한 카프카의 가차 없는 비난이 비롯한다.

** "그런데 시인이 된다는 경우는 사정이 어떠한가? 이 글쓰기 행위는 하나의 선물, 고요하고 신비스러운 선물이다. 그 값어치는? 밤이면 그 해답은 언제나 눈부실 정도로 명료하게 나의 눈에 빛난다. 사람들이 이용한 악마 같은 권능으로부터 받은 보수이다. 이 어두운 힘에로 자신의 내맡김에 관하여, 이 습관적으로 통제된 권능의 분출에 관하여, 이 불순한 포옹 그리고 심연 속에서 일어나는 모든 것에 관하여, 저 높이 빛 한가운데서 태양 한가운데서 이야기를 쓰면서, 얼마간 알 수 있을까? 표면이 거기에 관한 어떤 흔적을 지니고 있을까? 어쩌면 또 다른 글쓰기의 방식이 있을까? 잠들 무렵 고뇌가 나를 뒤흔드는 밤, 나로서는 그러한 글쓰기 방식밖엔 알지 못한다."

*** 하지만 이어서 카프카는 언제나 이러한 형태의 기도에 보다 주의를 기울이게 되었다. 도라 디아만트는 유력한 하시딤과 유대인 집안 출신이었다. 그리고 아마도 마르틴 부버Martin Buber가 그녀에게 영향을 주었던 것 같다.

도 충분하지 못하다. 카프카는 예술에 대한 이러한 생각으로부터 결코 내면적으로 멀어진 적이 없었다. 하지만 예술에 대한 열정이 처음부터 그토록 강렬했고 그리고 그토록 오랫동안 구원으로 여겨졌던 것은, 처음부터 카프카는 아버지의 잘못으로 세상 바깥에 던져졌고, 따라서 문학에 그 책임을 돌리지 말아야 할 고독을 선고받았기 때문이다. 문학에 책임을 돌리기보다는, 그 고독을 밝히고 풍요롭게 하여 또 다른 세계로 열어 주었다는 점에서 문학에 감사하여야 하는 고독을.

카프카에게 있어서 아버지와의 언쟁은 문학 경험의 부정적 측면을 지우게 하였다고 우리는 말할 수 있다. 그의 작업이 그를 쇠약하게 하는 것을 느낄 때에도, 보다 심각하게는 그의 작업과 결혼의 대립을 느낄 때에도, 그는 작업에 치명적인 권능, 즉 "추방"을 언명하고 사막의 삶을 선고하는 말씀이 있다고 결론 내리지 않는다. 그가 그렇게 결론짓지 않는 것은, 처음부터 그는 세계를 상실하였고, 현실의 삶을 몰수당하였거나 혹은 아예 주어지지 않았기 때문이다. 다시 그의 유배, 결코 벗어날 수 없는 유배를 두고, 그는 말한다. "나는 결코 여기 오지 않았고, 이미 어린아이일 적에 떠밀려 저곳에 사슬로 묶여 버린 것만 같다"(1922년 1월 24일)고. 예술은 그에게 이러한 불행을 가져다주지 않았고, 그 불행을 거들지도 않았다. 오히려 예술은 불행을 밝혀 주었던, "불행의 의식"이었고, 불행의 새로운 차원이었다.

예술은 무엇보다 불행의 의식이지 그 보상은 아니다. 카프카의 엄격함과 작품의 요구에 대한 그의 충실함 그리고 불행의 요구에 대한 그의 충실함은 삶이 그들을 저버린 많은 나약한 예술가들이 스스로 흡족해하는 허구의 천국에서 그를 벗어나게 해주었다. 예술의 목표는 몽상도 "건설"도 아니다. 그렇다고 진실을 묘사하는 것도 아니다. 지상의 구원은 성취되는 것이지 질문하고 그려 보는 것이 아닌 것처럼, 진실은 알려져서도 묘사되어서도 안 되고, 진실 그 자체는 알려지지도 않는다. 이러한 의미에서, 예술은 머물 자리가 없다. 냉엄한 일원론은 모든 우상을 배제한다. 그러나 바로 이러한 의미에서, 일반적으로 예술이 정당화될 수 없다면, 적어도 카프카에게 있어서만은 정당화된다. 명백히 카프카가 그러한 것처럼, 예술은 세계의 "바깥"과 관계하기 때문이다. 예술은, 우리가 우리 자신과도 우리의 죽음과도 아무런 가능한 관계를 가지지 못할 때 불쑥 드러나는, 내면 없고 휴식 없는 바깥의 깊이를 보여 준다. 예술은 "이 불행"의 의식이다. 예술은 자신을 잃어버린 자, 더 이상 나라고 말할 수 없는 자, 그리하여 세계를, 세계의 진리를 잃어버린 자, 횔덜린이 말했듯이 신들이 더 이상 존재하지 않는, 신들이 아직 존재하지 않는 **이 비탄의 시간**에 속하는 추방된 자들의 상황을 보여 준다. 이러한 사실은, 예술이 다른 세계가 아니라 모든 세계의 타자에 그 근원을 두고 있다고 할 때, 예술이 또 다른 세계를 주장한다는 것을 의미하지 않는다 (이 점에 관하여, 우리는——그의 작품보다는 오히려 종교적 경험을 적어 놓은 노트에서——카프카가 예술이 허락하지 않는 도약을 감행하거나 감행할 용의를 보여 주고 있음을 알 수 있다).*

    카프카는 비장하게 흔들리고 있다. 때로는 "그 매혹의 위력이 끔찍

---

* 이 두 세계의 지나치게 결정적인 구분에 어떤 유혹과 유혹이 따르는 편리함이 있다는 것을 카프카가 비난하지 않는 것은 아니다. "일반적으로 (이러한 두 세계의) 분할은 지나치게 결정적이고, 그 결정에 있어서 위험스럽고, 애석하며, 지나치게 위압적이라 생각된다."

스러운" 사람들 사이에 거처를 마련하기 위하여 온갖 노력을 다하고 있는 듯하다. 고독을 이겨 내기 위해서뿐만 아니라 살아 있는 성숙한 인간의 독자성을 획득하기 위하여, 그는 약혼을 하려 하고, 정원을 돌보고, 육체노동을 시도해 보고, 팔레스타인을 잊지 않고, 프라하에 거처를 마련한다. 이러한 측면에서 아버지와의 언쟁이 언제나 핵심으로 작용하는데, 『일기』의 모든 새로운 노트가 이를 증명하고, 정신분석이 밝혀낼 수 있는 어떤 것도 숨기지 않고 있음을 보여 준다. 가족에 대한 그의 의존은 그를 연약하고 (그가 인정하고 있듯이) 남자로서의 할 일에 등한시하게 만들었을 뿐만 아니라, 이러한 의존을 그가 두려워한 것처럼 그로 하여금 모든 형태의 의존을 참을 수 없게 만들었다. 먼저 결혼은 그에게 혐오스러운 부모의 결혼 생활을 상기시킨다.* 그리고 벗어나고 싶었던 가족 생활을 그는 또한 함께하고 싶어 한다. 이것이 법의 완성이고, 이것이 거부하는 만큼 그를 끌어들이는 진리, 아버지의 진리이기 때문이다. 그리하여 "실제로 난 가족 앞에 서 있고, 그 테두리 속에서 가족에게 상처를 주기 위해 하지만 동시에 가족을 지키기 위해 난 끊임없이 칼을

---

*어쨌든 그의 약혼자에게 보내는 편지 초고의 다음 대목을 인용해 두어야겠다. 거기서 카프카는 가족과의 관계를 매우 분명하게 밝히고 있다. "하지만 난 부모로부터 태어났고, 그들과 나의 누이들과 혈연관계를 맺고 있다. 나 자신의 목표에 열중한 탓에 일상생활에서는 그것을 느끼지 못한다. 하지만 그것은 사실 내가 알고 있는 이상의 가치를 지니고 있다. 때로는 증오심으로 그것을 뒤쫓기도 한다. 부부가 쓰는 침대, 사용한 침대 시트, 곱게 펴 놓은 잠옷을 보면 구역질이 나고 온통 속이 뒤집어진다. 마치 결단코 태어나지 않은 것처럼, 마치 이 어두운 방의 어두운 삶을 벗어난 세상을 만나러 온 것처럼, 마치 언제나 여기서 새로이 나의 모습을 찾아야 하는 것처럼, 마치 적어도 얼마간 이 혐오스러운 것들과 끊을 수 없는 관계로 얽혀 있는 것처럼, 그것은 여전히 달리고 싶은 나의 발에 족쇄를 채우고 있다. 나의 발은 여태껏 원래의 형체 없는 근원적 진창 속에 처박혀 있다"(1916년 10월 18일).

휘두른다." "한편으로 말이다."

그러나 다른 한편으로 카프카는 언제나 그 이상을 보고 있다. 그가 다른 기슭에 속해 있고, 추방된 그로서는 추방과 협잡을 해서는 안 되며, 그가 쫓겨났다고 느끼는 현실을, 아직 태어나지 않은 만큼 결코 머무른 적이 없는 현실을, 마치 경계에 짓눌려 있는 듯, 수동적으로 향하고 있어도 안 된다는 것을 분명 그는 병 덕분으로 알고 있다. 이러한 새로운 관점은 그냥 단순히 절대적 절망의 관점, 우리가 너무 안이하게 그에 대해 결론짓는 이른바 허무주의의 관점일 수도 있다. 하지만, 비탄이 그의 조건임을, 비탄이 그의 거처이고 그의 "시간"임을, 어떻게 부인한단 말인가? 그러나 이러한 비탄에 결코 희망이 없는 것은 아니다. 이 희망은 희망을 주는 것이 아니라 절망에도 만족하지 못하게 하는 것, 곧 비탄의 고뇌에 다름 아니다. 그 결과 그는 끝내도록 선고를 받고서도 또한 끝까지 자신을 지키도록 선고받게 되고, 그리하여 아마도 선고를 해방으로 뒤바꿀 수 있다고 약속받는 셈이다. 이러한 관점, 곧 비탄의 관점에서 볼 때, 본질적인 것은 가나안으로 향하지 않는다는 것이다. 이주는 사막을 목표로 하고, 이제 진정한 약속의 땅은 사막으로의 다가감이다. "당신은 나를 거기로 인도하는가?" 그렇다, 그곳이다. 그러나 그곳은 어디인가? 그곳은 결코 보이지 않고, 사막은 세계보다 더욱 불확실하고, 그곳은 언제나 사막으로의 다가감일 뿐이다. 이 떠돎의 땅에서 우리는 결코 "여기에" 있지 않고, 언제나 "여기에서 멀리" 떨어져 있다. 진정한 거처의 조건이 결핍된 이 영역에, 알 수 없는 격리 가운데, 마치 자신으로부터 쫓겨난 것처럼 이곳으로 쫓겨난 추방 가운데 살아가야 하는 이 영역에, 끝없는 떠돎 이외에는 그 무엇도 할 수 없는 이 실수의 영역에, 아직도 긴장이 남아 있다. 실수의 끝까지 나아갈 수 있는, 그 종말에 다가갈 수 있는, 목표 없는 길을 길 없는 목표에 대한 확신으로 바꾸어 놓을 수 있는, 바로 떠돎의 가능성 그 자체가 남아 있다.

진리 바깥에서의 발걸음 : 측량사

이러한 발걸음에 관한 가장 인상적인 이미지를 측량사의 이야기가 보여 주고 있음을 우리는 알고 있다. 굽힐 줄 모르는 완강한 성격의 주인공은 처음부터 자신의 세계를, 자신의 고향을, 여인과 아이들이 있는 삶을 영원히 거절한 것으로 묘사되어 있다. 따라서 처음부터 그는 구원 바깥에 존재한다. 그리하여 그는 유배에, 자신의 거처가 아닐뿐더러 자기 자신을 벗어나 바깥 그곳에 존재하게 되는 장소에, 모든 것들이 부재하는 것만 같고 우리가 붙들고 있다고 믿고 있는 모든 것이 빠져나가는 절대적으로 내면을 박탈당한 영역에 속해 있다. 그의 시도의 비극적 어려움은, 이 유배와 극단적 격리의 세계 속, 세계에 멈추자마자 모두는 거짓이고 허구이며, 그곳에 몸을 의지하자마자 모두가 결핍되어 있다는 데 있다. 하지만 이와 같은 부재의 바닥은 의심할 수 없는 절대적 현전으로서 언제나 새로이 주어진다. 여기서 절대적이라는 단어는, 마치 그 모든 엄격함 가운데 겪게 되는 격리가 절대적인 격리, 절대적인 절대로 전환될 수 있듯이 그렇게 격리된 것을 의미하기에, 적절한 단어이다.

    이 점 우리는 명확히 할 필요가 있다. 전부 아니면 아무것도 아니라는 딜레마를 그 누구보다 비타협적으로 받아들이기에 결코 만족을 모르는 언제나 정직한 정신의 소유자인 카프카를 통해 진리 바깥의 발걸음 가운데 모순되고 지킬 수 없지만 여전히 일종의 가능성을 허용하는 어떤 규칙들이 있다는 것을 짐작해 보게 된다. 그 첫번째 규칙은 실수 자체 속에 주어져 있다. 이를테면 떠돌아야 하는데, 『소송』의 요제프 K.처럼 무관심하여서는 안 된다. 그는 첫 문장부터 세계로부터 배척당하였음에도, 상황은 여전히 계속될 것이며, 자신은 여전히 세계 속에 살고 있다고 생각한다. 요제프의 잘못은 분명 이 책을 쓸 무렵 카프카가 자책하였던 잘못처럼 자신이 변함없이 속해 있다고 믿고 있는 그 세계 속에서 소송에 이기기를 바란다는 데 있다. 식어 버린 공허한 마음, 독신의 관료 생활, 가족에 대한 무관심 ―카프카가 자신에게서 되찾은 모습들―은 이미 요제프가 세계에 발붙이지 못하게 한다. 물론 그의 무심함도 점점 자취를 감추나, 그것은 소송의 결실이다. 피고들을 빛나게 하고 여인들에게 호감이 가도록 하는 그들의 아름다움은 그들 자신의 분열의 그림자, 보다 진정한 빛처럼 그들에게 다가오고 있는 죽음의 그림자이다.

소송―추방―은 분명 커다란 불행이고, 그것은 납득할 수 없는 부당함 혹은 가혹한 형벌인지도 모른다. 하지만 이것은 또한―사실은 어느 정도로만 진실인데, 이것이 주인공의 변명이며 그가 빠져드는 함정이다―공허한 담론 속에서 더 높은 차원의 정의를 호소하면서 포기하는 것만으로는 충분치 못한 이미 주어진 상황, 즉 카프카가 "우리는 아직 소유하고 있는 것에 머물러야 한다"고 말하며 자신의 것으로 받아들인 규칙에 따라 오히려 이용하려고 노력해야 하는 상황이기도 하다. "소송"은 적어도 K.에게 자신이 실제로 어떠한가를 알게 하고, 그가 좋은 일자리와 몇몇 대수롭지 않은 즐거움을 가지고 있다고 하여 실존을, 세계를 살아가는 자로서의 실존을 믿도록 허락하는 환상과 헛된 위안을 저버리게 한다는 장점이 있다. 그러나 소송이 그렇다고 진리는 아니다. 그것은 오히려 바깥에 관련된 모든 것, 추방의 힘에 의해 우리가 내던져져 있는 그 "외부의" 어두움과 같은, 이른바 실수의 과정이다. 실수의 과정, 그곳에 희망이 남아 있다면, 그것은 헛되이 대립하면서 거슬러 가는 것이 아니라 바로 실수의 방향으로 나아가는 자에게 주어진다.

본질적 과오

측량사는 요제프 K.의 잘못으로부터 거의 완전히 벗어난다. 그는 태어난 곳으로 돌아가려 하지 않는다. 가나안에서의 삶은 잃어버렸고, 그 세계의 진리는 지워졌다. 그가 기억한다 하여도 비장할 정도로 짧은 순간이 고작이다. 게다가 그는 무관심하지 않고, 오히려 계속해서 움직이며, 결코 멈추지 않고, 실망하지도 않으며, 휴식 없는 시간의 냉엄한 불안을 환기시키는 지칠 줄 모르는 움직임을 쫓아 실패에서 실패로 나아간다. 그렇다, 얼마간 여전히 현실의 모습을 띤 마을은 거들떠보지 않고서, 아마도 현실의 모습이라고는 남아 있지 않은 성을 그리워하며, 아직은 생명의 빛을 얼굴에 담고 있는 프리다를 떠나 거듭해서 버림받은 여인, 버려진 여인, 더욱이 끔찍한 결심으로 그렇게 되기를 기꺼이 선택한 여인인, 아말리아의 자매인 올가를 향해, 지칠 줄 모르고 완강하게 그는 끝없는 극단적 실수의 방향으로 나아간다. 그러므로 모든 것은 최선을 향하여 나아가야 한다. 그러나 결코 그렇지 못하다. 측량사는 카프카가 가장 심각한 과오라 일컫는 초조함의 과오*에 끊임없이 빠져들기 때문이다. 실수 가운데의 초조함은 본질적 과오이다. 목표가 멀지 않고 목표에 다가가고 있다는 생각을 결코 하지 않기를 마치 법처럼 엄명하는 실수의 진실을 초조함은 모르기 때문이다. 정해지지 않은 것을 결코 끝내려 해서는 안 된다. 바닥을 알 수 없는 부재의 깊이를 즉각적인 것처럼, 이미 현전하는 것처럼 잡으려고 해서는 결코 안 된다.

    분명 이것은 불가피하고, 여기에 그러한 탐구의 어려움이 있다. 초조하지 않은 자는 무관심하다. 실수의 불안에 자신을 맡긴 자는 시간을 소모하는 무심을 모른다. 막 도착하고서도, 그가 처한 추방의 시련을 조금도 이해하지 못한 K.는 지체 없이 결말에 이르기 위해 서둘러 길을 떠난다. 그는 중간 과정을 무시하는데, 물론 이것이 장점이고, 절대를 향한 긴장의 힘이기도 하다. 하지만 하나의 매개, 그의 "수단"에 따른 표상에 불과한 것을 종결이라 여기는 그의 착각만을 돋보이게 할 뿐이다.

    관료적 환영에서 더 높은 세계의 적절한 상징을 찾을 수 있다고 생각할 때, 우리는 측량사만큼이나 분명 잘못 생각하고 있는 것이다. 이러한 형상화는 초조함에 대응하는 것에 불과하다. 여기서 초조함은, 초조한 시선이 볼 때 짓궂은 무한의 냉혹한 힘이 절대적인 것으로 대체되는, 이른바 실수의 예민한 형태이다. K.는 언제나 목표에 도달하기 전에 목표에 도달하려고 한다. 이러한 성급한 해결의 요구가 형상화의 원칙인데, 이 요구는 **이미지**를 혹은 경우에 따라선 우상을 만들어 내고, 그리고 여기에 동반하는 저주가 우상숭배에 동반하는 저주이다. 인간은 서

---

* "다른 모든 원죄를 낳는 인간의 두 개의 중대한 원죄는 초조함과 무관심이다. 그들의 초조함 때문에 인간은 천국으로부터 쫓겨났고, 그들의 무관심 때문에 거기로 돌아가지 못한다. 아마도 하나의 중대한 원죄라면, 그것은 초조함이다. 초조함 때문에 그들은 거기로 돌아가지 못한다"(『잠언집』*Aphorismes*).

둘러 단일성을 원하고, 분리 속에서도 단일성을 원하며, 단일성을 표상하고, 그리고 이 표상, 다시 말해 단일성의 이미지는 곧 인간이 점차 자신을 잃어 가는 흩어짐의 요소를 이룬다. 왜냐하면 이미지로서의 이미지는 결코 도달할 수 없는 것이고, 인간을 벗어나며, 게다가 단일성의 이미지인 이미지는, 이미지 자체가 다가갈 수 없는 것이 되고 단일성을 다가갈 수 없는 것이 되게 하면서, 단일성을 이미지로부터 분리시키기 때문이다.

클람Klamm은 결코 보이지 않는 존재가 아니다. 측량사는 그를 보고 싶어 하고, 그를 보고 있다. 지고의 목표인 성城도 결코 시선 너머에 존재하는 것이 아니다. 이미지로서의 성은 언제나 그에게 열려 있다. 물론 자세히 들여다보면, 그 형상들은 실망스러운데, 성은 초라한 시골 사람들의 무리 지은 모습에 불과하고, 클람은 책상 앞에 앉아 있는 뚱뚱하고 몸이 무거운 한 남자일 뿐이다. 평범하고 누추한 것이 전부이다. 이것이 또한 측량사의 행운이고, 이것이 진실, 즉 이미지들이 갖는 기만의 정직이다. 이미지들은 그 자체로서 매력적이지 않다. 이미지들은 사람들이 거기에 대해 갖는 매혹의 관심을 보증해 줄 아무것도 지니고 있지 않으며, 이렇게 하여 이미지는 이미지가 진정한 목표가 아님을 상기시켜 준다. 그러나 동시에 이러한 이미지의 무의미함 가운데 또 다른 진실이 잊혀지고 있다. 즉 이미지는 그럼에도 이 목표의 이미지이고, 이미지는 목표의 빛남과 그 표현할 길 없는 가치에 기여하며, 이미지에 애정을 갖지 못하면 이미 본질에서 멀어진다는 그러한 사실이 잊혀지고 있다.

상황은 이렇게 요약할 수 있다. 종결을 매개 형상의 임박으로 대체하여 종결에 다가갈 수 없게 하는 것이 초조함이다. 초조함은 매개 속에서 즉각적 형상을 알아보지 못하게 방해함으로써 종결의 다가옴을 무산시킨다.

여기서 우리는 몇 가지 지적을 해두고자 한다. 관료주의의 환영, 그 특징인 분주한 태만, 관료주의의 하수인, 옹호자, 협력자, 전령 등과 같이 마치 서로가 서로의 그림자이고 보이지 않는 전체의 그림자임을 보여 주려는 듯 언제나 둘씩 짝을 이루는 이중의 존재들, 이 모든 변신의 사슬, 결코 무한한 것으로서 주어진 것이 아니라 목표가 장애로 변하고 또한 장애가 목표에 이르는 매개로 변함으로써 불가피하게 무한정 깊어만 가는 거리의 체계적 증식, 이 모든 강력한 비유는 더 높은 세계의 진실을 형상화하거나 그 초월성을 형상화하는 것이 아니라, 오히려 이러한 형상화의 행복과 불행을 형상화하고, 유배당한 인간이 실수를 진실의 수단으로 삼고 그를 끝없이 속이는 그것 자체를 무한을 파악하기 위한 궁극의 가능성으로 삼을 수밖에 없다는 그 요구의 행복과 불행을 형상화하고 있다.

작품의 공간

카프카는 이러한 과정의 발걸음이 작품의 근원을 향하고, 작품이 완성될 수 있는 유일한 중심을 향하며, 거기에 대한 탐구를 통해 작품은 실현되고 거기에 이르면서 작품은 불가능해지는 그 중심을 향하는 작품의 움직임과 어떤 측면에서 유사성을 갖는다고 생각하였던 것일까? 그는 주인공들의 시련과 예술을 통해서 작품으로 향하는 길을 그리고 작품을 통해서 진실한 어떤 것을 향하는 길을 내려고 그 자신이 노력한 방식을 어떤 측면에서 비교하였던 것일까? 그는 종종 "불가능을 전제함으로써 예술가는 모든 가능한 것을 얻는다"라는 괴테의 말을 생각하였던 것일까? 어쨌든 명백하게 놀라운 사실이 있다. 카프카가 K.를 두고 비난하는 과오는 예술가가 자신을 두고 자책하는 과오이기도 하다. 초조함이 바로 이 과오이다. 이야기가 모든 방향으로 전개되기 전에, 이야기 속에 있는 시간의 척도를 남김없이 활용하기 전에, 규정되지 않은 것을 헛된 움직임 하나하나, 부분적으로 잘못된 이미지 하나하나가 흔들리지 않는 확신으로 바뀌는 그러한 진정한 전체성으로 고양시키기 전에, 이야기를 종결로 재촉하고자 하는 초조함이 그것이다. 불가능한 임무, 끝내 완수된다면, 마치 작품이 그 근원이 되는 지점을 건드릴 때 작품이 손상되는 것처럼, 그 과제가 지향하는 진실을 파괴하게 될 과제. 여러 가지 이유로 해서 카프카는 그의 "이야기들" 중 그 어느 하나 제대로 완성시키지 못하고, 하나를 시작하자마자 그것을 그만두고 다른 이야기로 자신을 진정시키려고 한다. 그는 종종 작품이 긍정되고 다시 닫히는 순간 자신의 작품으로부터 추방된 예술가의 고통을 알고 있다고 말한다. 그가 이야기를 포기하지 않으면 세계로 다시 돌아올 수 없으리라는 고뇌 가운데 이따금 이야기를 그만두었다고 또한 그는 말한다. 그러나 이러한 걱정이 그에게 가장 큰 걱정거리인지는 확실치 않다. 모든 종결은 그 가운데 그가 받아들일 권리가 없고, 그의 실존이 거기에 아직 부합하지 않는 그러한 최종적 진실의 행복을 담고 있기 때문에, 카프카는 종종 이야기를 포기한다. 이러한 이유 또한 커다란 역할을 하였던 것 같다. 하지만 이 모든 움직임들은 다음의 사실로 귀착된다. 즉, 카프카는 아마도 자신도 모르게 글은 쓴다는 것이 끝없는 과정 속에 자신을 내맡기는 것임을 절실히 느꼈으며, 고뇌, 초조함의 고뇌, 글쓰기의 요구에 대한 세심한 염려로 인해 그는 유일하게 완성을 허락하는 도약과 기약 없는 것에 (일시적인) 종결을 가져다주는 근심 없는 낙천적 믿음에 대해 결코 자신을 용납하지 않았다.

사람들이 너무도 적절치 못하게 카프카의 리얼리즘이라 불렀던 것은 초조함을 몰아내기 위한 바로 카프카 자신의 그 본능적 탐구를 드러내 주고 있다. 카프카는 종종 몇 줄의 표현으로 핵심에 도달할 수 있는 명민한 재능의 소유자임을 보여 주었다. 그러나 그는 점차 세심함과 차분한 접근을 그리고 (자신의 꿈의 묘사에 있어서도) 치밀한 정확성을 필요로 하였다. 이러한 것들이 없다면 현실로부터 추방된 자는 혼돈의 미망迷妄과 이미지라는 어중간한 것에 순식간에 빠져들게 되어 있다. 바깥에서, 낯섦과 상실의 불안정 속에서 헤매면 헤맬수록, 엄격하고 신중하고 빈틈없는 정신에 도움을 청해야 하고, 이미지의 다양성을 통하여, (매혹에서 벗어난) 일정한 절제된 외현의 이미지를 통하여, 그리고 단호하게 유지된 일관성을 통하여 부재에 마주해야 한다. 현실에 속해 있는 사람은 전혀 실제적 시각에 맞지 않는 그렇게 많은 디테일을 필요로 하지 않는다. 그러나 무제한의 아득한 깊이에, 엄청난 불행에 연루된 자는, 그렇다, 과도할 정도의 절도와 결함 없고 빈틈없고 불화 없는 지속성의 추구를 선고받았다. 그리고 선고받았다는 표현은 적절하다. 왜냐하면 참을성과 엄밀함과 냉정한 다스림은, 자신을 묶어 둘 아무런 것도 남아 있지 않을 때, 자신을 잃어버리지 않기 위한 불가피한 자질들이라면, 그러한 자질들은 또한, 난관들을 쪼개어 무한정 펼치면서 파산을 미룰 수 있을지는 모르나, 끊임없이 무한을 미결未決의 것으로 변모시키면서 분명 해방을 늦어지게 하는 결함이기도 하기 때문이다. 그것은 또한 작품 내에서 무제한의 것이 이루어지지 못하도록 하는 것이 바로 절도節度인 것과 마찬가지이다.

예술과 우상숭배

"너희는 다듬어진 이미지를 짓지 말고, 저 높은 하늘에 있는 것, 혹은 저 아래 땅 위에 있는 것, 혹은 땅 아래 물속에 있는 것 그 어떤 형상도 짓지 말지어다." 카프카의 초조함과의 싸움을 아주 잘 전해 준 카프카의 친구 펠릭스 벨취Felix Weltsch는 카프카가 성경의 계명을 심각하게 받아들인 걸로 생각하고 있다. 그렇다고 한다면, 본질적 금기에 짓눌리고 있는 인간을, 죽임을 당하지 않기 위해 이미지를 멀리하여야 하고, 이미지라는 것 속으로 추방당한 이미지와 이미지의 공간 이외에는 거처도 생계도 없는 자신을 문득 발견한 인간을 생각해 보게 된다. 따라서 여기, 자신의 죽음을 살아야 하고, 절망 속에서 이 절망(즉각적 처형)을 벗어나기 위해 죽음의 언도를 유일한 구원의 길로 삼아야 하는 인간이 있다. 카프카는 이를 의식한 인간이었던가? 그렇게 말할 수는 없다. 카프카가 본질적 금기를 기억하려고 하면 할수록(금기가 살아 있던 공동체가 거의 와해된 만큼, 어쨌든 금기가 잊혀졌기에), 그는 이 금기 속에 살아 숨쉬는 종교적 의미를 더더욱 기억해 내려고 노력하였다는 느낌이 들기도 한다. 이를테면, 언제나 더 한층 엄격하게, 자신을 고립시켜, 우상이 그곳에 찾아들지 못하게 하기 위하여. 더구나 그 대신, 그는 이 금기가 또한 자신의 예술에도 적용되어야 하리라는 사실을 잊어버리려 하는 것 같다. 여기서 아주 불안정한 균형 상태가 비롯한다. 이러한 불안정한 균형은 그로 하여금 그의 부당한 고독 속에서 언제나 보다 엄격한 유심론唯心論적 일원론에 충실하도록 허락한다. 하지만 (작품의 미완성, 모든 출판에 대한 혐오, 스스로를 작가라 생각하기의 거부 등) 문학적 현실을 비난하는 금욕의 엄격함을 통하여, 더구나 보다 심각하게는 예술을 자신의 정신적 조건에 종속시키는 금욕의 모든 엄격함을 통하여 일종의 우상숭배에 빠져들게 된다. 예술은 종교가 아니고, "예술은 종교를 향하지도 않는다". 하지만, 우리의 시대인 이 비탄의 시대에, 신들이 결핍된 이 시대에, 부재의 시대, 유배의 시대에, 이러한 비탄의 내밀성으로서의 예술은, 이미지를 통하여 이미지라는 것의 실수를 드러내고, 궁극적으로 이러한 실수 뒤에 가려진 붙잡을 수 없는 잊어버린 진실을 드러내려는 노력으로서의 예술은 정당화된다.

 원래 카프카에게는 종교적 요구를 문학적 요구로 이어 가는 경향이 있었다. 그리고 특히 만년에는 문학적 경험을 종교적 경험으로 이어 가고, 믿음의 사막에서 더 이상 사막이 아니라 그가 자유를 돌려받은 또 다른 세계로서의 세계에 대한 믿음으로 옮겨 가면서 문학적 경험과 종교적 경험이 구분되지 않고 혼동되어 가는 성향을 보인다. 『일기』의 노트들에서 우리는 그것을 예감할 수 있다. "나는 지금 또 다른 세계에 살고 있는 것일까? 감히 그렇게 말할 수 있는 것일까?"(1922년 1월 30일) 우리가 인용한 페이지에서 카프카는 자신이 볼 때 인간은 가나안 쪽에서 약속의 땅을 찾든가 사막이라는 다른 세계 쪽에서 그것을 찾던가 하는 수밖에는 없다는 사실을 상기시켜 주고 있다. "인간에게 제3의 세계란 없기 때문이다"라고 그는 덧붙여 말한다. 물론 제3의 세계란 없다. 하지만 더 말해야 할지 모른다. 예술가, 즉 카프카 또한 자신의 예술에 대한 염려에서 그 근원에 대한 추구에 있어서 스스로에게 갈구했던 그 인간, 곧 '시인'이란 그를 위한 단 하나의 세계도 존재하지 않는 그러한 자라고 말해야 할지 모른다. 시인에겐 바깥만, 영원한 바깥의 반짝임만 존재하기 때문이다.

5장
만족스런 죽음

카프카는 자신의 『일기』 중 한 노트에 우리가 숙고해 볼 만한 지적을 남기고 있다. "집으로 돌아오면서 막스에게 고통이 너무 크지만 않다면 나는 죽음의 침상에서 매우 만족스러울 것 같다고 말했다. 내가 쓴 것 가운데 최상의 것은 만족스럽게 죽을 수 있다는 능력에 근거하고 있다는 사실을 덧붙이는 걸 잊어버렸고 그리고 나서는 의도적으로 입을 다물었다. 매우 그럴듯한 모든 멋진 대목엔 언제나 죽어가는 누군가가, 그 죽음을 힘들어하고 그리고 부당하다고 여기는 누군가가 관계하고 있다. 이 모두가 적어도 내가 보기엔 독자들에게 매우 감동적이다. 그러나 죽음의 침상에서 만족스러울 수 있다고 믿고 있는 나에겐, 그러한 묘사들은 비밀스런 하나의 유희이고, 죽어가는 자 안에서 심지어 난 죽음을 즐기기까지 하며, 그리하여 죽음에 쏟는 독자의 관심을 계산하고 이용한다. 자신의 죽음의 침상에서 탄식할 것이라 생각하는 자보다 난 훨씬 맑은 정신을 간직하고, 따라서 나의 탄식은 가능한 한 완벽한 것이어서, 현실의 탄식처럼 급작스레 멈추지 않고 그 아름답고 순수한 흐름을 이어 간다……" 1914년 12월에 쓰여진 성찰이다. 이 성찰이 나중에도 받아들이게 될 관점을 말하고 있는지 확실치 않다. 더구나 이 성찰은, 그 도발적 측면을 예상하기라도 하였듯이, 그가 침묵하고 있는 성찰이다. 그러나 바로 그 도발적 경쾌함으로 해서 성찰은 예시적이다. 이 구절 전부는 이렇게 요약될 수 있다. 죽음 앞에서 자신을 다스릴 수 있어야만, 그리고 죽음과 지고함의 관계를 나눌 수 있어야만, 비로소 글을 쓸 수 있다. 죽음이란 우리가 그 앞에서 평정을 잃는 것이요, 우리가 제어할 수 없는 것이다. 그리하여 죽음은 펜 아래의 단어들을 앗아 가고, 말문이 막히게 한다. 작가는 더 이상 글을 쓰지 못하고, 절규한다. 아무도 듣지 않고 누구도 감동시키지 못하는 서툴고 혼란스런 절규를. 카프카는 여기서 예술은 죽음과의 관계라는 것을 가슴 깊이 느끼고 있다. 왜 죽음인가? 죽음은 극단이기 때문이다. 죽음을 뜻대로 하는 자는, 자신을 그 극단에서 뜻대로 하는 자는 그가 할 수 있는 모든 것에 관계하며, 그 자신은 완전한 권능이 된다. 예술은 지고한 순간의 다스림, 지고한 다스림이다.

"내가 쓴 것 가운데 최상의 것은 만족스럽게 죽을 수 있다는 능력에 근거하고 있다"라는 문장은 그 단순성에서 오는 매력을 지니고 있다 하더라도, 그대로 받아들이기엔 어려운 것으로 남아 있다. 이 능력이란 무엇인가? 무엇이 카프카에게 이러한 확신을 주는가? 죽음을 마주하여 어떻게 처신할 것인가를 알기 위하여 이미 죽음 가까이 충분히 다가갔던 것일까? 누군가가 죽어가는, 부당한 죽음을 죽어가는 그의 글들 중 "멋진 대목"은 자신이 죽어가는 사람으로서 유희를 즐겼다는 것을 암시하는 것 같다. 이것은 글쓰기를 핑계 삼아 행해진 일종의 죽음으로의 접근이란 말인가? 그러나 글은 이 점을 명확히 말하고 있지 않다. 글은 분명 작품 속에서 일어나는 불행한 죽음과 그 죽음을 즐기는 작가 사이의 내밀한 관계를 일러 주고 있다. 글은 객관적 묘사를 가능케 하는 거리를 둔 냉정한 관계를 배제하고 있다. 감동의 기술을 지닌 화자라면 그와는 상관없는 충격적인 사건을 충격적으로 이야기할 줄 안다. 이 경우 문제는 수사修辭와 수사에 도움을 청하는 권리에 관한 것이다. 그러나 카프카가 말하는 다스림이란 다른 것이고, 그가 내세우는 계산은 보다 심오한 것이다. 그렇다, 죽어가는 자 가운데 죽어야 하고, 진실이 그것을 요구한다. 하지만 죽음을 만족할 줄 알아야 하고, 지고의 불만족 속에서 지고의 만족을 찾을 줄 알아야 하며, 죽는 순간 그러한 균형으로부터 오는 시선의 명료함을 간직할 수 있어야 한다. 그리하여, 가령 헤겔의 지혜가 만족과 자기의식을 일치시키는 데 있다면, 극단의 부정성 속에서 가능성과 노동과 시간이 된 죽음 속에서 절대적 긍정의 척도를 발견하는 데 있다면, 카프카의 만족은 헤겔의 지혜에 아주 가까우리라.

 그렇다 하더라도 여기서 카프카가 그렇게 야심적인 관점 속에 직접 자리하고 있는 것은 아니다. 아울러 그가 글을 잘 쓸 수 있는 능력을 잘 죽을 수 있는 능력에 연결시킬 때, 일반적으로 죽음에 관련된 개념을 암시하고 있는 것이 아니라, 자신의 고유한 경험을 암시하고 있다. 그가 자신의 주인공들에게 동요하지 않는 시선을 줄 수 있고, 내밀한 혜안을 통해 그들의 죽음에 함께할 수 있는 것은 이런저런 이유에서 동요 없는 자신의 죽음의 침상에 몸을 누이기 때문이다. 그는 자신의 글 중 어떤 것을 염두에 두고 있는 것일까? 아마도 며칠 전 친구들에게 읽어 주고서 용기를 얻었던 「유형지에서」In der Strafkolonie*라는 이야기일 것이다. 그때 그는 죽음이 직접적 지평을 이루지 않는 『소송』과 몇 편의 미완성의 이야기를 쓰고 있었다. 또한 우리는 『변신』과 『판결』을 생각해 보아야 한다. 이 작품들을 돌이켜 보면 카프카가 죽음의 장면을 사실적으로 묘사하려고 하지 않는다는 것을 알 수 있다. 이 모든 이야기들에서 죽어가는 자들은 간결하고 조용한 몇 마디와 함께 죽는다. 이것은 죽을 때뿐만 아니라 겉으로 보기에 살아 있을 때에도 카프카의 주인공들이 그들의 발걸음을 완수하는 것은 죽음의 공간 안에서이고, '죽는다'는 미결의 시간에 그들이 속해 있다는 생각을 확인시켜 준다. 그들은 이러한 낯섦을 시험하고 있고, 카프카는 또한 그들을 통해 시험하고 있다. 그러나 카프카가 미리 어떤 측면에서 이러한 시련의 극단적 순간과 일치를 이루고, 죽음에 상관하지 않아야만, 시련을 '잘' 치르고 거기서 이야기와 작품을 이끌어 낼 수 있다고 보여진다.

    그의 성찰 가운데 우리에게 거슬리는 것은, 예술의 속임수를 허용하는 것처럼 보인다는 것이다. 왜 그 자신은 만족스럽게 받아들일 수 있다고 느끼는 것을 부당한 사건으로 묘사하는가? 왜 자신은 만족하는 죽음을 우리에게는 끔찍스럽게 보이게 하는가? 이것이 글에 가혹한 경쾌함을 부여하고 있다. 아마도 예술은 죽음과의 놀이를 요구하고, 아마도 예술은 도움도 다스림도 더 이상 없는 곳에 놀이를, 약간의 놀이를 끌어들이고 있는 것 같다. 그런데 이 놀이는 무엇을 의미하는가? "예술은 타서 죽지 않으리라는 확고한 결의를 가지고 진실 주위를 비행한다." 여기서 예술은 죽음 주위를 비행하고, 그곳에서 타 죽지는 않는다. 하지만 예술은 불에 탄 상처를 느끼게 하는데 그리하여 예술은 태우는 것이

---

* 프랑스에서는 대개 「감화원」*La Colonie penitentiaire*이라는 제목으로 번역되었다.

되고 냉정하게 거짓으로 감동시키는 것이 된다. 예술을 비난하기에 충분한 측면이다. 그러나 카프카의 지적을 제대로 받아들이기 위해서는 그것을 또한 다르게 이해할 필요가 있다. 만족스럽게 죽는 것은 카프카가 보기에 그 자체로서 바람직한 태도가 아니다. 이러한 태도가 우선 보여 주는 것은 삶에 대한 불만족, 무엇보다 먼저 바라고 사랑해야 할 행복 즉 삶의 행복에 대한 배척이기 때문이다. "만족스럽게 죽을 수 있다는 능력"은 정상적 세계와의 관계가 그때부터 깨어졌다는 것을 의미한다. 카프카는 이를테면 이미 죽었고, 추방이 그에게 주어졌듯이 죽음이 그에게 주어지며, 그리고 이렇게 주어진 재능이 글쓰기의 재능으로 이어진다. 물론 정상적 가능성으로부터 추방되었다는 사실이 그 자체로서 극단적 가능성의 다스림을 허락하는 것은 아니다. 삶을 박탈당하였다는 사실이 죽음의 행복한 소유를 보장해 주는 게 아니라, 다만 부정적인 의미에서(죽음으로 불만스러운 삶을 끝내게 되어 만족스럽다는 의미에서) 죽음을 만족스럽게 해줄 따름이다. 여기서 그의 지적의 불충분함과 피상적 성격을 이야기할 수 있다. 그러나 분명히 같은 해 두 번에 걸쳐서 카프카는 그의 『일기』에 "내가 사람들로부터 멀어지는 것은 평화롭게 살기 위해서가 아니라 평화롭게 죽을 수 있기 위해서이다"라고 적고 있다. 이러한 멀어짐, 이러한 고독의 요구는 그의 작업을 통해 그에게 부과된 것이다. "작업 속에서 나를 구하지 못하면, 난 끝이다. 이 사실을 난 그토록 분명하게 알고 있는 것일까? 내가 사람들을 피해 사는 것은 평화롭게 살기 위해서가 아니라 평화롭게 사라지기 위해서이다." 이러한 작업, 그것은 글을 쓰는 것이다. 그는 글을 쓰기 위해 세상을 등지고, 그리고 평화롭게 죽기 위해 글을 쓴다. 이제 죽음은, 만족스런 죽음은 예술이 주는 보수이고, 글쓰기의 목표이자 정당성이다. 평화롭게 사라지기 위한 글쓰기. 그렇다. 하지만 어떻게 글을 쓸 것인가? 무엇이 글쓰기를 허락하는가? 우리는 대답을 알고 있다. 만족스럽게 죽을 수 있는 능력이 있어야만 글을 쓸 수 있다. 모순은 우리를 경험의 깊이 속으로 불러들인다.

순환

생각이 매번 순환에 부딪힌다는 것은, 생각은 생각이 출발한 근원적인 그 무엇에 가닿고, 그곳을 넘어서도 생각은 다시 그곳으로 돌아올 수밖에 없다는 것을 말한다. "평온하게" "만족스런" 같은 단어를 지우면서 표현의 조명을 바꾸어 본다면, 이러한 근원의 움직임에 우리가 다가갈 수 있을지도 모른다. 그런데 작가는 죽을 수 있기 위하여 글을 쓰는 자이고, 그리고 그는 죽음과의 예견된 관계에서 자신의 글쓰기 능력을 길어 오는 자이다. 모순은 그대로이나, 달리 밝아진다. 시가 있기 위해서 먼저 시인이 있어야 하는 게 당연하지만, 시인은 시 앞에서 마치 시 다음으로만 존재하는 것과 마찬가지로, 카프카가 자기가 쓴 작품을 통하여 죽을 수 있는 능력을 향하여 나아간다면, 이 사실은 작품은 그 자체가 작품에 이르고 죽음에 이르기 위하여 미리 마음대로 다룰 수 있어야 할 것으로 보이는 바로 그 죽음의 경험임을 의미한다고 짐작할 수 있다. 그러나 죽음의 다가옴, 죽음의 공간, 죽음의 사용과 같은 작품 속의 움직임이 작가를 죽음의 가능성으로 이끄는 움직임과 완전히 동일한 움직임은 아님을 또한 짐작할 수 있다. 예술가와 작품 사이의 그토록 낯선 관계, 작품 속에서만 가능한 인물에게 작품을 귀속시키는 관계,

이러한 이상한 관계는 시간의 양태를 뒤집는 경험에서 비롯하는데, 하지만 더 깊게는 카프카가 그가 적었을 법한 다음의 문장으로 아주 간단히 표현하고 있는 모호성과 그 이중의 양상에서 비롯한다고 생각해 볼 수도 있다. 즉, **죽을 수 있기 위하여 글을 쓴다 ── 글을 쓸 수 있기 위하여 죽는다**. 우리를 순환의 요구 속에 빠트리는 단어들, 우리가 찾아내고자 하는 것으로부터 결국 출발점만을 발견하게 하고, 그래서 이 출발점을 거기로부터 멀어지면서 다가갈 수밖에 없는 그 어떤 것으로 만들도록 강제하는 단어들. 하지만 이 단어들은 또한 다음과 같은 희망을 허락한다. 끝나지 않는 것이 예고되는 곳에서, 종결을 붙잡아 솟아오르게 하리란 희망을.

물론 카프카의 문장은 카프카 특유의 어두운 시선을 표현하는 것으로 보일 수 있다. 그의 문장은 예술과 예술작품에 대한 통상적인 견해들, 그리고 많은 작가들에 뒤이어 앙드레 지드가 스스로에게 상기시킨 다음의 견해와 충돌한다. "나에게 글을 쓰도록 부추기는 이유는 여러 가지가 있고, 그중 가장 중요한 이유들은 내가 보기에 가장 비밀스러운 것들인 것 같다. 그 가운데 특히 비밀스러운 것은 무엇을 죽음으로부터 벗어난 안전한 곳에 두는 것이다"(『일기』, 1922년 7월 27일). 죽지 않기 위하여 글을 쓰는 것, 살아남을 작품에 자신을 맡기는 것, 이것이 예술가를 자신의 책무에 묶어 두게도 된다. 천재는 죽음과 맞서고, 작품은 덧없어지거나 변모된 죽음 혹은 프루스트의 어렴풋한 표현을 따르면 "덜 쓰라리고" "덜 불명예스러운" 그리고 "아마도 그 개연성이 미약해진" 죽음에 해당한다. 그럴 수 있다. 우리는 창조자들에게 맡겨진 이 전통 어린 꿈에 대해, 이 꿈은 최근의 것이고, 새로운 서구의 고유한 이 꿈은 인간이 작품을 통해 자신을 영예롭게 하려 하고 이러한 행위 속에 자신을 영속화시키면서 작품 가운데 활동하는 이른바 인본주의 예술의 발달에 관계된다는 지적을 내세우지 않을 것이다. 이것은 확실히 중요하고 의미 있는 일이다. 그러나 그러한 순간 예술은 하나의 기억할 만한 역사로의 통합 방식에 지나지 않는다. 예술가들과 마찬가지로 위대한 역사적 인물들, 영웅들, 위대한 전쟁 용사들 또한 죽음을 벗어나 안전한 곳에 자리한다. 이들은 민중들의 기억 속에 기록된다. 이들은 본보기이며 행동하는 현전들이다. 이러한 형태의 개인주의는 곧 만족스러운 것이 못 된다. 무엇보다 중요한 것이 역사의 작업, 세계 속에서의 활동, 진리를 위한 공동의 노력이라면, 사라짐을 넘어서서 자신으로 남아 있기를 원하거나, 시간을 능가할 수 있는 작품 가운데서의 부동과 안정을 소망하는 것이 허망하다는 것을 우리는 깨닫게 된다. 이것은 허망하고, 게다가 우리가 바라는 것과도 어긋난다. 필요한 것은 우상이라는 나쁜한 영원 속에 안주하는 것이 아니라, 보편적 변화에 협력하기 위해 바뀌고 사라지는 것이다. 이름 없이 행동하는 것이지 다분히 한가로운 이름으로 남는 것이 아니다. 따라서 살아남고자 하는 창조자의 꿈은 비겁할 뿐만 아니라 그릇된 것이다. 세계에서 세계의 도래를 위해 행해진 익명의 모든 진정한 행동은 보다 올바르고 보다 확실한 승리를, 적어도 더 이상 자신으로 남지 못한 데 대한 가련한 미련으로부터의 자유로운 승리를 죽음에서 확인하는 것 같다.

예술의 변화, 여기서 예술은 아직 예술 자체를 염두에 두고 있지 않다. 하지만 예술에 있어서 자신이 뛰어나다고 믿고 있는 인물이 참여하고 창조하는 자가 되고, 창조하면서 조금이라도 파괴로부터는 벗어나는 자가 되기를 원하는 예술의 변화, 이러한 변화에 관련된 매우 강렬한 꿈들은 다음과 같은 놀라운 사실을 보여 준다. 즉, 그 꿈들은 창조자들이 죽음과 깊은 관계를 맺고 있음을 보여 준다. 이 관계는 보기와는 달리 또한 카프카가 쫓고 있는 관계이기도 하다. 그들은 죽음이 가능하기를 바란다. 카프카는 죽음을 붙들기 위하여, 창조자들은 죽음을 멀리 두기 위하여. 차이는 대수롭지 않다. 차이는 죽음과 자유의 관계를 맺는다는 바로 그 동일한 지평 가운데 그려지고 있다.

6장

카프카와 브로트

막스 브로트는 카프카의 영광 가운데 그 영광이 있기까지 자신이 도움을 주었다는 사실이 유감스러워지는 마음 편치 않은 일들이 있음을 깨달았다. "카프카의 글 속에 담긴 유익한 선물을 사람들이 팽개치는 것을 볼 때, 난 작가가 자신의 작품이 빠져드는 것을 보고자 했던 그 폐기의 어둠으로부터 작품을 벗어나게 하였다는 사실이 이따금 고통스럽게 느껴진다. 카프카는 자신의 작품이 처하게 될 남용을 예감하였던 것은 아닐까, 그래서 출판을 허락하지 않으려고 했던 것은 아닐까?" 그것은 얼마간 때늦은 물음이었다. 사후 여러 해 동안 작업을 하면서 브로트는 그가 기대할 수도 있었던 조용한 명성과 실랑이를 벌였던 게 아니라,—처음부터 찬란한 명성을 바랐던 것은 아닐까? 베르펠Werfel이 그들 모두의 친구인 카프카의 초기 글들을 읽으면서 "테첸보드바흐 Tetschenbodebach 밖에서는 아무도 카프카를 이해하지 못할 거야" 하고 말했을 때 브로트는 괴롭지 않았을까? 불만스러웠던 영광에서 브로트는 자신의 한 모습을 발견하였던 것은 아닐까? 또한 그 영광은 카프카의 신중함에서 연유하는 것이 아니라, 브로트의 민첩한 행동, 그의 서슴

없는 낙관주의, 그의 단호한 확신에서 비롯하는, 말하자면 자신의 기준, 자신의 이미지에 따른 것은 아니었을까? 카프카가 자신의 글쓰기를 방해하는 어려움를 이겨 내기 위해서는 카프카 가까이에 브로트가 있어야 했는지도 모른다. 그들이 협력하여 쓰는 소설은 고독한 운명의 징후이다. 즉 매 구절마다 가슴속 깊이 괴로워하며 양보하게 되는 협력을 두고 카프카는 불만스럽게 이야기하고 있다. 이 협력은 곧 중단된다. 하지만 카프카가 죽으면서 협력은 이전보다 훨씬 긴밀하게, 그리고 사라질 운명에 처한 작품을 빛을 보게 하는 데 헌신한 생존한 친구에게는 훨씬 부담스럽게 계속된다. 작가 각자에게 브로트라는 한 인물, 카프카라는 한 인물이 존재하고, 우리는 우리들 각자의 적극적 역할을 인정함으로써만 글을 쓸 수 있다고 말하거나, 혹은 어느 순간 친구를 향한 무한의 헌신에 자신을 맡길 때에만 우리가 유명해지게 된다고 말하는 것은 부당한지도—그리고 경솔한지도—모른다. 부당함은—글쓰기의 주저, 출판의 거부, 작품 폐기의 결정과 같은—문학적 순수함에 관한 모든 미덕은 카프카에게 돌리고, 너무도 영광스러운 작품의 세속적 관리는 강렬한 우정의 분신에게 떠맡기는 데 있는지도 모른다. 죽은 카프카는 브로트가 완강히 주도한 카프카의 존속에 대한 은밀한 책임이 있다. 그렇지 않다면, 카프카는 왜 브로트를 자신의 유증자遺贈者로 삼았던 것일까? 자신의 작품이 사라지기를 원하였다면, 왜 카프카는 작품을 폐기하지 않았는가? 그는 왜 자신의 작품을 친구들에게 읽어 주었는가? 그는 왜 문학적 허영이 아니라 자신의 음울한 세계와 빛을 잃은 자신의 운명 가운데 자신을 드러내기 위해 펠리체 바우어와 밀레나에게 자신의 많은 수고手稿를 건네주었던 것일까?

운명과도 같은 브로트의 노력은 비장하기만 하다. 먼저 저 경이로운 친구에게 사로잡힌 그는 카프카를 자신의 한 소설의 주인공으로 삼는다──기이한 변신이자, 자신이 어두움에 연루되어 있다고 느끼고 있다는 징후, 하지만 자신이 어두움을 흩트리지 않아야 한다는 의무에 관계하고 있다고는 느끼지 않는 징후이다. 그러고는 자신이 처음으로 그리고 오랫동안 홀로 그 예외적인 가치를 알아차린 한 작품의 출판을 시도한다. 출판업자들을 찾아야 했으나, 그들은 기피하였다. 기피하기는 마찬가지인 카프카의 글들을 모아, 일관성을 확인하고, 어느 하나 마무리되지 않은 채 흩어져 있는 수고들 가운데 숨겨진 완성의 모습을 브로트는 찾아내어야만 했다. 출판은 시작되고, 불완전한 이야기도 출판된다. 소설들 중 어떤 부분들은 알 수 없는 이유로 해서 남겨 두었다. 우리가 그 유래를 알 수 없는 이유에서, 전체에서 떼어 낸 어떤 페이지들이 여기저기 모습을 드러내고, 어떤 빛줄기는 아직은 알 수 없는 근원에서 새어 나와 빛을 발하고는 사라진다. 일기의 경우 생존해 있는 인물들을 배려해야 했기에 지나치게 직설적인 자료나 하찮아 보이는 노트들은 배제하고서 중요한 사실에 만족하고 있기는 하나, 그런데 중요한 사실은 어디에 있는가? 하지만 작가의 영광은 빠른 시간 안에 커 가고 곧 강력해진다. 발표되지 않은 글들이 그대로 묻혀 있을 수는 없다. 그것은 깊숙이 가장 잘 보호된 것마저 들춰내려는 억제할 수 없는 탐욕스런 힘과도 같다. 그리하여 카프카가 자신을 위해, 자신에 대해, 그가 사랑하였던 사람들에 대해 이야기하였던 모든 것이 조금씩 그 자체가 무질서하고, 모순된, 정중하면서도, 염치없고, 지칠 줄 모르는 코멘트에, 이를테면 가장 뻔뻔스러운 작가조차 그 호기심을 참아 내기가 망설여지는 무수한 코멘트에 극도로 무질서한 상태로 맡겨진다.

그러나 이 가차 없는 폭로 가운데 시인하지 못할 것은 없다. 출판이 결정되면서 곧 모든 것은 시인될 수밖에 없다. 모든 것은 드러나야 하고, 그것은 엄명이다. 글을 쓰는 작가는 무릇 거절하면서도 이 엄명을 따르게 된다. 전집이 계획되고 나서 ─막바지에 이르면서─우연한 것과 임의적인 것은 가능한 한 줄어든다. 우리는─이의가 있을 수는 있지만─적절한 질서 속에서 모든 것을 알게 될 것이다. 편지에 있어서, 예외의 경우들을 제외한다면. 가령 몇몇 편지에서 더욱이 생존 인물들이 문제되고 있는 대목은 배제하였으나, 생존 인물들은 곧 세상을 떠나고 만다. 이미, 전쟁과 박해의 시련은 기억을 되살릴 필요가 없다는 측면에서 증인들과 그들에게 합당한 존경의 표현을 소멸시켜 버렸는데, 실제로 증언들을 소멸시키고 작품의 중요한 한 부분을 폐기하였다. 특히 일기의 경우 이미 생존 당시 카프카에 의해서 그리고 카프카가 죽고 나서는 그가 남긴 지적으로 미루어 볼 때 도라 디아만트에 의해 부분적으로 폐기되었다. (사람들이 말하듯이 그가 안정과 평정을 찾았던, 1923년부터 그의 생애 마지막 기간 동안은 분명 일기를 찾아볼 수 없다. 사람들은 그렇게 말하지만 우리는 그것을 알 수 없고, 그의 일기를 읽으면서 우리는 친구들이나 가까운 사람들이 판단하고 있는 것과는 전혀 다르게 카프카가 자신을 판단하고 있었던 사실을 감안할 때, 그의 최후가 다가옴을 일러 주는 사건들의 의미가 우리에게 지금으로서는 알 수 없는 것으로 남아 있음을 인정해야 한다.)

카프카 그는 도대체 누구인가? 브로트는 자비自費로 친구의 원고를 공개하기 시작하였고, 이미 '오해와 오류'와 더불어 유명해진 만큼 그 신비에 싸인 모습을 밝혀내려 노력하는 한편, 친구를 좀더 제대로 보여 주기 위해 그는 한 권의 책, 전기傳記를 쓰기로 결정하였다. 그런데 그 책은 사람들이 올바른 빛 가운데 카프카의 작품을 보기를 바라면서 그 빛으로 작품을 인도하려고 애쓰는 해석과 주석의 책이기도 하였다.*
매우 흥미로운 책이긴 하지만, 극도로 신중한 카프카라는 인물에게 일어난 사건들을 두고 볼 때 얼마간 혼란스럽고 암시적이며, 게다가 매우 불완전하기도 한데, 말하자면 단 한 명의 증인이 모든 것을 알 수는 없기 때문이다. 브로트는 그의 친구가 갖춘 재능의 무척 복합적인 성격과 주요한 비밀을 알고 있었음에도 불구하고 카프카의 사후 사람들이 서둘러 이 인물, 이 작품을 음울한 편향에서 즐겨 바라보게 되었던 그 지나치게 어두운 색조에 대해 반발하였다. 더구나 카프카의 다른 친구들 모두도 그에게서 생명력과 활기 그리고 민감하면서도 놀랍도록 공정한 정신의 신선한 기운을 찾아내고서 애호하며 찬양하였다. 펠릭스 벨취는 "카프카는 철저히 절망하였던 것일까?"라는 물음을 던지고서 답한다. "모든 인상을 향해 열려 있고 눈길이 구원의 빛을 발하고 있는 이 인물을 절망한 사람으로 본다는 것은 너무도 곤란하고 심지어 어처구니없다." 브로트는 말하기를, "일반적으로 글을 통해 카프카에 대한 이미지를 떠올리는 사람들은 개인적으로 그를 알고 있는 사람들보다 절대적으로 훨씬 어두운 색조를 눈앞에 그리고 있다". 이러한 이유에서 전기의 저자는 이와 같은 의례적인 도식을 바로잡기 위해 필요한 모든

---

* 전기와 별도로 브로트는 그의 친구에게 여러 권의 책을 바쳤는데, 거기서 그는 자신이 본 카프카의 "믿음과 가르침"이 무엇이었던가를 밝히고 있다.

사항들을 모아 전기에 담았다고 자처하고 있다. 중요한 증언이고, 더구나 모두가 인정하는 증언이다. 그러나 "너무도 커다란 어두움을 드리우고 있는 인물"로서의 다른 모습을, 이를테면 그의 깊은 슬픔, 고독, 세상으로부터의 고립, 무관심과 냉정의 시간들, 불안, 알 수 없는 고뇌, 그리고 (특히 1922년 슈핀들레루브 뮐르에서의 경우처럼) 그를 착란의 지점까지 몰고 갔던 갈등을 잊을 수야 있겠는가? 과연 누가 카프카를 알고 있었던가? 카프카는 왜 자신에 대한 친구들의 판단을 아예 거부하였던가?* 그를 알고 있었던 친구들은 무슨 연유에서 젊고, 민감하고, 활달한 인물에 대한 기억에서 ——소설과 이야기와 같은—— 작품으로 옮겨 가면서, 고뇌에 찬 싸늘한 밤의 세계로 들어서면서, 빛이 없진 않지만, 밝히면서도 동시에 눈을 어둡게 하는 빛이, 희망을 주면서도 희망을 불안과 절망의 그림자로 물들이는, 그러한 세계로 들어서며 놀라게 되는가? 작품을 통해 이야기들의 객관세계에서 **일기**의 내면세계로 옮겨 가면서, 왜 자신을 잃어버린 인간의 외침이 들리는 보다 더 어두운 밤의 세계로 떨어지게 되는가? 그 중심에 다가가면 갈수록, 왜 과잉의 고통, 과잉의 기쁨과도 같은 날카로운 섬광이 이따금 번쩍이는 비탄의 중심에 가까워진다고 느끼게 되는 것일까? 복합적으로 발음되는 이 수수께끼, 그 수수께끼의 단순성을 말하지 않고서 누가 카프카를 이야기할 수 있겠는가?

---

* 편지, 1915년 5월 3일 노트.

＊　＊　＊

　카프카를 출판 논평하고, 카프카를 자신의 소설 한 편의 주인공으로 삼고 난 다음, 브로트는, 이중의 태도를 더 밀고 나가, 미완성으로 남아 있던 이야기를 완성된 연극 대본으로 만들고자 카프카의 가장 중요하다고 할 수 있는 작품 『성』을 각색하면서 자기 자신을 카프카의 세계 가운데 끌어들이려 하였다. 이 결정은 몇 해 전, 『소송』을 두고 동일한 작업을 시도한 지드와 장 루이 바로Jean Louis Barrault의 그것과는 비교할 수 없는 결정이다. 지드와 바로는 연극 공간과 모호한 차원의 공간을 서로 일치시키려고 하였는데, 그리하여 전망이 배제된 듯 깊이가 없는 아주 표면적인 것이 되었는데, 하지만 배경을 잃어버리고 그리고 이 때문에 보다 근본적으로는 『소송』이 보여 준 끝없는 방황의 세계를 잃어버리고 말았다. 브로트는 보다 내밀한 유혹에, 즉 주인공의 삶을 살아 보려는 유혹에, 그에게 가까이 다가가고 싶은 유혹에 이끌렸던 것 같다. 그를 더욱 인간적으로 보이게 하고, 그로서는 잘못 찾아든 이방인일 수밖에 없는 이곳에서 그를 일자리와 생활비 그리고 자신의 삶을 구하기 위해 절망적으로 투쟁하는 인간의 모습으로 그리면서, 카프카를 우리와 이 시대의 삶에 가까워지게 하고 싶은 유혹에 이끌렸던 것 같다.

　브로트는 그렇게 『성』을 연극으로 각색하였다. 이처럼 어떤 형태의 작품을 다른 형태로 옮기는 방식, 작품을 가지고 작품을 만드는 방식, 작품에 또 다른 성장과 전개의 공간을 부여함으로써 그 작품이 될 수 있는 것이 되지 못하도록 하는 방식이, 이러한 방식에 동의하는 자로 하여금 현대적 허무주의의 시도에 완강히 저항하지 못하도록 만드는 일종의 유괴행위에 해당한다 하더라도, 그 결정 자체에는 상관하지 말자. 카프카의 작품에 대한 모든 각색은, 충실함마저 따돌리는 작품의 숨겨진 부분이 아니라면 어떤 부분에 대해서는 매우 충실할 수는 있기에 비록 그 각색이 충실하다 하더라도, 작품을 왜곡할 뿐만 아니라 그것을 위작으로 대체하게 되고, 따라서 원작의 진실이 가려지고 흐려지면서 그곳으로 되돌아가기가 어려워지게 된다는 분명한 사실에는 상관하지 말자. 각색하는 사람이 드라마에 필요한 요소라고 생각하면서 결말이 없는 이야기에 결말을, 한순간 카프카의 생각 속에 떠올라 그의 친구에게 이야기했을 수도 있는 하지만 분명 그가 쓰려고 작정하지 못하면서 작품 내면의 운명으로 자리 잡지는 못한 그러한 결말을 추가할 수 있다고 자처한 권리는 잊어버리도록 하자. 더구나 우리가 K.의 매장, 그가 머물고 싶었던 땅과의 화해와 상징적으로 부합하는 매장을 목격하는 장면은, 마침내 쉬고 있는 시신 위에 각자가 한마디 말과 한 줌의 재를 뿌리러 다가서는 이 장면은 브로트의 창작물이긴 하지만 가장 뛰어난 대목 중의 하나인데, 이러한 사실은 이 작품이 결코 카프카의 신세를 지지 않으면 않을수록 훨씬 더 큰 성공을 거둘 수 있었음을 말해준다. 그런데 브로트는 왜 작품을 손상 없이 보존하는 데 누구보다도 애를 썼던 바로 그 작품의 비밀 가운데 자신이 개입하는 것을 괜찮다고 판단했을까? 극화 과정에서 "더할 나위 없는 잘못"을 저질렀다고 지드와 바로를 강하게 비판했던 그가 왜 다소 노골적으로 작품의 중심을 변경시키면서 주인공을 그와는 대사의 유사성 외에는 전혀 공통점이 없는 다른 인물로 대체하였을까——그것도 그의 행동의 정신적 의미를 명확히 하기 위해서가 아니라 그것을 인간적 비장함의 수준으로 끌어내리기 위해서?

이 점 수수께끼로 남아 있다. 각색하는 사람으로서는 분명 이야기를 우리에게 매우 감동적일 수 있는 방향에서 다루고 싶었고, 카프카가 부조리에 찬 악마나 냉소적 몽상의 불안한 독창적 인물과 같은 이상한 작가가 아니라 그의 작품들이 당장의 인간적 의미를 주는 감수성 깊은 재능 있는 인물이었음을 이해시키고 싶어 했다. 의도는 가상하지만, 여기서 어떤 결과가 생겨났는가? 이야기에 비추어 볼 때, 측량사라는 복합적 인물은 그가 속하고 싶은 공동체에 받아들여지지 않는, 일 없고 직업 없고 거처를 갖지 못한 인물이다. 주인공이 마주하게 되는 요구에 비추어 볼 때, 즉 그가 만나게 되는 장애에, 그가 이미 자신으로부터 유배된 것처럼 바깥에 머물고 있기에 그의 바깥에 존재하는 장애에 비추어 볼 때, K.를 극단의 감정으로 느낀 모든 것을 표현하면서 분개하고 외치며 좌절하는 과장된 인물로 보이게 하는 정말 엉뚱한 전환이 일어나기도 한다.

어떻게 해서라도 인간적인 모습을 보여 주려고 하는 것은 분명 많은 대가를 치르게 한다.

브로트는 바로와 지드가 주인공을 "결백한 박해자"로 만들고 소설을 "피상적인 드라마 기법을 통해 달아나는 자와 쫓는 자가 쫓고 쫓기는 추리물"로 만들면서 『소송』을 왜곡시켰다고 비난하였다. 하지만 어떤 비난은 자신에게 돌려야 하지 않았던가? 그는 K.의 운명에서 그 예정된 과오를 지워 버렸을 뿐만 아니라, 현실을 비켜난 그의 태도를, 초조함이라는 중대한 오류가 두드러지기는 하지만 오류 가운데서 커다란 목표를 향해 나아가기를 멈추지 않는 태도를, 현대세계를 상징하는 적들에게 희망 없고 무기력하게 대항하는 지나치게 비장한 싸움으로 축소시켜 버렸다.

필연적 오류에 완전히 내맡겨진 인간은 무엇이 될 수 있는가, 비인칭의 모호한 결정을 통해 태어난 장소를 저버리고, 자신의 공동체를 포기하고, 자신의 여인과 자신의 아이들로부터 멀어진, 그리하여 그 기억조차 잃어버린 인간은 무엇이 될 수 있는가? 절대적으로 추방되고, 분산되고, 격리된 인간? 더 이상 세계를 모르는, 하지만 세계의 부재 속에서 진정한 거주의 조건을 찾으려 노력하는 인간? 이것이 자신을 분명하게 의식하고 있는 K.의 운명이요, 이러한 점에서 요제프 K.와는 전혀 다른 운명이다. 요제프 K.는 안락한 상황에 따른 인간의 무지, 무관심, 자기 만족으로 인해 자신이 삶으로부터 버려졌음을 의식하지 못하는데, 그에게 소송 전체는 처음부터 선고받았던 극단적 추방 즉 죽음에 대한 완만한 의식 과정이다.

브로트의 대본에는 마법과도 같이 작품의 이러한 정신이 사라져 버렸고, 비장함과 인간적 면모를 부각하다 보니 그의 작품을 감동적이게 하고 실제로 인간적이게 하는 모든 것들이 사라져 버렸다. 그 감동은 잡히지 않고, 외침과 격정과 공허한 탄식을 거절하며, 침묵하는 거절과 냉담한 무관심을 통하는, 모든 내면세계의 소멸과 원초의 상처와 관계하는 감동이다. 여기서 우리는 오직 작품을 움직이는 탐구만을 만날 수 있다.

그리하여 브로트의 대본에는 작품 속에 있을 수 있었던 '긍정적인' 모든 것이 사라졌고 ─기진맥진한 유랑자의 노력에 더 이상 어떤 방향도 제시해 주지 못하는 성의 배경뿐만 아니라 (성은, 기껏, 터무니없는 권력의 집중처럼, 못난 마을 사람들이 자잘한 위압적 술책이나 꾸미게끔 영향을 미치고 두려움을 주는 권위와 악의의 정수처럼 보일 뿐이다)─ 무기력함 속에서의 힘으로 빛나고, 깊은 방황 속에서의 진실한 것에 대한 염려로 빛나고, 자신의 상실 속의 단호한 결의로 빛나며, 이미 모두가 사라진 텅 빈 막연한 밤 속의 명료함으로 빛나는 그 모든 것들마저 사라져 버렸다.

무슨 연유일까? 허무적이지만 않은 작품의 의미를 확신하였던 브로트가 표면상의 불행한 측면만을 강조하였던 것은 무슨 연유일까?

* * *

그의 실수 중의 하나는 ─ 인간과 현실에 대한 관심에서 ─ 생각 끝에 『성』의 신화를 낯선 고장에서 헛되이 일자리와 안정된 가정의 행복을 찾는 이야기의 인물로 축소시켜 버린 데 있다. K.는 이것을 바랄까? 물론이다. 하지만, 거기에 대해 만족하지 않는다는 의지에서, 언제나 목적을 지나 언제나 그 너머를 지향하는 의지에서 그것을 바라고 있다. 그의 '의지'의 성격을, 이러한 그의 극단적인 방황의 필요를 이해하지 못하는 것은 이야기의 피상적인 흐름조차 이해하지 못하게 된다는 것을 뜻한다. 그렇지 않고서야 K.가 매번 어떤 결과에 이를 때마다 거기에 머무르는 대신 그 결과를 밀쳐 내는 것을 어떻게 설명할 수 있겠는가? 마을의 여인숙에 방을 얻고서도, 신사의 집auberge des Messieurs에 머물고자 한다. 학교에 작은 일자리를 구하고서도, 그는 그것을 무시하고 거기서 일하는 사람들을 경멸한다. 여관 주인이 중재를 제안하지만, 그는 거절한다. 시장이 호의적인 도움을 약속하지만, 그는 원하지 않는다. 프리다를 가지게 되지만, 그는 또한 올가를, 아말리아를, 한스의 어머니를 갖길 원한다. 그리고 막바지에 그가 비서 뷔르겔과 예기치 않은 면담을 갖게 되고, 면담 도중 비서가 그에게 관할 왕국의 열쇠를 건네주는 시간, '모든 것이 가능한' 그 은총의 시간에도, 그가 이러한 제의를 깨닫지 못한 채 빠져 있던 잠이란 아마도 그를 더 나아가게 하여, 결코 이렇다고 말하지 못하게 하고, 눈에 보이는 어떠한 약속으로도 채울 수 없는 유보된 비밀스런 부분을 자신에게 남기게 하는 불만족의 또 다른 형태일 뿐이리라.

『성』에 실려 있지는 않으나 분명히 동일한 주제를 언급하고 있는 한 단상에서 카프카는 이렇게 적었다. "낯선 무리가 널 받아 주길 바라면서, 넌 공동의 앎을 찾고, 그 앎이 중재해 주기를 소망하는구나. 그것을 찾지 못한다면, 인내하며 좋은 기회를 기다려라. 우리가 살고 있는 작은 지방에서는, 기회가 없지는 않을 것이다. 오늘 기회를 찾지 못하면, 그것은 내일 찾게 될 것이고, 그리고 마침내 찾지 '못한다' 하더라도 세상의 지주支柱를 조금이라도 흔들려 하지 말기를. 무리들이 너 없이도 견디어 간다면, 너 또한 잘 견디게 될 것이다. 이것은 분명하다. 다만 K.는 그것을 이해하지 못하고 있다. 그는 최근 우리 분야의 장인 무리에 들어오려고 작정하였으나, 사회 생활을 통한 경로는 거부하면서, 곧장 거기에 이르려 한다. 관례적인 길은 그에게 너무나 지겹게 여겨진다. 그렇다, 하지만 그가 따르는 길은 불가능한 길이다. 여기서 우리의 장인의 중요성을 과대평가하려는 것은 아니다. 지적이고, 열심이고, 정직한 한 인간, 그뿐이다. K.는 자신에 대해 무엇을 원할까? 그 분야에서의 일자리? 아니다, 그는 그걸 원하지 않는다. 그 자신은 재산도 있으며, 여하한 걱정에서 벗어난 삶을 꾸려 가고 있다. 그렇다면 그의 여자를 사랑하게 될까? 아니, 아니, 그렇게 추측할 수는 없다."

K. 또한 목표에 ─그것은 어쨌든 그가 바라는 일자리도 아니고 그가 애착을 가지는 프리다도 아니다─이르려 한다. 그는 인내와 적절한 사교라는 지겨운 경로를 통하지 않고, 하지만 **곧장** 거기에 이르길 바란다. 불가능한 길, 더구나 그가 알지 못하고 단지 예감할 뿐인 길. 그리고 그 예감은 그로 하여금 다른 모든 길을 거절하게 한다. 따라서 이것은 절대를 향한 낭만적 열정인 방황인가? 어떤 의미에서 그렇다. 하지만 다른 의미에서는 결코 그렇지 않다. 만일 K.가 불가능한 것을 선택하였다면, 그것은 애초의 결정에 의해 모든 가능한 것으로부터 축출되었다는 것을 뜻한다. 그가 세상으로 나아갈 수 없고, 그가 바라는 것처럼 정상적인 사회 생활의 길을 따를 수 없다면, 그것은 그가 세계로부터 그의 세계로부터 추방되어, 부재하는 세계로 쫓겨나, 진정한 머무름이 없는 유배의 운명에 처해졌음을 뜻한다. 떠돎, 이것이 그의 법이다. 그의 불만족은 이 떠돎의 움직임 자체이자, 그 표현, 그 반영이다. 불만족은 따라서 그 자체가 본질적으로 그릇된 것이다. 하지만 언제나 무엇보다 떠돎의 방향으로 나아간다는 것, 그것이 그에게 남아 있는 유일한 희망, 그가 어기지 말아야 할 유일한 진실이다. 그를 단호한 결의의 주인공이 되게 하는 그러한 투지로 그가 충실을 다하는 진실.

그가 옳은가, 그른가? 그는 그것을 알 수 없고, 우리도 그것을 모른다. 그러나 그는 사람들이 그에게 내미는 모든 손쉬운 제의가 그가 피해야 할 유혹이라는 예감을 갖는다. 여관 주인의 의심스러운 약속, 시장의 악의가 섞인 친절, 그를 속박하는 일련의 일들, 그에게 제의한 자그마한 일거리 ─프리다의 애정은 진심인 것일까?* 미소 짓는 비서 뷔르겔이 법의 틈을 통해 그에게 내미는 은총은 선잠이 든 상태의 착각은 아닐까?** 이 모두가 매력적이고 매혹적이며 사실이다. 하지만 이미지가 그럴 수 있듯이 사실이고, 우상숭배라는 가장 심각한 도착을 낳는 절대적 신앙으로 몰두할 때 이미지가 그렇게 되듯이 허망한 것이다.

K.는 자기 바깥에 있는——그 자신의 바깥으로 던져져 있다——모든 것이 이미지에 불과함을 짐작하고 있다. 그는 이러한 이미지들을 믿어서도 집착하여서도 안 된다는 것을 알고 있다. 정해지지 않는 유일한 지점을 향한 끝없는 열정에 버금가는 끝없는 항의의 힘을 그는 믿고 있다. 그의 상황이 그러하다면, 초조하게 행동하면서 자신을 부추기는 엄격한 일원론을 따를 수밖에 없다면, 어떻게 해서 마치 무감각이 요제프 K.의 잘못이듯이 초조함도 바로 그의 잘못이 되는 걸까? 그 이미지들은 어쨌든 목적의 이미지들이고, 목적의 빛을 띠고 있으며, 그것들을 알아채지 못한다는 것은 이미 본질적인 것에 대해 눈을 감는 것이다. 형상들

---

* 마지막 장에서 프리다 대신 일하면서 역시 K.를 유혹하려는 페피는 그에게 클람의 애인이 스캔들로 주의를 끌고 그다지 매력적이지 못한 신체와 호감이 가지 않는 성격으로 인해 잃어버린 체면을 얼마라도 되찾으려고 낯선 사람의 목에 매달리면서 어떤 음모를 벌이고 있었던가를 장황하게 설명한다. 그런데, 그녀는 클람의 애인인가? 모든 것으로 미루어 보아 그것은 야심에 찬 여자가 능숙하게 꾸며 낸 이야기라고 믿게 된다. 이것이 자신의 불행한 하찮은 존재에 걸맞은 페피의 생각이다. K. 자신의 슬픈 가정 생활의 은밀한 속에서 피난처를 찾아보려고 하지만 거기에 믿음을 두고 있지는 않다. "네가 틀렸어" 하고 그는 말한다. 마지막 페이지에서 그는 신사의 집 여인과의 새로운 이야기 거리를 성공적으로 이어 가고 있다. 모든 것은 따라서 다시 시작된다. 하지만 이러한 상황의 끝없는 새로운 시작은 또한 모든 것이 제자리걸음을 하고 있음을 보여 주고 있다. 중단될 수밖에 없는 책이 또한 그러한 것처럼.
** 어느 대목에서, 마을의 감독관은 K.가 뷔르겔과 가졌던 자신이 "대단한 일"이라 부르는 것을 비웃고 있다. "그가 뷔르겔이라니 정말 웃기는군" 하고 말한다. 뷔르겔은 실제로는 오래전부터 신임을 잃고 아무런 영향력이 없는 성의 관리의 비서 프리드리히이다. 하물며, 뷔르겔은 말단 비서일 뿐이다.

의 유혹을 벗어나는 초조함은 또한 형상들이 형상화하는 진실을 벗어나는 초조함이다. 매개를 통하지 않고 목적으로 곧장 가고자 하는 초조함은 매개를 목적으로 받아들일 수밖에 없는데, 그런데 그것은 목적에 이르는 것이 아니라 오히려 목적에 도달하는 것을 방해하는 것, 즉 끝없이 되풀이되고 커 가는 장애로 받아들여진다. 그렇다면 현명하게도 참을성 있게, 여관 주인의 충고를 따라, 프리다 곁에서 평온하고 상냥스런 마음으로 머무르면 되는 것일까? 아니다, 이 모두는 이미지요, 공허요, 유감스런 허상이요, 자기 자신과 모든 진정한 현실의 상실로부터 생겨난 혐오스런 환영에 불과하다.

* * *

K.의 죽음은 초조함이 그로 하여금 기력을 다하게 하는 그러한 여정의 필연적 종말과도 같다. 이러한 의미에서 카프카가 가슴으로 괴로워하는 피로는——피로, 육체뿐만 아니라 영혼의 냉각——이야기를 끌어가는 힘 중의 하나이다. 보다 정확히 말해서 진정한 휴식의 모든 가능 조건으로부터 멀어진 채 성의 주인공이 떠돌 수밖에 없는 장소에서 살아가는 그러한 공간의 한 차원이다. 배역에 너무도 자신 있는 연기자가 극 중에서 기력을 다해 스펙터클하게 표현하려 했던 이 피로는 실패로의 치명적 미끄러짐을 의미하지 않는다. 피로는 그 자체가 수수께끼와도 같다. 여기서 저기로 조심성도 참을성도 없이 오가며 필요하지 않을 때 실패할 수밖에 없는 일에 힘을 다하고 성공을 위해 필요할 때에는 더 이상 힘이 남아 있지 않은 K.는 분명 피로하다. 모든 것을 거절하는 불만족의 결과로서의 이 피로는, 모든 것을 받아들이는 마비상태의 원인으

로서의 이 피로는 따라서 떠도는 자가 자신을 내맡긴 가혹한 무한의 또 다른 형태이다. 휴식을 취할 수 없는, 죽음이라는 휴식으로도 이르지 못하는, 그러한 헛된 피로. 왜냐하면 K.처럼 기력이 완전히 다하였으면서도 계속해서 움직이는 자에게는 종말을 맞이하기 위해 필요한 최소한의 기운마저 남아 있지 않다.

하지만, 동시에, 그가 드러내지 않고 오히려 그에게만 주어진 신중함으로 숨기고 있는 비밀스럽기도 한 이 무기력은 처벌의 표식일뿐더러, 구원으로의 미끄러짐, 완성된 침묵의 다가옴, 단일성의 상징인 깊은 잠으로의 알 수 없는 감미로운 미끄러짐은 아닐까? 친절한 비서와의 면담 중에 그가 목적에 다다를 수 있을 것 같았을 때 그는 기력이 다한 상태이다. 거기서 주어지는 모든 면담이 그러한 것처럼 이 일은 밤에 일어나고 있다. 밤이 필요하다. 기만의 밤이, 비밀스런 선물이 망각 속에 숨어 기다리는 구원의 밤이. 여기서는 무슨 일이 일어나는가? 경이의 순간이 간절한 것은 피로로 기력이 다하였기 때문인가? 혹은 그 순간에 다가갈 수 있었던 것은 잠의 위안과 은총 덕분인가? 물론 그 모두의 덕분이다. 그는 잠든다. 하지만 그렇게 깊은 잠은 아니다. 그것은 아직 순수하고 진정한 잠은 아니다. 잠들어야 한다. **"잠은 가장 결백한 것이요, 잠자지 않는 인간이 가장 죄 많은 자이다."** 잠들어야 한다. 죽어야 하는 것처럼. 우리가 매일의 피로 가운데 만족하는 완성되지 못한 비실제적 죽음이 아니라, 알 수 없고, 보이지 않고, 이름 없는, 게다가 다가갈 수 없는 또 다른 죽음을 죽어야 하는 것처럼. 하지만 여기서 K.는 이를 수 있다. 그러나 책의 한계 속으로가 아니라, 또 한 번의 징벌인 양 불행히도 브로트의 대본이 흩트리러 온 책의 부재라는 침묵 속으로.

7장

밀레나의 실패

밀레나는 그녀의 친구들이 마틸드 드 라 몰Mathilde de la Mole이나 산세베리나Sanseverina와 비교하곤 했던 감수성이 예민한 지적인 여인이었다. 프라하의 매우 유서 깊은 가문 출신의 그녀는, 생활에 대한 열의와 자유분방한 취향 그리고 자신의 열정을 다하고자 두려움도 거리낌도 없이 그녀가 보여 준 격정적 재능을 통해 볼 때, 그럼에도 자신이 가진 모든 것과 있는 그대로의 자신을 대가 없이 바칠 수 있는 대단히 헌신적이고 자애로운 친구이기도 한 그녀는, 스탕달이 자신의 몇몇 뛰어난 여인상을 빌려 온 『이탈리아 연대기』의 한 여인을 연상하게 하였다. 그녀는 또한 교양이 뛰어났고, 사람들이 말하기를 글쓰기에 재능을 보였으며, 카프카의 글 몇 편을 체코어로 옮기기도 하였다. 카프카가 그녀를 만난 것은 1920년경이었다. 카프카는 곧 말할 수 없는 열렬한 감정으로 자라게 될 우정의 관계를 그녀와 나누는데, 처음 행복하였던 이 감정은 고통과 절망으로 빠져든다. 이런 에피소드는 그의 삶에 있어서 유일한 것으로 보인다. 천둥과 거센 폭풍으로 이어지는 격정적 양상의 열정에 사로잡힌 것은 단 한 번이었다. 베를린의 여인 펠리체 바우어와의 두

번에 걸친 약혼이 한층 더 중요할 수도 있었다. 왜냐하면 아직은 젊었던 그의 존재는 당시, 고독의 소명과, 결혼을 통해서 고독을 벗어나고 결혼과 공동체에 대한 의무를 통하여 자신의 정신적 구원을 실현하려는 욕망, 그 모순의 강도를 의식하고 있었기 때문이다. 그러나 그는 자신의 『일기』에 다음과 같이 감정의 한계를 드러냈다. "추크만텔Zuckmantel 혹은 리바Riva에게서 느꼈던 사랑하는 여인과 나눌 수 있는 감미로움을 문학을 떠나서 F.와는 결코 얻을 수 없었다. 다만 무한의 찬미, 순응, 동정, 절망 그리고 나 자신에 대한 경멸만이 남고"(1915년 1월 24일).* 1920년 그는 크게 애착을 느끼지 못한 듯, 밀레나의 마음을 얻기 위해 몹시 매정하게 떠나 버린 프라하의 젊은 여인과 세번째 약혼을 한다. 그후 우리가 알고 있듯이 마지막까지 그와 함께 머물게 될 도라 디아만트를 만났다. 분명 은총 같은 만남, 그러나 죽음은 이미 그를 엄습하고 있었다.

  카프카는 왜 밀레나를 사랑했고, 왜 밀레나를 사랑할 수 없었던가? 1920년 결핵을 치료하기 위해 머물고 있던 메라노Merano에서 그녀에게 정중하면서도 환심을 사려는 듯한 편지를 시작할 당시, 그녀를 기쁘게 할 마음에서 그녀에게로 다가간 것도 그였던 것 같다. 날짜가 적혀

---

* 그는 또한 1916년 7월엔 이렇게 적고 있다. "난 추크만텔에서의 경우를, 그리고 리가Riga의 스위스 여성을 제외하고는 그 어떤 여성과도 믿음을 나누지 못했다. 전자는 한 여인이었고, 난 아무것도 몰랐다. 후자는 여자아이였고, 난 당황하였다." 리가의 어린 소녀는 천주교 신자였고, 1913년 10월 그녀를 만나던 순간 카프카는 이렇게 말한다. "리가에서의 체류는 나에게 매우 중요하였다. 처음으로 천주교 신자인 어린 소녀를 이해하게 되었고, 난 그녀의 행동 반경 안에서 지냈었다."

7장_밀레나의 실패 • 177

있지 않은 마무리하지 못한 편지*에서 알 수 있듯이 '친애하는 밀레나 부인'이 갑자기 '밀레나'로 바뀌고 '당신' 대신에 '너'라고 적고 있는데, 하지만 그때 이미 관계를 주도한 것은 젊은 여인이었다. 과감한 결단, 활력에 넘치는 의지, 지식에 대한 열정으로—그의 나이 서른여덟, 그녀는 스물넷, 하지만 더할 나위 없이 풍부한 경험이 있는—그녀가 일을 서두르면서 프란츠 카프카는 자신이 당황하면서 물러서게 되는 엄청난 감정에 급작스레 직면하고 있음을 보게 된다. 이러한 사실을 두고 그녀는 "당신 가슴에 안긴 것을 당신은 두려워하시는군요"하고 그에게 적고 있다. 예민한 진솔함으로 이를 알아차리고, 그래, 그는 예언자들이 그러했던 것처럼 두려웠다. "목소리가 그들을 부르는 소리를 듣고 나약한 아들들은 두려웠고 원하지 않았다." 결혼을 한 밀레나는 빈에 살고 있다. 하지만 결혼 생활은 얼마간 결렬된 상태이다. 이미 한 번 깨어졌고, 얼마 후 아주 헤어지게 된다. 카프카는 프라하 생활을 다시 시작하기 위하여 메라노를 떠나야만 한다. 밀레나는 카프카에게 빈에 들러 주기를 부탁한다. 카프카는 이 제안을 두려움에 뿌리친다. 그녀는 고집을 부려 보나, 불안이 더해지며 카프카는 거절한다. "난 원치 않아(밀레나 제발 부탁이야), 빈에 가길 원치 않아(이건 망설임이 아니야). 정신적으로 어려움을 견뎌 내지 못할 것 같기 때문이야. 난 정신적으로 환자이지. 폐병, 그것은 폐 주변으로 번지는 정신질환일 따름이지……" "나는 절

---

*『밀레나에게 보내는 편지』, (밀레나의 친구) 윌리 하스Willy Haas가 후기를 쓰고 출판, 막스 브로트 책임 편집, 프랑크푸르트, S. 피셔S. Fischer 출판사, 뉴욕의 쇼켄 북스Schocken Books 출판사.

대 가지 않을 거야. 하지만 나로서도 소스라치게 놀랄 일이지만 빈에 가게 된다면 ─그럴 리는 없을 테지만,─내가 필요로 하는 것은 점심이나 저녁이 아니라 차라리 한순간 나를 널 수 있는 들것이겠지." 그러자 밀레나의 강렬한 열정이 폭발하면서, 그녀의 편지는 격렬해져 편지를 펴 보는 그의 방에 "폭풍 소리와 함께" 밀려든다. 본능적인, 하지만 또한 그녀가 주도하고 있는 이 격정은 마침내 기묘하게 카프카를 사로잡는다. 그는 우선 메라노의 체류를 연장한 다음 빈에 가로 결정한다. 거기서 그는 나흘을 머문다.

　나흘 중 마지막 이틀은 카프카에게 커다란 행복에의 희망을 안겨준다. 프라하에 돌아온 후 그녀에게 벅찬 감정으로 빛나는 편지를 적어 보낸다. "그런데 결국 난 이따금 그것을 믿고 있단다. 사람이 행복하게 죽을 수 있다면, 나에게 그런 일이 일어나야 한다고. 죽어가는 누군가가 너무도 행복한 나머지 살아남을 수 있다면, 난 살아남을 것이야." 그녀가 기독교인이라는 게 장애가 된다. 하지만 이게 문제랄 수 있을까? 이미 유대인과 결혼한 바 있는 그녀에게는 문제될 게 없고,* 이러한 사실을 두고 그녀에게 거리낌이 없는 카프카에게도 문제될 게 없다. 오로지 그는 밀레나의 젊음 앞에서 갈망을 느끼고, 그녀는 젊은 만큼 한 유대인을 누르고 있는 시간의 무거운 부담으로부터 벗어나 있다. 그녀는 결혼한 몸이다. 비록 편지에 남편이 그들을 가로막는 장애처럼 비치기는 하지만, 그녀는 이미 한 번 결별한 적이 있고 그후 서로 간의 합의하에 완전히 헤어질 것이기 때문에, 다른 어떤 어려움이 닥친다 하더라도 밀레

---

*하지만 이 결혼은 그녀로 하여금 가족과의 관계를 어렵게 하였다.

나는 자유의 몸이 되려는 데 주저하지 않았던 것 같다. 그런데 무엇이 그들을 떼어 놓고 있는가? 어느 날 그녀는 카프카에게 빈에 오기를 요청하고서, 그가 필요한 약간의 휴가를 얻을 수 있도록 자신이 "숙모 클라라, 위독"하다는 전보를 카프카의 사무실에 보내겠다고 제안한다. 악의 없는 핑계이지만, 카프카는 거짓말을 원하지 않는다. 그는 그러고 싶지만, 그럴 수가 없다. 사무실은 "그곳에 내가 존재하는, 무고한 눈으로 나를 지켜보는 살아 있는 존재이다. 지금 이 순간 자동차를 타고 대로를 지나는 사람들보다 더욱 낯설기는 하지만 나도 모르는 연유에서 함께 관계를 맺고 있는 존재이다. 사무실은 나에게 부조리할 만큼 낯설긴 하지만, 바로 이 점을 존중할 필요가 있어…… 따라서 난 거짓말을 할 수가 없단다".

이 사건은 그들이 헤어지게 될 조짐을 보여 준다. 밀레나는 정념에 모든 것을 내맡기고서, 자신이 욕망하는 것만을 보고 있다. 그녀가 욕망하는 것은 망설임도 나눔도 한계도 허락하지 않는다. 그들은 다시 한번 그문트Gmund에서 잠시 몇 시간 만나게 된다. 이 만남은 빈에서의 만남처럼 더 이상 행복한 만남은 아니다. 이 만남은 그들을 다시 맺어 주지 못하고, 오히려 돌이킬 수 없을 정도로 그들을 갈라놓고 만다. 그러고 나서 이상한 혼란이 생겨난다. 밀레나가 카프카의 약혼자에게 질투를 느꼈던 것과 마찬가지로, 카프카는 밀레나를 자신으로부터 악착스레 떼어 놓으려는 밀레나의 친구들에게 질투를 느끼고 있다. 오해는 오해를 낳게 된다. 카프카는 자신을 세상의 삶과는 어울리지 않는 한 마리 숲 속의 동물로 만들고 마는 운명을 새삼 의식하지 않을 수 없다. 젊은 여인은 미래를 설계하고 자신의 슬픔을 달래면서 모든 것을 희망으로 돌리려 애쓰나 소용이 없다. 거의 매일 같은 편지를 통해 연락만은 이어 가려고 하나 소용이 없다. 그녀는 카프카를 통해 절망의 완강함에, 고독의 위력에, 침묵을 지키며 침묵 속으로 물러서려는 가혹한 욕망에 부딪친다. 그녀에게 정념의 요구가 아무리 강력하더라도, 여기 카프카의 침묵하는 내면을 지켜 주는 이 힘을 그녀가 거스를 아무런 방도가 없다. 편지를 더 이상 쓰지도 더 이상 받지도 않기를, 그는 바란다. 비록 그의 친구인 그녀를 망가트리게 된다 하더라도, 그는 터질 것만 같은 마음을 간신히 억제하고서 그녀에게 간청한다. "그러하니, 부탁이네, 제발 나를 침묵하게 내버려 두기를……" "이 편지장들은 고통에 다름 아니란다. 치유할 수 없는 고통으로부터 다가와 치유할 수 없는 고통만을 안겨 준단다. 침묵, 침묵만이 이곳과 그곳에서 살아갈 수 있는 유일한 방도겠지."*

그렇다, 밀레나는 자신의 열렬함, 그 감정의 눈부신 장대함에도 불구하고 실패하고 만다. 아니면 이 열정의 힘이 그녀의 실패를 설명하고 있는가? 사람들은 당연히 그러하리라 믿고 싶어 하고, 또 다음과 같이 말하고 싶어 한다. 자신에게 헌사한 열정의 힘에 먼저 이끌렸던 카프카는 또한 이 열정 때문에 돌아서게 되었고, 두려움과 번민 속에서 그 격정적 충격을 겪어야 했으며, 그들의 관계가 점점 더 혼란스러워지면서 카프카는 어떤 고통의 늪에 빠져들게 되고, 그리하여 자신에게서 모든

---

* 그러고 나서 밀레나와 카프카는 프라하에서 다시 만난다. 여기에 대한 짤막한 암시는 『일기』에서 볼 수 있다. 밀레나는 1944년 5월 11일 라벤스브뤼크Ravensbruck 수용소에서 죽었다. 부버 노이만Buber-Neumann 부인은 당시 함께 지냈던 그녀에 대해 감동적으로 이야기한 바 있다.

휴식을 앗아 가는 무질서한 혼돈을 피하기 위해 젊은 여인을 희생시킬 마음의 준비가 되어 있다고.

* * *

카프카와 여인들 세계와의 관계는 언제나 매우 불확실하다. 그의 글들은 이를 우리에게 예감케 해주었고, 그의 『일기』의 몇몇 노트들을 보아도 알 수 있다. 그러나 밀레나에게 보낸 편지들은 혐오감 속에 받아들이고 있는 그 어떤 매력에 의해 카프카가 여인들의 세계로 나아가고 있는가를 말하면서 그 관계를 보여 주고 있다. 헛된 욕망에 사로잡혔다고는 할 수 없는 자유로운 젊은 여인 밀레나 그녀는, 카프카와 고요히 숲 속에 나란히 누워 함께 보내기만 한 빈 여행 후, 그문트에서의 하룻밤을 앞두고 망설이고 있던 카프카를 보고서 그가 어떤 형태의 번민에 사로잡혀 있지 않은가 하는 생각이 들었다. 그때 카프카는 밀레나에게 자신의 첫날밤을 이야기하였다. 그의 나이 스무살, 카프카는 자신의 첫번째 국가시험을 위해 하찮은 것들을 익히고 있었다. 그 어느 더운 여름날, 카프카는 창가에 서서 맞은편 기성복 가게에서 일하는 젊은 아가씨와 한마디 말도 나누지 않은 채 몸짓으로 서로의 마음을 나눈 적이 있다. 그날 저녁 여덟 시경 그녀를 찾아 나서야 했는데, 그가 내려왔을 때 다른 누군가가 거기에 있었다. "그렇다고 크게 달라진 일이야 없지만, 난 세상 모두가 두려웠고, 그래서 그 남자 역시 두려웠다. 비록 그 남자가 거기에 없었다 하더라도, 난 그녀가 두려웠으리라." 젊은 아가씨는 그에게 그들을 따라오라고 손짓을 하였다. 그녀가 다른 동료와 맥주를 마시는 동안, 그는 옆 테이블에 앉아서 기다리고 있었다. 마침내 젊은 아가씨는 자기 집으로 들어갔다가 서둘러 카프카를 만나러 다시 나왔고, 그는 그녀를 호텔로 데려갔다. "호텔 앞에서 이미 모든 것은 매혹적이고 자극적이며 혐오스러웠다. 호텔에서도 다르지 않았고, 아침이 되어 ─ 날씨는 계속 더웠고 쾌청하였다 ─ 집으로 돌아오는 길 다시 카를교를 지날 때, 난 어쨌든 행복하였으며, 이 행복은 결국 나를 영원토록 동요하는 육체로 남겨 둔 그 휴식으로 채워지고 있었다. 하지만 이 행복은 무엇보다 모두가 **아직은** 혐오스럽지 않았고 **아직은** 불결하지 않았다는 데서 비롯되었다." 그러나 그녀를 또다시 만나고 나서는, 그의 마음은 가게 아가씨로부터 돌아서면서 더 이상 그녀를 쳐다볼 수 없었다. 비록 그녀는 아무것도 눈치채지 못한 눈길로 계속해서 그를 뒤쫓고 있었지만. "나의 반감의 유일한 이유가 (분명 그렇지도 않지만) 호텔에서 젊은 아가씨가 악의 없이 조금이라도 혐오감을 주었거나(그걸 말할 필요는 없다), 약간의 상스런 말을 내뱉었기(그걸 말할 필요는 없다) 때문이라고 말하고 싶지는 않다. 그러나 기억은 남아 있고, 그 순간 난 그걸 결코 잊어버리지 않으리란 걸 알았지. 나는 아울러 겉으로는 분명 뜻밖이었지만 마음속으로는 너무도 필연적인 이 혐오스럽고 상스러운 짓이 모두와 깊은 일치를 보이고 있음을, 그리고 그때까지 어떻게 해서라도 피하려고 하였던 바로 그 호텔로 나를 그토록 격렬하게 끌어들인 것이 (그녀의 하찮은 행동이나 말은 하찮은 시작에 불과했던) 이 혐오스럽고 상스러운 짓이라는 걸 알고 있었거나 혹은 안다고 믿고 있었다. 그리하여 그런 일이 있었던 만큼, 사정은 늘 그러하였지. 여러 해 동안 대체로 평온하였던 나의 몸은 아주 분명해진 약간의 혐오에 대한 욕망으로 인해, 적당히 불쾌하고 고통스러우며 상스러운 짓에 대한 욕망으로 인해 다시금 참을 수 없을 만큼 흔들리고 있었다. 그때 나에게 일어난 최상의 경우엔, 여전히 약간의 더러운 냄새가, 얼마간 유황과도 같은 것이, 얼마간 지옥과도 같은 것이 남아 있었다……" 그가 덧붙여 말하기를, 밀레나와 더불어 그는 다른 세계로 들어가게 된다. "그래서 나에게 그토록 혼란스럽고도 아늑한 느낌을 안겨 준 것은 단지 너의 몸의 다가옴만이 아니라 바로 너 자신이다…… 그문트에서의 하룻밤을 두고 '번민'하지는 않았다. 다만 습관적인 '번민'이 ─아! 습관적인 번민도 지긋지긋하다……"

하지만 이에 앞서, 자신의 고개를 젊은 여인의 어깨에 기대었던(이것은 놀라운 페이지로서, 카프카의 언어가 이 대목 이상으로 행복으로 넘쳐 났던 적도 드물다), 빈의 숲에서 밀레나와 함께 보낸 시간들을 회상하면서, 카프카는 덧붙여 말한다. "그런데 내가 볼 때 이 낮 시간의 세상과 어느 날 편지에서 마치 남자의 일인 것처럼 네가 경멸스럽게 말했던 (여기서 경멸은 분명 카프카를 안심시키기 위해서였다. 적어도 편지의 편집자 견해로는 그렇다)* 침대에서의 반 시간 사이에는 필경 내가 원하지 않기에 건널 수 없는 심연이 가로놓여 있다. 반대편 저곳은 바로 모든 면에서 밤의 이야기이고 절대적으로 밤의 문제이다. 이곳 세상을, 나는 간직하고 있다. 저곳 밤의 세계로 그 세계를 얻기 위해 또다시 뛰어들어야 한단 말인가? 음울한 마술을 위하여, 요술을 위하여, 마법의 돌을 위하여, 연금술을 위하여, 마법의 반지를 위하여 사랑을 동원해 저곳으로 가야 한단 말인가? 나와는 아득한 이 모두가, 난 소름끼치도록 두려워.

---

* [옮긴이] 괄호 안의 문장은 블랑쇼의 것이다.

밤의 초조함 속에서 힘들게 숨을 몰아쉬며 버려진 듯이 홀린 듯이 마술을 빌려 그것을 붙들려고 할 것인가, 눈을 뜬 당신에게 나날이 내리는 것을 마술처럼 붙들려고 할 것인가('아마도' 달리 아이를 가질 순 없을 테고, '아마도' 아이들 또한 마술에서 태어날 테지. 이 문제는 잠시 접어 두도록 하자). 그래서 난 너에게 매우 감사하고(너에게 그리고 모든 것에), 그래서 난 끝없이 평온하고 끝없이 들뜬, 끝없이 갇혀 있고 끝없이 자유로운 너의 편이란 건 너무도 당연하지. 또한 그래서 이런 생각을 하고 난 후론 모든 다른 삶은 단념하였다. 나의 눈을 바라보아요."

카프카는 아주 간명하게, 너무도 확실하고 명료하게 자신을 표현하고 있어서 우리는 달리 표현할 수밖에 없었던 것을 이해하고 있다는 생각마저 든다. 그에게 욕망의 세계가 여기서 그가 두려움에 떨면서 말하고 있는 바로 그 밤의 이야기라면, 그가 거기에서 벗어나고 싶다고 다짐할 필요도 없으며, 그는 거의 온통 밤에 쏠려 있는 자신이 이 음울한 낯섦과 깊숙이 관계하고 있음을 잘 알고 있다. 그러한 까닭에 그는 거기에 휩쓸려 들지 않을 수가 없다. 그래서 또한 그가 그곳을 파고들면서 자신을 잃어버리고 만다면, 거기엔 어쨌든 자신처럼 밤의 음모에 말려든 자들을 위한 기만적이고 허망하고 고통스러운 하지만 아마도 유익한 힘이 있음을, 요제프 K.가 뷔르스트너Burstner 양의 신선한 얼굴에서 자신의 갈증을 해소하도록 부추긴 바로 그러한 탐욕에서 들이키고자 하는 샘물이 있음을 그는 또한 예감하고 있다. 마찬가지로 글을 쓴다는 것은 카프카에겐 밤의 위험과 맺은 하나의 협약이다. 글을 쓰면서 "어두운 힘에의 의탁", "습관적으로 절제되고 있는 역량의 폭발", "불순한 중압감" 이 모두가 작동한다고 그는 말한다. 저기 대낮에 해가 내리쬐는 곳에서 글을 쓴다면, 무얼 더 알겠는가?" 은밀한 재능, 신비스러운 재능, 하지만 본질적으로 불순한 마술 — 그런데 과연 카프카보다 누가 더 이 재능에, 이 마술에 특별한 구원의 방편인 양 자신을 내맡기었는 가? 아마도 욕망에 대해서도 그러하리라.

* * *

밀레나에게 보내는 편지에서 우리는 번민라는 말이 가장 자주 되풀이 되고 그리고 그의 번민에 휩싸인 모습이 가장 생생하게 표현되고 있음을 알 수 있다. 또한 이따금 이 편지에서 그는 굴욕스러워하기도 하는데, 특히 희망이 절망으로 바뀌면서 거의 끝없는 비방의 감정으로 빠져드는 것도 같다. 그 과도한 표현은 편지의 편집자 윌리 하스에게도 의아해 보일 정도이다. 카프카는 젊은 여인 앞에서, 그 여인 앞에서뿐만 아니라 그 여인을 두고 벌어지는 모든 일 앞에서, 자신이 그녀의 눈에 보여 주고 싶어 한 대로 초라하고 비열한 존재라고 진정 믿을 수가 있단 말인가? 여기서 그는 극도의 진솔함에 이르고 있는 것은 아닐까? 한순간 포기하려 했다는 것을 자책하게 되는 그 저속한 세계로 어떤 쓰라린 쾌락을 들이키며 달려갈 때, 그에게는 정확히 어떤 일이 일어나고 있는가?

실제로 카프카에게는 매우 혼돈스러운 근심이, 어쩌면 서둘러 가혹함에 자신을 내맡기면서 운명을 흐트러뜨려 놓는 술책과도 같아 그 스스로가 비난하게 되는 학대의 취향이 있다.* 그러나 여기서도 우리

---

* 마지막 편지들 중 한 곳에서 그는 적고 있다. "고문은 나에게 극히 중요한 것이다. 고문받고 고문을 행하는 것 아닌 다른 그 무엇에도 관심이 없다. 왜 그럴까?"

가 속으면 안 된다. 그가 번민에 사로잡혀 있다 할 때, 그리고 그가 밀레나에게 "우린 서로가, 넌 빈에서, 난 프라하에서, 고뇌와 결혼하였고. 우리의 결혼을 괜스레 재촉한 게 우리 둘 중 너만은 아니야"라고 말할 때, 그가 관계하고 있다고 느낀 것은 허무의 빈곤과 두려움의 강박만이 아니라, 오히려 그가 지닌 더 풍요롭고 더 뛰어난 것에 대한 애착이다. 그로서는 번민을 인정해야 하고, 그녀가 원하는 것을 그녀가 원치 않더라도 더더욱 받아들여야 한다. 밀레나가 카프카를 사랑한다면, 그건 번민때문이고 그리고 그녀가 사랑하는 것은 번민이다. "너의 편지에서 가장 아름다웠던 것은 …… 내가 번민에 빠져들지 말아야 한다고 말하면서도 네가 나의 번민을 인정할 때였지. 왜냐하면 나 또한, 단지 호기심에서 '나의 번민'을 옹호하는 척했지만, 번민을 받아들인 대개의 경우는 내 깊은 진심에서란다. 그래, 번민을 나의 근거로 삼자(난 번민으로 이루어져 있다). 그것이 내가 가진 최상의 것이다. 그리고 그것이 내가 가진 최상의 몫이기에, 그것은 또한 네가 사랑하는 아마도 유일한 것이리라. 번민이 아니라면 나에게서 사랑할 가치가 있는 무엇을 찾을 수 있겠니? 하지만 이것은 사랑할 가치가 있다."

"이것은 사랑할 가치가 있다." 카프카는 여기서 자랑스럽게 자신의 마음을, 부인할 용의가 없는 그 몫을 말하고 있다. 그리고 그는 여기서 분명 자신을 허무로 손상되고 허무로 일렁이는 한 존재로 인식하게 하는 불안하고 고통스러운 운명을 말하고 있고, 그를 두려움에 떨게 하지만, 사랑이나 욕망이 번민의 한 중심이자 순수한 내면인 양 그를 사랑할 가치가 있는 존재로 만들고 있는 가혹한 사연을 말하고 있다.

밀레나에게 보내는 마지막 편지들 중 하나에서 카프카는 그가 무엇이고 그녀가 무엇인가를 이야기하고 있다. "아마도 이러하리라. 숲속의 동물인 난 그때 막 숲에 들어서면서, 진창과도 같은 구덩이 어디엔가 몸을 뉘었다(진창과도 같은, 오직 내가 나타나면서 그러하였다, 분명). 그래, 난 바깥의 해방감 속에서 너를, 지금까지 본 중에 가장 놀라운 모습을 보았다. 난 모든 걸 잊어버리고, 나 자신도 잊어버리고, 비록 친숙하면서도 새로운 이 해방감 속에, 그렇다, 불안해하면서도 몸을 일으켜서, 계속해서 다가가, 너에게까지 이르렀다. 넌 몹시도 상냥했고, 그럴 권리라도 있는 듯 난 네 곁에 몸을 기대이며, 너의 손에 나의 얼굴을 묻었다. 난 진정 행복했고, 진정 자랑스러웠으며, 진정 자유로우면서, 진정 활력에 넘쳤고, 진정 나의 집처럼, 언제나 새로이 그렇게. 진정 나의 집처럼, 하지만 난 사실 동물에 불과했고, 언제나 숲에만 속해 있었다. 내가 여기서 자유로운 공기를 숨쉰다면, 너의 은총일 따름이다. 의식하지 못한 채(왜냐하면 난 모든 것을 잊어버렸기에), 난 나의 운명을 너의 눈에서 읽었다. 그건 지속될 수가 없었지. 비록 네가 나에게 정겨운 손길을 건넨다 하더라도, 숲을 알리고 이 기원과 나의 진정한 고향을 가리켰던 나의 기이한 모습을 넌 알아차려야 했단다. '변민'에 관한 어쩔 수 없는 말들이 떠올랐고, 그리고 그 말들은 어쩔 수 없이 되풀이되면서 나를 (그리고 너를, 하지만 순진무구한 너를) 신경이 날카로워지도록 고통스럽게 하였고, 어디서나 내가 너에게 어떠한 불결한 상처, 어떠한 장애, 어떠한 고통이었는가를 난 언제나 좀더 살펴보아야만 했다...... 내가 누구였던가를 떠올려 보았고, 너의 눈에서 환영의 종말을 읽었으며, 꿈이 주는 공포를 (존재할 권리가 없는 곳을 자기 집으로 알고 행동하는 공포를) 경험하였다. 현실에서도 난 이런 공포를 느끼며, 어두움 속으로 들어가야 했는데, 난 태양을 견뎌 낼 수가 없었다. 난 실제로 길 잃은 동물처럼 절망하였고, 숨이 끊어지도록 달렸다. 그러면서 한편으로 '내가 나를 이길 수 있다면!' 하고 생각하였고, 다른 한편으로는 '그녀가 있는 곳에 어두움이 있을까?' 하는 생각이 들었다. 넌 내가 어떻게 사느냐고 묻고 있지. 난 이렇게 살고 있단다."

    이 편지는, 통상적 의미에서의 상상에 관련된 것이 아니라 카프카가 진정으로 숲의 심연에 속해 있고 그의 세계는 순간적 은총을 통해서만 벗어날 수 있는 어두움의 세계라고 생각하면서 그렇게 쓰여진 편지로 읽으려고 해야 한다. 세상으로부터, 약속의 땅으로부터 쫓겨나고, 희망으로부터 배척당한 그는 절망을 선고받은 것일까? 사막으로, 텅 빈 심연 속의 방황으로 쫓겨난 그는 이 방황을 그의 길로, 사막을 또 다른 약속의 땅으로, 추방을 자신의 새로운 고향으로 삼을 수는 없을까? 얼마 후 적은 『일기』의 한 노트에서 여기에 대해 그는 말하게 되고,* 그리고 또한 숲 속의 동물은 세상의 행복한 사람들이 보지 못하는 것을 보고 알지 못하는 것을 알고 있음을 예감케 하는 신비스런 어조로 밀레나에게 말하고 있다. "밀레나, 너는 무엇이 문제인지 혹은 부분적으로 무엇이 문제되었는지 정확히 이해할 수 없을 거야. 그리고 나 자신도 그걸 이해할 수 없어. 난 감정의 동요로 떨리기만 하고, 미치도록 고통스럽단다. 하지만 이게 무엇인지, 사람들이 저 멀리 무얼 원하는지 난 알 수 없어. 다만 사람들이 가까이서 원하는 것, 즉 침묵, 어두움, 땅 속으로의 은둔 같은 것은 알고 있지. 이것이 나의 길이요, 다르게 행동할 수

---

* 1922년 1월 28일 29일, 슈펜들레루브 믈린에서.

가 없다.* 이 감정의 동요는 사라지고, 얼마간 사라졌다. 하지만 감정의 동요를 일게 했던 힘은 여전히 내 안에서 요동치고 있다. 전에도, 앞으로도. 그래, 나의 삶, 나의 존재는 이러한 땅 속의 위협으로 채워져 있다. 위협이 멈추면, 나 또한 멈추어 버리고. 난 이렇게 살아간단다. 그게 멈추면, 난 삶 또한 당연히 가벼이 털어 버리고, 그렇게 사람은 눈을 감게 되지. 우리가 서로를 알고부터 언제나 그렇지 않았을까, 그렇지 않았더라면 네가 나에게 덧없이 스치는 시선을 던질 수 있었을까?"

그러한 까닭에, 자신의 재능에 모욕을 가하면서 자신을 거스르며 자신을 표현하는 듯한 여기서, 카프카가 말하는 것은 비방의 쓰라림만 삼키는 것이 아니라, 마치 추억에, 마치 함께 나누는 경험을 무한히 넘어서는 그 무엇의 다가옴에 몸을 떨고 있다는 것이다. 그를 놀라게 하고 그를 두렵게 하는 움직임. 그는 현기증 나는 흥분의 힘을 또한 예감하고 있다. "그러나 놀라움의 최고의 정점은 아직 이것이 아니다. 가장 놀라운 것은, 네가 나에게 다가오려 한다면, 따라서 나에게로 내려오기 위해, 네가 머물게 될 아무것도 보이지 않는 그 깊은 곳으로 내려오기 위해 세상 전부를 버리길 원한다면, 이 목표에 이르기 위해 넌 여기 몸을 파묻고 저기 위로 너의 너머로 초인과도 같이 솟아올라야 하리라. 아마도 네가 찢겨지고, 네가 (그리고 그때 나도, 분명 너와 함께) 쓰러지고 사라질 때까지 힘차게 솟아올라야 하리라. 행복도 불행도 없이, 업적도 잘못도 없이, 오로지 사람들이 날 여기 버려두었기에 내가 머무르고 있는,

---

* 이 말은 루터의 말이다. "이것이 나의 길이요, 다르게 행동할 수 없다(Hier stehe ich, ich kann nicht anders)."

아무런 매혹도 남아 있지 않은 한 장소에 이르기 위해 솟아올라야 하리라." (그렇다, 이 편지는 비탄의 날들에 앞서서 적은, 하지만 그에 못지않게 동일한 진실을 말하고 있는 편지다. 카프카는 그가 머무르고 있는 어두움의 깊이에서 자신을 다시 만나기 위해서는 끝없이 낮아져야 하고, 그러면서도 사라져 버릴 때까지 솟아오르며 고조되어야 한다 ― "이상한, 정말로 이상한 일.")

* * *

브로트는 카프카가 『성』에서 자신과 밀레나의 관계를 표현하였다고 확신하였다. 물론 이 같은 직관이 얼마간 적절하다고 볼 수 있지만, 그렇다고 밀레나가 프리다인가? 클람이 밀레나의 남편인가? 올가가 밀레나가 분별을 잃고 격렬하게 질투하고 있는, 단순하고 자신을 방어할 줄 모르는 젊은 여인, 곧 카프카의 약혼녀인가? 카프카를 향해 계략을 꾸미는 교활한 밀레나의 친구들, 우리는 그녀들이 때로는 은근하게 때로는 공공연하게 적대감을 보이고 있다고 해서 여인숙 주인의 아내의 모습에서 그녀들을 다시 만나게 되는가? 그렇게 말할 수는 없다. 실제 이야기는 작품을 해명해 주지 않고, 우리를 작품에 다가서게 해주지 않는다. 우리가 기껏 짐작해 볼 수 있는 것이란, 실제 이야기가 작품 속에 어쩌면 연장되고 있다고 하는 것인데, 비록 전이轉移의 형태라 하더라도 이야기가 작품 속에 드러난다는 것이 아니라, 작품 자체의 요구에 따라 작품 자체의 목적을 위해 돌이킬 수 없는 또 하나의 체험을 이루기 위해서이다. 이 체험은 카프카의 운명에 있어서 불행한 열정의 이야기만큼이나 중요한 체험이다. 하지만, 우리가 편지들을 읽을 때, 그리고 우리가

『성』을 기억하게 될 때, 그 두 세계를 서로 관련시켜 생각하게 된다면 놀라게 된다. 자신의 황홀한 고백을 통해 카프카가 그 무엇보다 높이 두고 있는 숭고한 인물 밀레나가 실제 작품에 있어서는 클람과 관계하고 있다는 사실 이외에는 커다란 매력도 또 다른 미덕도 없는 거의 보잘것 없는 프리다에 지나지 않는다는 것을 보면서 당황하게 되듯이 ─ 그리고, 편지에서 마치 스탕달이 그러했듯이 우리가 숭고하다고 느낄 정도로 이야기되고 있는 그토록 아름다운 열정이 작품에서는, 작품의 체험 속에서는 위엄을 상실한 이방인과 충실하지 못한 하녀와의 행복도 미래도 없는 처량한 관계, 가련한 속박이 되어 가는 그런 것이란 말인가? 열정적 찬미를 아끼지 않고 밀레나를 사랑했던 자가 어떻게 그의 감정을 비하하고 억제하여, K.로 하여금 그토록 공허하고 그토록 냉담한 마음으로 프리다와 결합하게 하여야만 했던 그러한 감정의 움직임을 읽게 될 정도로 그 감정을 꿰뚫어 볼 수 있었겠는가? 그렇다면 이것이 편지의 그 아름다운 열정적 문장 속에서 읽어야 할 진실이란 말인가? 그리고 이 진실이 어쩌면 우리가 생각하는 것보다 더 가혹하게 밀레나의 실패를 말하고 있지는 않는가?

 아마도 그러하리라. 그러나 카프카의 진정한 감정의 투영을 책에서 되찾으려는 것이 옳다고 인정하더라도, 독서를 좀더 멀리 밀고 나아가야 하고, 이러저러한 인물의 분석에 그치지는 말아야 한다. 실제 이야기를 넘어섰던 어둡고 고통스러운 강렬한 힘을 우리에게 말해 주어야 하는 것은 그 견고한 현실 속에서의 작품 전체이다. 그때, 아마도 모든 것은 바뀌고, 따라서 카프카의 애정 관계에서 문제 삼아야 하는 것은 단지 불행한 관계의 슬픔뿐만 아니라 바로 『성』의 빛나는 신비이며,

나아가 모든 여력이 다한 곳에서도 안간힘을 다하며 결코 포기하지 않는, 이른바 결코 만족하지 않고 결코 꺼지지 않는 탐구의 강인한 열정이다. 그리하여 『성』은 놀라운 열정의 책이며, 이 열정 가운데 (『소송』에서는 볼 수 없는) 어느 날 자신도 모르게 메라노의 젊은 남자를 빈의 젊은 여인에게로 이끌었던 도약이 표현되고 있다고 우리는 말할 수 있다. 거대한 열정, 침몰하는 열정, 하지만 열정은 그 목표를 능가하면서 비로소 목표에 이른다. 끊임없이 자신의 피로를 말하는 카프카, 그는 또한 자신을 낚아챌 수 있었던 모든 게 가능한 이 소름끼치는 힘을 의식하고 있었다. 그는 밀레나에게 말한다. "……거대한 체스판에서 아직 졸卒의 졸도 되지 못하는 난, 이제 모든 규칙을 어기면서 놀이를 망친다 하더라도 난 여왕의 자리를 차지하고 싶다──졸의 졸인 나, 결과적으로 존재하지 않고 놀이에 끼어들 수 없는 한 조각 부스러기인 난──뿐만 아니라 왕의 자리를 아니 체스판 전체라도 차지하고 싶다. 내가 실제로 그러길 원한다면 더욱 비인간적인 다른 방도를 택해야 한다 하더라도." 이것이 카프카의 열정, 밀레나를 향한 (하지만 너무 강렬해 무한히 저 먼 곳을 향하지 않을 수 없었던) 그를 고무시키는 엄청난 힘이다. 이것은 또한 K.의 냉혹한 열정이기도 하다. 역시 졸의 졸인 K., 모든 규칙을 뒤흔들어 놓으며, 놀이에서 벗어난, 그러면서도 놀이를 계속하고 싶어 하는, 그리고 진정 놀이를 계속하기를 원한다면 비인간적으로라도 모든 목표를 넘어서 버릴 수 있는 그, 하지만 끝없는 과도함이기도, 초조함이기도 무지이기도 한 바로 이러한 의지 때문에, 그는 어디에도 이르지 못하고, 그 무엇도 해낼 수가 없다.

8장
|
서술의 목소리
'그', 중성적인 것

나는 '삶은 어느 정도까지만 그 힘이 미친다'라는 문장을 쓴다(발음한다). 이 문장을 발음하면서, 난 아주 단순한 어떤 것, 즉 우리에게 매 순간 한정된 삶이라는 느낌을 주는 피로의 경험을 생각하고 있다. 길에서 몇 걸음 내딛고, 여덟 혹은 아홉 걸음 내딛고, 그리고 쓰러진다. 피로가 가리키는 한계는 삶을 한정한다. 삶의 의미는 그것대로 이 한계에 의해서 한정된다. 한정된 삶의 한정된 의미. 하지만 여러 가지 방식으로 고려해 볼 수 있는 역전이 생겨난다. 언어는 상황을 변화시킨다. 내가 발음하는 문장은 바깥에 표시해야 할 한계를 삶의 내부로 끌어들이려 한다. 삶은 한정되어 말해진다. 한계는 사라지지 않는다. 오히려 한계는 한계가 한정한다고 주장하는 의미를, 아마도 한계 없는 의미를 언어로부터 얻는다. 한계의 의미는 한계를 긍정하면서 의미의 한계를 반박하거나 혹은 그것을 이전시킨다. 하지만 여기서 의미의 한계로서 인정된 한계에 대한 앎이 상실될 수도 있다. 그렇다면 의미가 한계를 한정 짓지 않고서야 어떻게 이 한계를 말할 수 (그 의미를 말할 수) 있겠는가? 여기서 우리는 언어의 또 다른 영역으로 들어가야 하고, 그리고 어쨌든 "삶의 힘은……"이라는 문장이 그 자체로서 가능한 문장이 아니라는 사실을 납득해야만 할 것 같다.

* * *

그렇더라도 이 문장을 남겨 두도록 하자. 그리고 이 문장이 이야기 자체의 완성으로서 자리를 차지하는 그러한 이야기를 써 보자. 동일한 두 문장 사이에 어떤 차이가 있는가? 분명 큰 차이가 있다. 그 차이는 대략 이렇게 말할 수 있다. 즉, 이야기는 삶을 중성화시키는 하나의 원과 같은 것, 삶과 관련 없는, 하지만 중성적 관계를 통해 삶과 관계하는 것이 될 것이다. 이 원 가운데, 존재하는 것과 말해진 것의 의미는 여전히 주어지는데, 하지만 그것은 모든 의미와 의미의 모든 결핍이 이미 중성화된 상태에서의 어떤 후퇴, 어떤 거리를 통하여 그러하다. 이를테면, 풍요로움 가운데 유지되지도 순수하고 단순한 박탈 상태로 유지되지도 않은 채 이미 의미를 지닌 모든 의미를 초과하는 그러한 유보 상태. 이것은 밝히지도 흐리지도 않는 어떤 말과 같다.

이따금 좋지 못한 글에서는, ─그렇게 확실하지는 않지만, 그러한 글이 있다고 할 때─누군가가 뒤에서 말을 하고, 인물들이나 혹은 인물들이 말해야 할 사건에 대고 속삭이고 있다는 느낌이 든다. 경솔하고 어설픈 간섭. 사람들이 말하기를, 여기서 말하고 있는 자는 작가, 즉 삶에 발을 딛고서 조심성 없이 끼어드는 스스로 만족하는 권위적인 '나'이다. 그렇다, 경솔하다─그리고 이렇게 하여 원은 지워진다. 그러나 누군가가 '뒤에서' 말하고 있다는 느낌이 이야기의 특성과 원의 진실에 고유한 것이라는 것 또한 사실이다. 마치 원이 그 중심을 원 바깥에,

원 뒤에, 무한히 뒤에 두고 있는 것처럼, 그리고 이 **바깥**이 분명히 모든 중심의 부재일 수밖에 없는 바로 그 중심인 것처럼. 그런데, 이 바깥, 이 '뒤'는 우리가 모든 것을 한눈에 포착할 수 있고 (중심 안에서 벌어지는) 사건들을 굽어 내려다 볼 수 있는 높은 지배의 장소가 결코 아니다. 그것은 언어가 그 자체의 결핍으로 인해 그 한계로 받아들이고 있는 거리, 물론 외부이기는 하지만 언어에 거처하면서 얼마간 언어를 구성하는 거리 그 자체는 아닐까? 그리고 언어 가운데 있다는 것이 이미 언제나 언어 바깥에 머무르는 것이 되는, 그리하여 거리를 받아들여 그 거리를 거기에 적합한 의미로 '말한다'는 것이 가능하다면, 이제는 한계에 대해 말할 수 있고 한계에 대한 경험을, 한계로서의 경험을 말에 이르게 할 수 있게 되는 그러한 무한의 거리는 아닐까? 이러한 차원에서 볼 때, 이야기는, '삶의 힘은……'이라는 문장이 그 진실 가운데 드러날 수 있고, 하지만 반대로 모든 문장들, 그리고 가장 순수한 문장들조차 다 같이 언어가 그 한계에서 받아들이는 되는 모호한 자격을 얻게 될 위험이 있는, 그러한 우연한 모험의 공간일 수 있다. 한계, 아마도 중성적인 그러한 한계.

* * *

나는 주목할 만한 수많은 연구 대상이 되었던 '소설에서의 인칭대명사의 활용'에 대해서 다시 언급하고자 하는 것은 아니다.* 좀더 멀리 거슬러 올라갈 필요가 있다고 생각된다. 『문학의 공간』에서 보았듯이, 글쓰

---

* 미셸 뷔토르Michel Butor의 책, 『목록』 II *Répertoires*, II(Minuit) 참조.

기가 '나'에서 '그'로의 이행이라고 한다면, 하지만 나를 대신한 그가 단순히 또 다른 나, 특히나 미적 무관심 ──독자와 관람자가 심심풀이로 비극을 즐기도록 허락하는 순수하지 못한 관조적 향유──을 가리키는 것이 아니라면 글쓰기가 특징지을 수 없는 '그'의 요구에 응답하는 것이 될 때 문제되는 것이 무엇인가를 살펴보는 일이 남아 있다. 서술 형식에서, 우리는 이 형식의 전개가 비록 허구로라도 점차 그것이 드러날 때까지 우회하면서 다루게 되는 확정되지 않는 무엇이, 언제나 못다한 무엇처럼, 말하고 있는 것을 듣게 된다. '그'는 사람들이 이야기할 때 일어나는 그 밝혀지지 않은 사건이다. 먼 옛날의 서사 이야기꾼은, 그가 그 자리에 있었건 없었건, 이루어진 업적을 재연하는 것처럼 이야기한다. 그러나 이야기꾼은 역사가가 아니다. 그의 노래는 실현된 사건이 회상의 현실 속에서 말을 향해 다가오는 연장延長이다. 뮤즈이자 뮤즈의 어머니인 기억은 그 안에 진실을, 다시 말해서 일어나는 것의 현실을 담고 있다. 오르페우스가 실제로 지옥으로 내려가는 것은 노래 속에서이다. 우리가 노래하는 힘을 통해 그가 지옥으로 내려간다고 덧붙이면서 말하고자 하는 것이 이것이다. 하지만 이미 악기이기도 한 이 노래는 이야기하는 관습의 변화를 의미한다. 이야기한다는 것은 신비스러운 일이다. 순식간에, 서사의 관습에 따른 신비스러운 '그'는 분할된다. '그'는 **이야기**histoire의(이 말의 충만하고 마술과도 같은 의미에서의) 비인칭의 일관성이 되고, **이야기**는 조물주의 생각 속에서 미리 만들어진 대로 홀로 지탱되면서, 그 자체로서 존재하기에 더 이상 이야기로 들려줄 필요가 없다. 그러나 **이야기**는 곧 자유로워진다. 돈키호테가 문학에 끌어들이고 있는 자유로운 세계의 경험은 이야기에 실제의 평범함을 대립시키면서 이야기를 흐트러트린다—여기서 사실주의는 상승하는 부르주아의 효과적 장르가 되는 소설 형식을 오랫동안 장악한다. '그'는 그때 업적 없는 일상인, 아무 일도 일어나지 않을 때 일어나는 것이고, 눈에 드러나지 않는 그대로의 세상의 흐름이며, 사라져 버리는 시간, 간결하고 단조로운 삶이다. 동시에 —그리고 가시적으로,— '그'는 인물의 개입을 가리킨다. 소설가는 '나'라고 말하기를 거절하는 자인데, 하지만 이 권한을 다른 사람들에게 양도한다. 소설은 고통스러우면서, 야심 찬, 불행하면서도 언제나 이 불행에 만족하는 대수롭지 않은 '에고'로 가득하다. 개인은 주관적 풍요 속에, 내면적 자유 속에, 자신의 심리 속에서 드러난다. 소설의 이야기는, 그 내용이 추상화된 이른바 개인성의 이야기는 개인이 그 개별성과 한계를 통해 세계를 말하기에 충분하다는 점에서, 다시 말해서 세계의 흐름 역시나 개인의 개별성의 흐름으로 남아 있다는 점에서 이미 하나의 이데올로기로 나타난다.

따라서 우리는 '그'가 다음과 같이 분할되는 것을 보게 된다. 한편으로 이야기할 무엇이 있는데, 관심 있는 시선 아래 즉각적으로 주어지는 **객관적** 실제가 그것이고, 다른 한편으로 이 실제는 복합적이고 개성화된 '그', 외관상 '그'라는 베일 아래에 드러나는 '에고'와 같은 개인의 삶들, 즉 **주관성**으로 이루어진 성좌로 귀착된다. 이야기의 간극 가운데 때로는 허구적이고 때로는 숨김없이 드러난 이야기하는 자의 목소리가 들린다.

누가 이 놀라운 구조물에 굴복하였는가? 거의 모두가 굴복하였다. 여기서 난 지체하지 않겠다.

＊　＊　＊

또 다른 지적을 해둘 필요가 있겠다. 지나친 단순화의 서투름을 인정한다 하더라도, 옳건 그르건 플로베르의 덕분이라 여겨지는 소설의 비인칭과 카프카 소설의 비인칭을 비교해 보자. 비인칭 소설의 비인칭은 미적 거리의 비인칭이다. 소설가는 개입해서는 안 된다는 이 지침은 엄중하다. 작가는 ─ 마담 보바리가 나라고 하더라도 ─ 그와 소설과의 모든 직접적 관계를 폐지한다. 성찰이나 논평, 그리고 여전히 스탕달이나 발자크에게 찬란히 허락되었던 교훈조의 개입 등은 크나큰 죄악이 된다. 왜? 웬만큼 혼동되면서도 서로 다른 두 가지 이유 때문에 그러하다. 먼저, 이야기되는 것은 우리가 거기에 보이는 관심이 거리를 둔 관심이라는 의미에서 미적 가치를 갖는다. 무관심 ─ 칸트, 심지어 아리스토텔레스 이래의 미적 취미의 본질적 범주 ─ 은 미적 활동이, 어떤 적정의 관심을 불러일으키려면, 어떠한 관심에 기초하여서도 안 된다는 것을 의미한다. 이해관계가 없는 관심. 또한 작가는 독자나 관객 역시 거리를 두고 머물 수 있도록 당당하게 자신의 거리를 취하고 유지하여야 한다. 고전 연극의 상연이 그 모범으로 남아 있다. 이야기하는 사람은 단지 막을 올리기 위해서만 거기 존재한다. 사실상 극은 먼 옛날부터 그 없이도 진행되고 있다. 그는 이야기하지 않고, 보여 주고, 독자는 출석하여, 참여하지 않은 채 참여하여 보고 있다. 또 다른 이유는 거의 동일하면서도 전혀 다르다. 소설은 하나의 예술작품이고 예술작품은 세상을 벗어난 세계 속에 비실제적으로 홀로 존재하여야 하기 때문에, 작가가 개입하여서는 안 되고, 지주支柱를 폐기하고 닻줄을 끊어 작품을, 이미지와도 같은 대상의 지위 가운데 유지하기 위해서(그런데 여기서 말라르메가, 말하자면 전혀 다른 또 하나의 요구가 이미 예고되고 있다), 자유롭게 풀어 주어야 한다.

잠시 토마스 만을 되돌아보도록 하자. 그의 경우는 비개입의 원칙을 준수하지 않는다는 점에서 흥미롭다. 그는 계속해서 자신이 이야기하는 것과 뒤섞이고 있는데, 이따금 타인들을 통해서, 하지만 그것도 가장 직접적으로 방식으로 그러하다. 이러한 불규칙한 개입은 어떻게 일어나는가? 그것은 어떤 인물에 대해 태도를 취하는 도덕적 질서에 관련된 것도 아니고, 자신의 의사에 따라 인물들을 다루면서 바깥에서 사건을 해명하는 것도 아니다. 그것은 이야기의 가능성 자체에 의문을 제기하면서 이야기하는 자가 관여하는 것을 말한다——결과적으로 본질적으로 비판이긴 하지만, 유희와도 같이 악의적인 반어법으로 행해지는 관여이다. 긴장되고 까다로운 플로베르식 비인칭은 서술의 타당성을 여전히 인정하고 있다. 이야기한다는 것, 그것은,——이미 사람들이 가질 수 있었던 많은 의혹에도 불구하고——서술이 갖는 한계와 방식에 대해 의문을 제기하지 않고서, 보여 주는 것이고, 존재하도록 버려두는 것 혹은 존재하게 하는 것이다. 토마스 만은 순박함이 상실되었다는 것을 잘 알고 있다. 따라서 그는 그 순박함을 회복시키려고 노력한다. 환영을 침묵 속에 남겨 두는 것이 아니라, 오히려 환영을 야기하고, 그 환영을 가시화하면서 마치 독자와 유희를 벌여 독자를 유희 속으로 끌어들이는 것처럼 환영과 유희를 벌이고 있다. 서술의 축제에 대해 탁월한 감각을 지니고 있는 토마스 만은 암시적인 솔직함을, 솔직함의 부재를 통한 솔직함을 우리에게 되돌려 주면서 이렇게 축제를 서술적 환영의 축제로 회복시켜 놓고 있다. 따라서 그에게 있어서 미적 거리가 비판되고 있다면, 그것은 또한 그 자체가 주제이기도 한 서술적 인식을 통해 예고되고 확인되기도 한다. 거기에 반해 보다 전통적 비인칭 소설에서 미적 거리는 유보되면서 사라져 버렸다. 이야기한다는 것은 자명한 일이었다.

    이야기한다는 것은 자명한 일이 아니다. 우리가 알고 있듯이 서술 행위는 일반적으로 이러저러한 인물이 책임을 맡고 있는데, 이것은 이 인물이 직접적으로 이야기하면서 이미 경험한 혹은 현재 살고 있는 역사를 이야기하는 사람이 되기 때문이 아니라, 그가 이야기의 관점이 형성되는 중심을 이루기 때문이다. 모든 것은 이 관점에서 보여진다. 여기에 특권적인 '나'가 존재하는데, 그는 비록 삼인칭으로 언급되는 인물이라 하더라도, 자신의 앎의 가능성과 자신의 위치의 한계를 넘어서지 않으려고 매우 주의를 기울이는 나이다. 이것이 헨리 제임스의 작품 『대사들』을 지배하고, 서술의 진정성을 자유로운 주체의 존재에 의뢰하는 주관주의자들의 그 공식을 지배한다. 어떤 방침에 만족하겠다는 결심을 보여 준다는 의미에서 정당한 공식이다(고집과 강박마저 글을 쓸 때 필요해지는 하나의 규율이 된다——형식은 완강한 만큼, 바로 그의 위험이다). 정당한, 하지만 결정적이지는 않다. 왜냐하면 한편으로, 이 공식은 서술 행위와 의식의 투명성 사이에 있을 수 있는 등가관계를 (이야기하는 것, 그것은 오직 의식하고, 기획하고, 드러내고, 드러내면서 숨기는 것인 양) 잘못 주장하고 있고, 다른 한편으로, 부차적인 의미에서만 말하는 의식이 될 수 있는, 이른바 개별적 의식의 우위를 고집하고 있기 때문이다.

* * *

그 사이에 카프카는 글을 썼다. 카프카는 플로베르를 찬미하고 있다. 그가 쓴 소설들의 간결한 특징은 건성으로 읽는 독자들로 하여금 플로베르의 계열에 포함시키게도 한다. 하지만, 전혀 다르다. 그 차이들 중의 하나는 우리의 관심사인 화자의 문제에 있어서 본질적인 것이다. 거리 —(그것을 유지하기 위해 싸워야 한다는 사실에서 플로베르에게 매우 명백한) 창조적 무관심, — 작품을 대하는 작가와 독자의 거리, 관조적 향수를 허락하는 이 거리는 이제 어떻게 할 수 없는 낯섦의 형태를 띠고서 작품 그 자체의 영역으로 들어선다. 토마스 만(혹은 지드)에게서 비판을 통해 부활되면서, 더 이상 검토의 대상이 되지 않는 거리는 그 자체가 소설 세계이고, 독특한 단순성 속에서의 서술의 체험, 즉 이야기하는 체험이 아니라 이야기할 때 문제되는 체험이 펼쳐지는 공간이다. 그것은, 마치 인물이 자신이 겪는 사건들에 대해 혹은 그가 만나는 사람들에 대해 거리를 두고 있는 것처럼 언제나 자신에 대해 거리를 두고 있는, 그러한 중심인물에 의해 그 자체로서 체험되는 거리일 뿐만 아니라 (이 또한 여전히 개별적 자아의 나타남뿐일 수밖에 없을 수도 있다), 인물을 중심으로부터 멀리하여 인물 자신이 자신으로부터 거리를 두게 하는 거리이다. 그 거리는 계속해서 측정할 수도 구별할 수도 없는 방식으로 작품의 중심을 어긋나게 하고, 동시에 그 거리는 가장 엄격한 서술 내부에 변질된 다른 말을 혹은 말로서의 (글쓰기로서의) 변질된 타자를 받아들이기 때문이다.

　이러한 변화의 결과들이 이따금 잘못 이해되기도 한다. 그중 하나는 금방 눈에 드러나는 만큼 주목할 필요가 있다. 그때까지, 진행 중인 이야기를 멀리서 자신과 동일시하였던 독자는 낯선 먼 것이 이야기의 실체로서 문제되면서부터 더 이상 거기에 무관심할 수가, 다시 말해서 그것을 무관심 상태에서 즐길 수가 없다. 그러면 무슨 일이 일어나는가? 독자는 어떤 새로운 요구 앞에 서게 되는가? 이것이 그에게 관련된다는 것은 아니다. 오히려 이것은 그 무엇에 있어서도 그에게 관련되지 않으며, 아마도 그 누구에게도 관련되지 않는다. 이것은 얼마간 **무관한 것**인데, 하지만 여기에 관련하여 역으로 그는 더 이상 편안히 거리를 취하고 있을 수는 없다. 다시 말하여, 그는 위치를 정할 수 없는 것으로도 주어지지 않는 것과 관련하여 적절하게 자신의 위치를 설정할 수가 없다. 따라서 내부에 모든 간극을 되풀이하듯 지니고 있는 그러한 절대적 거리로부터 독자가 어떻게 벗어날 수 있겠는가? 의지할 곳도 없이, 독서의 관심도 빼앗긴, 독자는 멀리서 일어나는 일들을 바라보고, 그 일들과 자신 사이에 시선의 거리이기도 한 그 거리를 유지하는 것조차 허락되지 않는다. 저 먼 것은, 나타나지 않는 그 나타남 가운데, 가까운 것으로도 먼 것으로도 주어지는 것이 아니며, 시선의 대상이 될 수도 없다. 이제, 더 이상 시각은 문제되지 않는다. 서술은 중개자를 통하여, 이를테면 선택된 연기자-관람자의 시각에서 볼 수 있는 것을 제공하기를 멈춘다. 신중한 의식의 ——(주위 모두를 살피면서 자신의 시선으로 유지되는 '나'의) 신중한 서술의 ——지배는, 물론 그 의식 활동이 멈추는 것은 아니지만, 기묘하게 교란된다.

카프카가 우리에게 가르치고 있는 것은 ——비록 이러한 공식이 직접적으로 그의 덕분이라고 할 수는 없지만 ——이야기한다는 것은 중성적인 것을 문제 삼게 된다는 것이다. 중성적인 것이 지배하는 서술은 한 명의 삼인칭이 아니고 단순한 비인칭의 거처도 아닌 삼인칭인 '그'의 감독하에 이루어진다. 중성적인 것이 말하는 서술의 '그'는, 공공연한 혹은 은밀한 '나'이거나 아니면 비인칭의 의미 속에 일어나는 사건과 같은, 일반적으로 주어가 갖는 자리를 차지하는 데 만족하지 않는다.* 이야기하는 '그'는 모든 타동의 행위나 모든 객관적 가능성을 포기하듯이 모든 주체의 권한을 내려놓는다. 다음과 같은 두 가지 양상으로 나타난다. ①이야기 속의 말은 이야기되는 것이 누구에 의해서도 이야기되는 것이 아님을 항상 우리가 감지하도록 한다. 즉, 그 말은 중성으로 말한다. ②이야기의 중성적 공간 속에서 말을 건네는 사람, 즉 행위의 주체 ― 지금까지 인물들의 역할을 하였던 자들 ― 는 스스로를 확인할 수 없는 자신들과의 관계 속으로 빠져든다. 무언가가 그들에게 일어나는데, 그것을 그들은 '나'라고 말할 수 있는 권한을 포기하여야만 되찾을 수 있고, 그리고 그들에게 일어나는 것은 언제나 이미 일어난 것이다. 그들은 그것을, 그들을 마치 서술하는 말의 현재인 기억 없는 현재 속으로 이끄는 망각처럼, 그들 자신에 대한 망각처럼, 간접적으로 이해할 수밖에 없다.

　물론 이것은 이야기가 반드시 망각된 사건 혹은 망각으로서의 사

---

* '그'는 단순히 전통적으로 주어가 차지하던 자리를 차지하는 것이 아니라, 그 소재지가 유일한 혹은 결정된 이른바 고정된 장소로서의 자리의 의미를 유동적으로 세분화하면서 변경시키고 있다. 여기서 (혼동스러우나마) 다시 말해 두어야겠다. '그'는 여러 모습으로 비어 있고 유동적인 동시적 복합성 ― 반복 ― 가운데 결핍의 방식으로 흩어지면서 자신의 자리를 언제나 그곳에 결석하게 되면서 텅 비어 있는 자리인 양, 하지만 잉여의 자리인 양, 언제나 과잉의 자리인 양 가리키고 있다.

건을 이야기한다는 것을 의미하는 것은 아니다. 이러한 망각으로서의 사건에 관련되면서 자신들로부터 분리된 ─또한 사람들이 말하기를, 소외된─실존하는 사람들이나 사회는 스스로를 되찾기 위해 잠 속에서 움직이고 있다. 하지만 이야기는 그 내용으로부터 독립된 망각이라는 이야기이다. 따라서 이야기하는 것이란 모든 기억에 앞서서 그 기억을 기초하고 허무는 그러한 근본적 망각을 체험하는 것이다. 이러한 의미에서 이야기하는 것이란 언어의 시련, 즉 언어의 무한성에 대한 끝없는 탐구이다. 그리하여 이야기는 글쓰기가 떠맡고, 글쓰기를 떠돌게 하는 최초의 우회에 대한 암시가 아니고서는 그 무엇이 될 수도 없다. 그리하여 글을 쓰면서 우리는 일종의 영원한 우회의 길로 접어든다.

글을 쓴다는 것, 이 삶에로의 관계, 관련되지 않은 것이 분명해지게 되는 우회의 관계.

부재하기도 현전하기도, 긍정되기도 달아나기도 하는 그는, ─직선의, 연속적인, 이해 가능한─글쓰기의 관례를 변질시키기도 그렇지 않기도 한, 이야기하는 '그'는 이처럼 어떻게 할 수 없는 낯섦 속으로의, 뒤틀린 얼크러짐 속으로의 ─중성적인 것으로 들려오는─ 타자의 개입을 가리킨다. 타자는 말한다. 하지만 타자가 말할 때, 아무도 말하지 않는다. 왜냐하면, 마치 타자가 어떤 실체로서의 더구나 유일하기도 한 존재를 지니고 있는 것처럼, 존엄한 명사 가운데 그를 확정시키기도 하는 대문자로 숭상하지 않도록 경계해야 할 그러한 타자는 정확히 말해서 결코 오직 타자일 수만은 없다. 그는 차라리 어느 누구도 다른 누구도 아니다. 그리하여 그를 가리키는 중성적인 것은 그를 마치 통일된 무엇과도 같은 어느 누구 다른 누구 그 둘로부터 벗어나게 하여, 자신을 자처하는 술어나 행위 혹은 주체를 벗어난 그곳에 거처하게 한다. 여기서 (이야기하는 사람의 목소리가 아닌) 서술의 목소리는 자신의 목소리를 잃어버린다. 작품 가운데 자리를 얻지 못한 목소리, 그렇다고 지고한 초월자의 보증하에 하늘에서 떨어지기는커녕 작품을 넘어서지도 못하는 목소리. '그'는 야스퍼스의 포괄자가 아니라,──마르그리트 뒤라스가 그녀의 한 이야기 속에서 "그 중심에 모든 다른 말들이 매몰되어야 했던 그러한 구멍이 뚫린, 구멍으로서의 말"이라 언급하고 있는 부재로서의 이 말은──차라리 작품 속의 어떤 공백과도 같다. 그리고 그 글이 덧붙이기를, "우리는 그것이 말하게 할 수 없었고, 울리게는 할 수 있었다──거대하고 무한한 텅 빈 징처럼……"* 이것이 서술의 목소리, 작품이 침묵하는 이 장소 없는 장소로부터 작품을 말하는 중성적인 것의 목소리이다.

* * *

서술의 목소리는 중성적인 것의 목소리이다. 우선 이 목소리의 성격을 규정짓는 특징들을 서둘러 살펴보도록 하자. 한편으로, 이 목소리는 아무 말도 하지 않는다. 말해야 하는 것에 아무것도 덧붙이지 않기 때문만이 아니라(이 목소리는 아무것도 알지 못한다), 말이 지금 시작된 곳에서 이 아무것도 아닌 것을──말하지 않고 침묵하는 것을──암시하고 있기 때문이다. 이처럼 우선은 이 목소리가 들리지 않고, 목소리에 명확한 현실을 부여하는 모든 것이 이 목소리를 저버리기 시작한다. 다른 한편,

---

*『롤 V. 슈타인의 황홀』*Le Ravissement de Lol V. Stein*(Gallimard).

고유한 실존 없이, 어디서도 말하지 않으면서, 이야기 전체를 통해 불확실한 상태로 남아 있는 목소리는 그렇다고 보이지 않으면서 보이게 하는 빛과 같이 사라져 버리지도 않는다. 이것은 철저하게 외부적인 것으로, 외부 그 자체로부터 다가오는데, 이 바깥이 글쓰기에 있어서 언어의 고유한 수수께끼이다. 또 다른 특징들을, 하지만 역시 동일한 특징들을 좀더 살펴보자. 거리 없는 거리를 두고 오직 바깥에 존재하는 어떤 안이기도 한 서술의 목소리는 구체화될 수 없다. 물론 적절하게 선택한 한 인물의 목소리를 빌리거나 매개자의 절충 기능을 만들어 낼 수도 있는 이 목소리는(이 목소리는 모든 매개를 무산시키는 기능을 한다) 그것을 발음하는 것과 언제나 차이가 나는데, 그것은 개인적 목소리를 변질시키는 차이 없는-차이이다. 이 목소리를 (환상을 통해) 유령과도 같은 환영적 목소리라 부르도록 하자. 그것은 목소리가 무덤으로부터 다가오거나, 단연코 어떤 본질적 부재를 상기시키기 때문이 아니라, 언제나 그 목소리를 지니고 있는 자에게서 자리를 비우려 하고 또한 중심으로서의 그를 지우려 하기 때문이다. 그리하여 목소리는 다음과 같은 결정적 의미에서 중성적이 된다. 즉, 목소리는 중심이 될 수 없고, 중심을 만들지 않으며, 중심에서 시작하여 말하지 않는다. 오히려 작품으로부터 무초점의 근원을 포함한 관심의 모든 특권적 근원을 몰수하고, 또한 작품이 한 번에 영원히 끝난 완성된 전체로서 남도록 허락하지 않으면서, 궁극적으로 작품이 중심을 갖지 못하도록 한다.

말 없는, 이 목소리는 언어를 비스듬히 간접적으로 이끈다. 그리하여 유혹 아래, 이 비스듬한 말의 유혹 아래 중성적인 것이 말하게 남겨 둔다. 이것은 무엇을 가리키는가? 서술의 목소리는 중성을 띤다. 다음과 같은 사실에서 그러하다. ①중성적인 것을 통해 말을 건다는 것, 그것은 거리를 두고 말하는 것이다. **매개**도 **공통항**도 없이 이 거리를 남겨두고서, 거리의 무한한 간극을 그것의 비상관성을 불명확성을 혹은 불균형을 체험하면서까지. 왜냐하면 두 상관항의 어느 쪽에도 특권을 허락하지 않는 불균형이 지배하는 가장 먼 거리는 바로 중성적인 것이다 (중성적인 것을 중성화시킬 수는 없다). ②중성의 말은 드러내지도 숨기지도 않는다. 이것은 이러한 말이 (의미를 무의미하다 하여 포기한다고 주장하면서) 아무것도 의미하지 않는다는 뜻이 아니라, 보인다 보이지 않는다는 식으로 의미하지 않는다는 것을 뜻한다. 그런데 이 말은 밝힘(혹은 흐림)과 이해(혹은 오해)의 힘과는 무관한 또 다른 힘을 언어에 제공한다. 이 말은 시각의 양태로 의미하지 않으며, 따라서 그 자체가 유서 깊은 그만큼 고질적인 은유의 가치만을 갖는다는 사실을 잊게 할 만큼이나 아마도 모든 앎과 소통의 궁극의 기준이 되고 있는 이른바 빛과 그림자의 기준 바깥에 남아 있다. ③중성적인 것의 요구는 암묵적이거나 명시적이거나 존재에 대한 귀속 관계인 언어의 속사屬辭 구조를 유예시키려 하는데, 이 관계는 무엇을 말할 때 우리의 언어 습관상 즉각적으로 제기되는 문제이다. 사람들은——철학자, 언어학자, 정치평론가는——이미 선행하여 제기된 그 어떤 것도 부인할 수 없다고 종종 지적하였다. 바꾸어 말해서, 모든 언어는 발언하면서 시작되고, 그리고 발언하면서 확정한다. 그러나 이야기한다는 것(글을 쓴다는 것)은 존재를 말하지도 그것을 부인하지도 않으면서 말할 수 있는 말의 가능성으로 언어를 이끌어 가는 것일 수 있다. 나아가, 좀더 분명히, 아주 분명히 말해서, 말의 무게중심을 다른 곳에 두는 것일 수 있다. 여기서, 말한다는 것은 존재를 확인하는 일이 아닐 수도 있고, 통상적으로 모든 형태의 표현에서 이루어지는 존재의 작업을 유예시키기 위하여 부정을 필요로 하는 것이 아닐 수도 있다. 이러한 관계를 통해, 서술의 목소리는 이해를 떠나 들을 수 있는 가장 비판적인 목소리가 된다. 여기서 우리는 이 목소리를 들으면서 그것을 불행의 비스듬한 목소리 혹은 광기의 비스듬한 목소리와 혼동하기도 한다.*

---

* 방금 언급한 이야기, 마르그리트 뒤라스의 이야기에서 내가 어쩌면 경솔하게 어쩌면 당연하게 듣고 있는 것이 바로 이 목소리——서술의 목소리——이다. 영원히 새벽을 모르는 밤——기억할 수도 잊을 수도 없는, 하지만 망각이 억류하고 있는 말로 다할 수 없는 사건이 벌어진 무도회장——보이는 것도 보이지 않는 것도 아닌 것을 보기 위하여 돌아서려는, 말하자면 한순간 시선을 통하여 거기 드러내고 숨기는 작용이 그 교정의 힘을 상실한 낯섦에 아주 가까이 다가서려는 밤의 욕망——그리고 타자를 통하여 타자, 제삼자 속에서 어떠한 중재도 불가능한 이중의 매혹적이고 무관심의 관계를, 욕망의 무한한 공허를 전제하기도 하는 그 중성의 관계를 다시금 살게 하여야 한다는 요구(인간의 영원한 서원誓願)——마침내 한 번 일어난 것은 계속해서 다시 시작하고 계속해서 드러나고 사라질 것이라는 절박한 확실성, 이러한 것들이 바로 서술 공간의 '내막'이고, 우리가 들어가면서 끊임없이 바깥으로 들어가게 되는 원圓일 것이다. 그런데 여기서 누가 이야기하는가? 공식적으로——게다가 얼마간 부끄러워하며——발언권을 갖는 사람, 그리고 사실은 우리에겐 침입자로 보이기까지 하는 말을 횡령하는 사람, 즉 보고자가 아니라, 말이 스스로 담고 있기 때문에 말하지 못하는 바로 그 말이 이야기한다——그것이 말의 지혜, 말의 광기——다가가면서 전적으로 외부인 말의 매혹에, 기괴함일 따름인 기괴함에 빠질 위험이 있는 그 바깥의 모습을 (이성-비이성의 구분 이전의 알 수 없는 앎을 통해) 알고 있는 불가능한 서술의 고통이다.

9장
|
나무 다리
반복, 중성적인 것

모든 이야기란 이미, 중성의 인용 형태를 취하고 있는, 기이한 장소라 할 때, 우리는 왜 『돈키호테』가 우리의 시대가 될 고통의 시대를 그토록 생생하게 열어 주고 있는가를 이해할 수 있다. 그것은 그가 일종의 기괴한 소설의 시작을 알리고 있기 때문이 아니라, 오직 이야기한다는 그 움직임에 대한 진술한 믿음 속에서 '기이함'에 전념하고, 아울러 거기서 출발하여 비록 짧은 시간이지만 우리가* 문학이라 부르는 것을 시련의 대상으로 삼고 (고발하고) 있기 때문이다. 기사의 광기는 과연 무엇인가? 그것은 우리의 광기, 모두의 광기이다. 그는 많은 것을 읽었고, 그리고 읽은 것을 믿고 있다. 그는 바로 일관된 정신으로, 자신의 확신에 따

---

* "그토록 생생하게." 돈키호테에게 바친, 그리고 뒷부분은 카프카의 『성』에 바친 저술에서, 마르트 로베르는 이 두 권의 책을 통해 문학에 관한 반성을 계속하는 가운데 문학의 황금시대가 종말에 이르렀거나 끝나가기 시작함을 알리는 세르반테스의 파괴의 기도를 보여 주었다. 다음의 풍부한 저술 참조. 『옛것과 새것: 돈키호테에서 프란츠 카프카까지』 *L'Ancien et le nouveau: de Don Quichotte à Kafka* (Grasset). 나는 여기서 이 저술의 움직임을 '그대로 따르고' 있다.

라, 자신의 서재를 버리고서, 세계가 문학의 매혹과 일치하는가를 알기 위해 책이 일러 준 방식대로 엄격하게 살아 보리라 결심한다. 우리는, 따라서 그리고 처음으로, 의도적으로 모방을 자처한 창작품을 가지게 된다. 이 작품의 중심을 이루는 주인공은 그의 동료들처럼 업적을 세울 수 있는 행동하는 인물로 자신을 드러내려고 하여도 소용이 없다. 그 자신이 복제의 인물일 수밖에 없는 것처럼, 그가 행동하는 것은 언제나 이미 반성에 속하는 것이다. 반면에 그의 업적이 이야기되고 있는 글은 한 권의 책이 아니라, 또 다른 책들에 대한 하나의 참조이다.

이렇게 볼 때, 돈키호테에게 광기가 있다면 세르반테스에게는 더 큰 광기가 있다. 돈키호테는 합리적이지는 않지만, 책의 진실이 삶에도 역시 유효하다고 생각하고 책처럼 삶을 살아 보리라 할 때의 그는 논리적이다. 경이롭고도 기만적인 모험. 왜냐하면 책의 진실은 기만적이기 때문이다. 세르반테스에게 있어서 사정은 다르다. 왜냐하면 그에게 있어서 돈키호테가 책 속의 삶을 실천하기 위하여 내려가려고 애쓰는 곳은 거리가 아니다. 서재를 떠나지 않은 채, 삶도 없고 움직임도 죽음도 없는 글쓰기 외에는 살면서 분주해 하면서 죽어가면서 아무 일도 하지 않으면서, 그가 진력하고 있는 곳은 여전히 책 속이다. 그는 무엇을 입증하고 또 자신에게 입증하려고 하는가? 그는 자신을 자기 책의 주인공으로, 이를테면 나름대로 자신을 인간이 아니라 하나의 책으로 여기는 주인공, 읽혀지는 게 아니라 살아진다고 주장하는 바로 그러한 주인공으로 여기고 있는가? 놀라운 광기, 우스꽝스러운 도착적 비이성, 이것은 모든 문화가 감추고 있는 진실, 하지만 또한 그 문화의 숨겨진 진실이기도 하다. 그것 없이 문화란 이루어지지 못할 수도 있으며, 그리고 그 위에 문화는 장중하고 또 공허하게 이룩된다.

다른 측면을 통해 문제를 좀더 단순하게 생각해 보자. 우리는 한 권의 책을 읽고서 주석을 붙인다. 주석을 붙이면서 우리는 그 책 자체가 그 책이 참조하고 있는 다른 책들을 책이 되게 하는 하나의 주석에 불과하다는 사실을 알게 된다. 우리는 주석을 쓰면서 그 주석을 저작의 수준으로 이끌어 올린다. 출판되고 대중화된 이것은 그것대로 또다시 주석을 낳는 주석을 낳고…… 다시 한 번 알아 두자. 이 상황은 우리에게 너무나 당연한 것이어서 이러한 어투로 공식화하기에는 요령부득인 것 같다. 마치 악취미로 가족의 비밀을 털어놓는 것처럼. 그렇더라도, 정직하지 못한 것은 고백하도록 하자. 하지만 나는 이러한 상황이 우리를 이끄는 질문, 즉 이중의 질문 혹은 다음과 같이 두 번에 걸쳐 제기될 수 있는 질문을 마르트 로베르 저술의 가장 커다란 장점 중의 하나로 생각하고 있다. 먼저, 주석의 말에는 무슨 일이 일어나는가? 어떻게 해서 우리는 말에 대해서 말할 수 있는가? 더구나 어떻게 해서 모욕되게도 말을 말이 없는 것으로 간주할 수 있는가, 다시 말해서 작품을, 우리가 높이 사는 훌륭한 걸작을 스스로에 대해서는 말할 능력이 없는 것으로 간주할 수 있는가? 그리고 그 자체에 대한 주석이 되기도 하는 이 창작품들에는 어떤 일이 일어나는가? 이 작품들은 문학의 빈곤화 과정을 보여 주고, 시기를 넘겨 메마르고 쇠퇴해 가는 문명의 도래를 보여 주며, 지겹게도 '순진한 것'을 되풀이해서 읊조리는 '감상적인 태도'를 보여 주는가, 아니면 이 작품들은 문학적 수수께끼로부터 멀어진 것이 아니라 더 가까워지고, 반성된 것이 아니라 생각의 움직임에 보다 내면화되면서, 문학의 단순 반복이 아니라, 문학과 삶의 가상의 통일에 선행하면서 그 통일을 문제 삼는 보다 근원적 반복으로서 실현되고 있는가?

* * *

주석의 말. 이 말이 허용하는 혼란스러우면서도 아주 다양한 의미의 모든 비평이 여기에 해당하는 것은 아니다. 문제가 되는 것은 실제로 모든 비평을 포괄한다는 요청에서 작품을 반복하는 것이다. 하지만 작품을 반복한다는 것 그것은 작품에서 작품을 유일한 작품으로 기초하는 반복을 포착하는 ― 듣는 ― 일이다. 그런데 이러한 반복은 ― 이중의 상태로 존재하는 근원적 가능성은 ― 내부 혹은 외부 모델의 모방으로 축소될 수 없다. 모델이 어느 다른 작가의 책이라 하더라도, 이를테면 삶, 세계에서의 삶, 작가의 삶이라 하더라도, 혹은 작가의 정신 속에서 축약된 모델로서 이미 다 쓰여진 작품이어서 작가는 그것을 바깥으로 확대하여 옮기거나 아니면 보잘것없는 자신이 신의 자격으로 구술하는 것을 되풀이하는 것으로 만족하게 되는 일종의 구상으로서의 모델이라 하더라도 말이다. 반복은 또 다른 종류의 이중성을 가정하고 있다. 즉, 작품은 작품이 말하는 것 그것을 다른 무엇을 말 못하게 하면서 말한다(하지만 비밀을 가장해서가 아니다. 작품과 작가는 언제나 알고 있는 모든 것을 말하여야 한다. 여기서 문학은 작품 외적인 어떠한 신비주의도 허락하지 않는다. 문학 유일의 비밀스런 교리는 바로 문학이다). 무엇보다 문학은 문학이 말하는 것을 스스로 말하지 않으면서 말한다. 문학에는 문학을 구성하는 문학의 공백이 있다. 이 결핍으로부터, 표현에 가려져 드러나지 않는 이 거리로부터 작품은 시작되므로, 작품은 일단 말을 하게 되면 확실하게 말을 하고 다시 말을 할 수 없기 때문에 어쩔 수 없이 끝없는 주석의 말을 요구하면서 스스로를 다시 말하려고 한다. 여기 주석의 말 가운데 분석이라는 멋들어진 냉정함을 통해 작품 자체로부터 분리된 작품은 (분석은 실제로 작품을 임의로 분리시키는 것이 아니라, 이미 작품 속에서 움직이고 있는 분리에, 즉 작품 속의 아주 미세한 심장의 박동과도 같은 일치 아닌 일치에 근거하고 있다) 작품의 고유한 침묵이 끝나기를 기다린다.

 기다림은 실망할 수밖에 없다. 주석을 통한 책의 반복은 작품을 말하게 하는 결핍 가운데 모습을 드러낸 새로운 말, 즉 새로우면서도 사실은 동일한 그 말이 책을 채우고 충족시키고자 하는 바로 그 움직임을 말한다. 중요한 말. 우리는 마침내 어디에 이르는가를 알게 되고, 거대한 성 뒤에 무엇이 존재하는가를, 그리고 『나사의 회전』이 젊은 여성의 열에 들뜬 생각에서 태어난 환상에 불과한 것이 아닌가를 알게 된다. 계시적인 참칭僭稱의 말. 왜냐하면 ─너무도 분명하게─ 주석이 모든 틈새를 봉쇄한다면, 전지전능한 이 말을 통해 주석은 작품을 완성시키는데, 하지만 울림의 공간을 허락하지 않으면서 작품의 말문을 막아 버리고, 그리하여 결과적으로 주석은 주석대로 침묵에 빠져든다. 아니면 주석은 작품의 근신勤愼에 해당하는 작품 속의 거리에서 출발하여 작품을 반복하는 데 만족한다. 여기서 주석은 작품을 거스르는 게 아니라 오히려 작품을 공백으로 남겨 둔다. 이를테면 아주 멀리서 작품을 한정하면서 작품을 가리키거나, 여전히 불확실한 질문을 통해 작품을 그 불확실함 가운데 드러내면서. 왜냐하면 질문은 불확실함을 담고 있는데, 질문은 불확실함에 대한 질문이고 불확실함 속으로 사라지는 것으로 끝나기 때문이다. 그렇다면 주석은 무슨 소용이 있는가?

그래, 무슨 소용. 하지만 이 무슨 소용이란 말 또한 쓸데없다. 우리가 그것을 헛된 것이라 혹은 해로운 것이라 하더라도, 반복의 필요는 결코 피해 갈 수 없다. 왜냐하면 반복의 필요성은 괜스레 저술에 보태어지는 것이 아니고 사회적 전달의 관습에 의해서만 강요되는 것도 아니기 때문이다. 가령 서사시 시대에 주석자들이 아직 영향력을 발휘하지 못하였을 때, 작품의 되풀이는 작품 내부에서 이루어지고, 그리고 우리는──에피소드에서 에피소드로 이어지는 끝없는 반복, 그 자리에서 이루어지는 전개, 같은 것의 끝없는 증폭과 같은──음유시의 구성 방식을 알고 있는데, 이러한 구성 방식을 통해 시인은 기계적 반복과 부동의 복습을 일삼는 것이 아니라, 반복을 진척시키면서 반복을 통해 공백을 채우거나 혹은 새로운 반전 속에서 공백을 확대시키고, 균열을 만들고 메우고, 그리고 마침내 시를 충족시켜 허공에 사라지게도 한다. 이 또한 다른 것 못지않게 위험스러운 반복의 방식이다. 비평가는 일종의 음유 시인이다. 여기에 주목해 보자. 그는 작품이 완성되자마자 그대로 두면 작품을 끝없이 손상시킬 위험이 있는 작품이 원래부터 담고 있는 반복의 힘으로부터 작품을 자유롭게 해주기를 사람들이 그에게 일임하는 음유 시인이다. 혹은 작품이 원래의 순결한 상태로 문화 자료실에 보관된──더구나 미지의, 아마도 존재하지 않는──유일한 진본으로 남을 수 있도록 작품에 관한 온갖 허구의 진술로 가득한 문학의 공간의 변경으로 사람들이 내보낸 희생양이다. 여기서 유일한 작품이란 작품에 무언가가 결핍되어 있어야 비로소 완성되는 작품을 말한다. 작품 자체와의 무한의 관계로서의 결핍, 결핍의 방식에 따른 충만.

그런데 책 자체가 스스로의 주석이 되면서 그 자체뿐만 아니라 다른 책들을 혹은 나아가 모든 책들이 유래하는 저 끊이지 않는 익명의 절실한 움직임을 되돌아보게 하는 근대의 저작들은 어떠한가? (서사시일 뿐만 아니라 모든 서사의 반복인, 따라서 여전히 그 자체의 반복이기도 한—그래서 착란인 『돈키호테』처럼) 내부의 주석을 담고 있는 작품들은 이야기하는 가운데 암시적으로 그 자체를 이야기하고 있다는 점에서 다른 모든 주석 행위를 어렵게 하거나 불가능하게 혹은 헛되게 할 위험은 (이것이 위험이라면, 차라리 행운은) 없는가? 그렇다, 그러한 작품들의 확산은 비평의 종말을 가져오지 않는가? 대답은 분명하다. 오히려 정반대이다. 작품이 그 자체에 주석을 붙이면 붙일수록, 작품은 더 많은 주석을 부른다. 작품이 그 중심과 '서로를 비추는' (되풀이하는) 관계를 유지할 때, 이 이중성 때문에 작품은 점점 더 수수께끼 같게 된다. 『돈키호테』의 경우가 그러하다. 『성』의 경우는 한층 더 분명히 그러하다. 여기서 누가 다음과 같은 것들을 덧붙인 사실을 기억하지 못하고, 죄책감을 느끼지 않는단 말인가? 이를테면 신학적으로 철학적으로 사회학적으로 정치적으로 행해진 수많은 설명과 과도한 해석 열정적 주석들이 있고, 우의적이고 상징적이고 구조적이고 게다가—모든 것이 가능한 듯—문학적인 온갖 형태의 분석들이 있다. 그리고 그 각각이 그것을 만든 자에게만 쓸모가 있고 문 하나를 열기 위해 다른 모든 문들을 잠그게 되는 수많은 열쇠가 있다. 이러한 착각은 어디서 비롯하는가? 독서는 왜 읽고 있는 책에 만족하지 못하는 것일까? 그것대로 또 다른 글을 불러오는 다른 글을 거기에 끊임없이 대체하면서 말이다.

마르트 로베르가 지적하고 있듯이, 미겔 데 세르반테스의 책처럼 프란츠 카프카의 책이 그러하다. 그 책은 직접적인 하나의 이야기로 이루어지고 있지 않다. 그것의 시대, 기원, 의미, 스타일은 제각기 다르다 하더라도 이 책 역시 한 자리를 얻고자 하는 문학의 영역을 이미 차지하고 있는 동일한 유형의 모든 이야기들과의 대조를 통해서 이루어진다. 바꾸어 말해서 측량사는 아직 손이 닿지 않은 상상의 토지를 측량하는 것이 아니라 거대한 문학의 공간을 측량한다. 그는 이 공간에 앞서 등장한 모든 주인공들을 모방하기를 ― 따라서 깊이 생각하기를 ― 마다하지 않는다. 따라서 『성』은 고독한 작가의 유일한 작품에 그치는 것이 아니라, 아주 오랜 모험담의 모든 판본들이 서로 겹치고 얽히고 때로는 구분되어 읽힐 수 있는 지우고 다시 쓰는 종이와도 같다. 따라서 이것은, 때로는 풍속 소설의 (여인들을 통해 원하는 곳에 이르려고 하는 실패한) 주인공이 되고, 때로는 연재 소설의 (특권층의 횡포에 맞서 약자들을 보호하는 고결한 마음의) 주인공이 되며, 때로는 동화의 주인공, 보다 정확히 말해서 서사시 중의 서사시를 시험하고 그리고 그것과 더불어 호메로스의 가르침 즉 올림푸스의 진실을 시험하는 말하자면 『오디세이아』를 반복하는 율리시스의 후계자로서의 진정한 역할을 찾고 있는 아서왕의 모험에서 비롯된 새로운 연작의 주인공이 되는, 그러한 K.를 우리가 만나게 되는 거대한 도서관의 요약본이다. 마르트 로베르는 이러한 구상을 결코 교양인이라면 누구나 반드시 문화라는 분석적 프리즘을 통해 바라보게 된다는 독서의 필연성 때문이 아니라 바로 카프카 자신의 기여로 여기고 있다. 그 자신 또한 뛰어난 교양인이었던 카프카를 두고, 마르트 로베르는 말한다. 시오니즘으로 전향한 후 팔레스타인으로 떠나려고 마음을 정하고서, 자신의 작품들과 분리시킬 수 없었던 서구 문화의 엄청난 기록들을 이해하고 분류하는 일을 자신의 임무로 삼았던 그 삶의 중요한 시기에, 카프카는 그리스의 영광에 매혹을 느끼고 있었다고.

* * *

내가 보기에 아주 새로운 (따라서, 그러하다면, 『성』의 의미는, 그 궁극의 비밀은? 『오디세이아』의 모방, 올림푸스식 관료주의에 대한 비판,* 하지만 이러한 것이 우선은 낯설게 들린다) 이 주목할 가치가 있는 견해에 대해 잠시 생각해 보도록 하자. 이 견해를 수용하거나 거부하기 위해서라기보다는 그 원리를 되찾아 다르게 적용할 수 없는가를 질문해 보기 위해서이다. 측량사는 성과 마을이 표상하는 권능뿐만 아니라 이 권능을 통해 그 배후의 책이라는 상부 당국과, 그리고 구두나 글에 의한 주석을 통한 그곳으로의 다양한 접근 방식들과, 간접적으로 보이지 않게 다툼을 벌이고 있다. 그런데, 우리는 잘 알고 있다. 이 책의 공간이 카프카에게는, 자신이 속해 있는 전통을 따를 때 특히나 그가 이야기를 쓰는 고통스러운 시간에, 무한한 질문과 연구와 탐구의 대상이 되는 성스러운 동시에 의심스러운 망각의 공간이라는 것을. 왜냐하면 수천 년 이래 유대인의 삶 자체가 그러하기 때문이다. 진실과 삶의 규율을 찾으면서 만나게 되는 것은 세계가 아니라 한 권의 책이고, 책의 신비이며, 책의 계율이다. 이것이 바로 유대교이다. 여기선, 태초부터 **말씀**과 **해석**의 힘이

---

* 마르트 로베르는 분명히 말하였다. "돈키호테처럼 뒤늦게, 돈키호테와는 가장 거리가 먼 모델의 유혹에, 어쩌면 즉각적으로 유용한 규범을 제공하기에 가장 적합한 모델의 유혹에 끌린 카프카는 그리하여 호메로스식 사유에의 접근을 시도하고 그의 **마지막** 소설을 이 임무에 바치고 있다."

약속되고, 모두가 글에서 출발하여 글로 돌아온다. 일련의 엄청난 책들을 그 안에 담고 있는 유일한 책으로서의 글로, 범세계적일 뿐만 아니라 세계를 대신하는 세계보다 더 넓고 더 깊고 더 신비스러운 도서관으로서의 글로 돌아온다. 그곳을 외면하든지 그곳에 직면하든지, 그 관심사에 있어서 카프카와 같은 상황에 처한 작가는 다음과 같은 질문을 피할 수 없다. 어떻게 위임받지 않은 문학하는 사람이 글이라는 폐쇄된—신성한—세계로 들어갈 수 있고, 어떻게 권한 없는 작가가 전적으로 개인적인 말을 저기 다른 말씀에 보태려 할 수 있겠는가? 이 말씀은, 옛날의, 까마득한 저 옛날의 말, 사라졌을지도 모르는 하지만 무한의 말로서 성스런 장막 저 안쪽에 숨겨진 채로 모든 것을 감싸고 포함하고 총괄하는 말, 언제나 이미 모든 걸 다 말하였고, 그 말이 발음되면서부터 말 없는 위탁자로서의 말의 주인들은 말을 반복하면서 말을 보존할 수밖에 없고 다른 사람들은 해석하면서 들을 수밖에 없는 그러한 말이다. 작가, 그는 쓰여진 글의 원천까지 거슬러 올라가야 한다—이것은 불가피한 요구이다—왜냐하면 작가는 최초의 말과 직접적 관계를 맺으면서부터 비로소 글을 쓰기 시작하기 때문이다. 하지만, 이 높은 곳에 다가가기 위해 작가는, 전통도 없고 증명할 수도 없는 자신의 미숙한 말로 인해 그에게 있어서의 말과 말의 의미와의 서로 뒤섞일 수 없는 관계를 더더욱 흐리게 할 위험을 무릅쓰고서라도, 이미 말하기 시작할 수밖에는, 말하자면 글을 쓰는 수밖에는 다른 방도가 없다.

덧붙여 말하지만, 이러한 견해를 제안하면서, 『성』에 대한 새로운 해석을 제시하거나, K.는 작가 프란츠 카프카 자신이고, 성은 성서의 말씀이고, 관청 사무실은 탈무드의 주석자들이며, 마을은 충실한 신앙인들의 거처라는 식으로 말하고자 하는 것은 아니다. 실제로 그곳 신앙인들의 거처에서 반복되고 있는 말은 마치 계율처럼 살아 있으면서 죽은 듯한데, 내부에서 바라보면 진정한 말이지만, 예비 지식 없이 더구나 판단하고 말하려 하면서 바깥으로부터 다가갈 때는 실망스럽고 게다가 터무니없는 말이기도 하다(기준도 보증도 인정하지 않고, 어떠한 상대적 보상에도 만족하지 못하는, 글쓰기의 요구밖에는 아무런 정당성을 확보하지 못한 오늘날 작가에게 어쩔 수 없는 것처럼). 다만 다음과 같은 점들은 지적해 둘 필요가 있다. ①글을 쓰면서 그리고 글쓰기의 문제를──우리가 알고 있듯이 폭넓고 심각하게──제기하면서, 카프카가 겨루어야 하는 것은 호메로스의 서사시를 둘러싼 아카데믹한 공간이 아니라 삼천 년에 이르는 유대교의 글쓰기이다. ②『성』이 『돈키호테』와는 달리 명료한 주제로서 선행하는 책의 세계를 가지고 있지 않다면(K.는 측량사이지, 독자도 작가도 아니다), 따라서 직접적으로 글쓰기의 문제를 제기하고 있지 않다면, 성은 이 문제를 구조 자체 속에 담고 있다. 왜냐하면 이야기의 본질은, 말하자면 K.의 먼 여정의 본질이 이곳에서 저곳으로 옮겨 다니는 것이 아니라 해석에서 해석으로 주석자에게서 주석자로 옮겨 가면서 열정을 다해 그들 각각에게 귀 기울이고, 개입하여, 그들 모두와 우리가 쉽게 탈무드식 논증에 (간단히 그렇게 부르도록 하자. 그리고 이 논증은 사람에 따라 K.가 어쩔 수 없이 만족하고 있는 정도보다 훨씬 엄격한 논증이 될 수도 있다는 사실을 밝혀 두자) 비교할 수 있는 철저한 검토의 방식에 따라 토론을 벌이는 것이기 때문이다.

이렇게, 우리가 나아갈 수 있는 것은 이것이 모두인 것 같다. 『성』은 일련의 사건이나 서로 연관된 사태의 진전으로 구성되어 있는 것이 아니라, 언제나 다소 느슨하게 이어지는 여러 주석들로 구성되어 있는데, 이 주석들은 결국 주석의 가능성 ―『성』을 쓸 수 있는 (그리고 해석할 수 있는) 가능성―만을 목적으로 한다. 책이 미완성으로 끝나고 그럴 수밖에 없다면, 그것은 책이 주석 속으로 빠져든다는 것을 뜻하는데, 매 계기는 끝없는 주석을 요구하고, 각각의 해석은 **숙고** midrash halakha의 장場뿐만 아니라 나름대로 귀 기울어야 할 다시 말해서 여러 차원에서 해석하여야 할 **서술** midrash haggadah의 장을 제공하며, 각각의 인물은 말의 일정한 높이를 나타내고 그리고 각각의 말은 그 단계에서 진실을 드러내어 말하지 않으면서 진실을 말한다. 사람들은 우리에게 K.는 절반 정도 정당화된 자신의 죽음으로 이야기를 끝낼 수도 있었다고 단정하지만, 그가 어떠한 죽음을 죽을 수 있었겠는가? 그것은 멋진 죽음이 아니라 차라리 주석의 죽음, 자신의 죽음에 대한 주석의 죽음이요, 그리고 그 자신은 이 종말에 관한 모든 가능한 해석들을 검토하고 논박할 수 있었다면 어떤 영원하고 또 영원히 망각된 (그의 죽음을 향한 발걸음과 말을 향한 발걸음은 같은 걸음이 되는데, 이를테면 각자의 발걸음을 예견하고 다른 발걸음은 무효화하는, 말을 통한 죽음으로의 발걸음 죽음을 통한 말에로의 발걸음이 그것이다) 글 가운데 기록된 개인적인 (사적인) 죽음이 아닌 오히려 일반적인 (공적인) 죽음이다. 어느 날 밤, 이야기의 마지막 밤, 그가 갑자기 구원의 가능성 앞에 서게 될 때, 그는 진정 자신의 구원을 앞에 두고 있는가? 결코 그렇지 않다. 자신의 피로를 통해서만, 끝없는 말에 기인하는 한없는 피로를 통해서만 마주하게 되는 구원에 대한 주석 앞에 서 있다. 구원이 다가온다면 그것은 말의 결정을 통해서만 다가온다. 구원의 말은 말로서의 구원만을 보장하는데, 이러한 구원은 오직 (비록 예외의 자격으로서라도) 일반적 구원으로서만 가능하고, 따라서 삶에 의해, 삶에 의한 피로로 인해 침묵 상태로 위축된 개별적 존재에게는 적용될 수 없는 것이다.

물론, 다시금 강조하지만 『성』이 이러한 것에 불과한 것은 아니다. 그것은 또한 이미지의 힘이요, 형상들의 매혹이며, 이야기의 결정적 매력이기도 하다. 이 모두가 성의 유일한 진실을 이루고 있는데, 이 진실은 언제나 우리가 거기에 대해 말할 수 있는 모든 것 이상을 말하고 있는 것 같아, 여기서 독자를, 아니 우선 이야기하는 사람을 끝없는 주석의 고통 속으로 데리고 간다.* 이렇게 하여 우리는 작품이 작품 가운데, 분

---

* 새삼 『성』을 둘러싼 주석의 문제로 들어가고 싶지는 않다. 하지만 모든 해석들이 (얼마간) 정당화될 수 있다면, 그것은 해석들이 스스로를 주장하는 방식으로 해석을 확정하였던 그 수준에 있어서 일관되게 유지될 때에만 가능하다는 사실을, 이를테면 일관적이지 않을 수도 있음을 보여 주면서 유지될 때에만 가능하다는 사실을 지적해 두어야겠다. 마찬가지로 작품의 모든 선례들을, 작품에 반복되고 있는 모든 신화들을, 작품이 참조하고 있는 모든 책들을 찾아낼 수도 있다. 하지만 그 자체로서 진실되고 작품을 읽는 우리에게도 진실된 이러한 반복은, 그것을 또한 책의 진실로 삼으려 한다면, 카프카 자신에게 있어서 마치 그의 미래로서 진실될 수 있었던 것과 같은 동일한 형태의 진실이 될 수는 없을 것 같다. 실제로 우리는 성의 이야기가 어린 시절 카프카를 매혹시켰던 소설에서 빌려 온 것임을 잘 알고 있다. 체코 출신의 소설가 보체나 넴초바Bozena Nemcova가 쓴 『할머니』란 제목의 이 소설은 성과 성에 딸린 마을과의 까다로운 관계를 이야기하고 있다. 마을에서는 사람들이 체코어로 말하고, 성에서는 독일어로 말한다. 그 관계의 간극을 보여 주는 첫번째 특징이다. 성은 매우 상냥하지만 접근할 수 없는 인물인 한 왕녀가 다스리고 있다. 그녀와 시골 사람들 사이에 음침한 거짓말쟁이 시종들, 편협한 관리들, 위선적 관료들과 같은 음침한 무리들이 끼어든다. 여기 주목할 만한 일화가 있다. 젊은 이탈리아 출신 궁정 신하가 예쁜 여인숙집 딸 크리스텔을 집요하게 뒤쫓다가 비속한 제안을 한다. 크리스텔은 어찌할 바를 모른다. 선량하고 소심한 그의 아버지가 성의 사람들에게 저항할 수 있을까? 왕녀가 공정하기는 하지만, 그녀에게 다가가 알릴 방법이 없다. 더구나 그녀는 늘 자리를 비우고 있으니, 어디 거처하는지 결코 알 수도 없다. 그러는 가운데 어린 소녀는 이미 그녀를 뒤쫓고 탐하는 옳지 못한 일을 당하고는 죄책감을 느끼게 된다. 남은 희망이라고는, 그들이 관심을 갖

명 그 침묵의 몫 가운데, 그 알 수 없는 작품의 경사 가운데 간직하고 있는 반복의 필연성에 대해, 그리고 말에 관한 말을 뒷받침하고, 오래전에 묻혀 아마도 잊혀진 공백 ——무덤——위에 세워진 현기증 나는 피라미드를 뒷받침하고, 바로 이 주석의 말을 뒷받침하는 반복의 필연성에 대해 질문하게 되는 출발점으로 되돌아온다. 내적 주석과 외적 주석 사이에는 다음과 같은 명백한 차이가 있다. 전자는 후자와 동일한 논리를 따르지만, 문학적 매혹에 의해 그려지고 확정된 궤도 내에서만 그러하다.

게 할 수만 있다면, 다른 관리들 손에 달려 있다. 그녀는 말한다. "이것이 우리의 유일한 희망이다. 바라는 것이 무엇이냐고 그들이 물었으니. 우리를 도와줄 거야. 그러나 실제로 도움은 주지 않으면서, 종종 사건의 검토만을 되풀이한다. 사람들은 그것이 가능하지 않다는 사실을 확인할 뿐, 결코 만족스러운 답변을 얻지 못한다." 그런데 넴초바의 소설에서 부도덕한 궁정 신하의 이름은 무엇인가? 우리로서 놀라운 것은, 그가 **소르티니**Sortini라는 이름을 지니고 있다는 것이다. 따라서 여기서 우리는 분명 성의 중요한 구상과 아말리아에 관한 기이한 일화를 동시에 파악할 수 있고, 또한 분명 카프카는 소르티니라는 이름을 그대로 남겨 두면서 그 모델에 관한 추억을 회상하려 하였다. 물론 두 작품의 차이는 매우 크다. 체코의 이야기는 순정에 관한 이야기이다. 이 책의 중심 인물인 할머니는 마법에서 풀려나 온갖 장애를 헤치고 왕녀에게 다가가 그녀로부터 괴로움을 당한 사람들에 대한 정당성을 인정받고 보상을 얻어 낸다. K.가 실패하는 그곳에서 그녀는 결국 성공한다. (우리에게 이러한 사실들을 알려 준 막스 브로트가 지적하고 있듯이) 그 역할을 맡을 수 없기에 K.가 거절한 정의의 기사 역할을 해내면서. 내가 보기에 두 저작의 비교는 다음의 사실을 이해하는 데 도움을 준다. 카프카 작품에서 가장 수수께끼 같은 결정적인 창의성은 아마도 성이 아니라 마을에 관계하여 발휘되고 있다. K.가 할머니처럼 마을에 속한 인물이라면 그의 역할은 분명해질 것이다. 즉 그는 상류 계급의 부당함에 종말을 고하려고 결심한 격분한 인간, 혹은 이곳과 저 높은 곳 사이의 아득한 거리를 상징적으로 시험하는 데 열중하는 구원의 인간으로서의 진술한 인물이 될 것이다. 그러나 K.는 전혀 다른 세계에서 나타난 인물이다. 그는 성의 낯섦에 낯설고 마을의 낯섦에 낯설고 자기 자신에게도 낯선 이중 삼중으로 낯선 인물이다. 설명할 수 없는 요구에 의해 아무런 매력도 없는 이곳으로 앞서 이끌려 왔던 것과 마찬가지로, 이해할 수 없는 방식으로 그는 자기 자신의 친숙함과도 결별하기로 작정하기 때문이다. 이렇게 볼 때 책의 모든 의미는 이미 첫 문장에 담겨 있다. 그 위에 서서 "**K.는 텅 빈 허공을 바라보며 한참을 머물렀다**"는 큰길에서 마을로 통하는 바로 그 **나무 다리**에 담겨 있다.

내적 주석은 어떤 매력에서 출발하여 사유하고 말하는 반면, 외적 주석은 이 매력에 관해서, 그리고 어떤 매력에 휩싸이며 갖추어진 논리에 관해서 생각하고 말한다. 하지만 ─『성』과 같은 작품의 힘을 이루고 있는 것이 이것인데 ─ 이 힘은 보다 '내적'인 것과 보다 '외적'인 것의 관계를, 변증법을 작동시키는 예술과 예술을 포괄하려고 하는 변증법의 밝혀지지 않는 작동 관계를 그 중심으로 하고 있는 것 같다. 다시 말해서 이 힘은 모든 애매성의 원칙과 원칙으로서의 애매성을 (애매성, 곧 동일한 것의 차이, 같음의 비동일성을) 간직하게도 되는데, 그것은 모든 언어의 원칙, 즉 하나의 예술에서 하나의 생각으로 하나의 생각에서 하나의 예술로의 이행과 같은 한 언어의 다른 언어로의 무한한 이행의 원칙이기도 하다. 그 결과, 가설이 가설의 무한한 성격을 지키고 또 키워 나간다고 할 때, 이 책에 관해 전개시킬 수 있는 모든 가설들은 책 내부에서 전개되는 가설들만큼이나 정당하게도 또 무기력하게도 보인다. 어떤 의미에서 이제부터 모든 책들은 이 책을 거쳐 가게 된다고 말할 수도 있다.

이것이 의미하는 바를 보다 더 잘 이해하도록 해보자. 일반적으로 이 이야기를 읽으면서 사람들은 너무도 뚜렷한 신비, 즉 백작의 언덕이라는 다가갈 수 없는 장소로부터 전해지는 신비에 사로잡히게 된다. 마치 모든 비밀이 ─ 주석이 시작되는 공백이 ─ 여기에 숨어 있기라도 하듯이. 하지만 보다 주의 깊게 읽으면서 순식간에 공백은 그 어디에도 없고 질문이 나아가는 이야기의 모든 지점에 골고루 흩어져 있음을 알게 된다. 왜 K.와 성의 관계에 관해 주어진 모든 대답들은 언제나 미흡해 보이고, 따라서 이 대답들은 가장 정중하고 가장 경멸적인 판단들이 적용되고 또한 그렇지 않은 이 장소의 의미를 지나치게 과대평가하고 또한 지나치게 과소평가하고 있는 듯할까? 기이하게도, 사람들이 수천 년 이래 유일한 것을 특징짓기 위해 관심을 두었던 최상의 호칭을 찾으려 해도 아무 소용이 없고, 말하려 해도 아무 소용이 없다는 사실이다. "그런데, 성 그것은 은총 Grâce이고, **백작** Graf 그는 대문자가 동일하다는 사실이 증명하듯 **신** Gott이다. 아니면 그것은 존재의 초월 혹은 무의 초월, 혹은 올림푸스, 혹은 세계의 관료 제도이다."* 그렇다 이 모두는 말하려 해도, 그리고 끊임없이 파고들어 말하려 해도 소용없다. 우리가 상정할 수 있는 가장 숭고하고 가장 풍요로운 이 모든 심오한 동일성은 여전히 우리를 속이고 만다. 마치 성 그것이 언제나 무한히 성 이상인 것처럼, 무한히 그 이상인 것처럼, 다시 말해서 또한 무한히 그 이하인 것처럼. 그렇다면 초월 너머에는 무엇이 있고, 초월 아래에는 무엇이 있단 말인가? 그렇다(서둘러 대답해 보자, 서두름만이 대답을 허락하니까), 그것에 비추어 볼 때 모든 가치 평가는 가장 높은 평가든 가장 낮은 평가든 적절하지 못하고, 따라서 그것은 모든 평가의 가능성에 대해 냉담하기만 하다. 그리하여 그것은 평가의 가능성과 함께 모든 가치의 수호자들을 거절한다. 그들이 천상의, 지상의 혹은 악마와 같은 수호자이든, 그리고 그들이 이성에 비이성에 혹은 초이성 어디에 믿음을 두고 있든. 이러한 사실이 너무도 신비스러운가? 물론 그렇다. 하지만 동시에 나는 전혀

---

* 카프카에게 관료 제도는 (마치 최초의 권력인 신들이 관리가 되면서 애석하게도 그들의 지배를 멈추어야 했던 것처럼) 때늦은 사건도 부정적인 현상만도, 그리고 말과 관련하여 주석에 불과한 것도 아니었음을 덧붙여 말해 두어야겠다. 그의 친구 오스카 바움 Oscar Baum에게 카프카가 적어 보낸 다음 글은 성찰을 필요로 한다. "내가 판단하기에 관료 제도란 모든 다른 사회 제도보다 본래의 인간 본성에 더 가깝다"(1922년 6월, 『성』을 쓰던 무렵).

신비스럽지 않다는 생각이 든다. 왜냐하면, 우리가 거기에 대해 말하려고 애쓰면서, 그것을 물러서게 하여, 바로 우리의 표현으로 그것을 감추게 되는 것을 무릅쓰고서, 매번 말하면서, 우리는 그것과 놀이를 벌이고 있다. 바로 그것을 중성적이라 부르면서, 잠시 가장 겸허하고 가장 조심스러우며 가장 중성적인 이름으로 그것을 명명하도록 해보자──왜냐하면 중성적인 것을 명명한다는 것, 그것은 아마도, 그것은 분명 중성적인 것을 흩어지게 하는 것인데, 하지만 필연적으로 여전히 중성적인 것을 위해서 그러하다. 이러한 조건에서, 우리는 백작의 거처로서의 성이 중성적인 것의 지고함 그리고 이 기이한 지고함의 거주지가 아닌 다른 그 무엇일 수는 없다고 말할 권리가 있는가? 그의 책 중 가장 깊이 있고, 적어도 나의 생각과 가장 일치하는 부분, 즉 마르트 로베르가 지고의 힘이 초월적이지도 내재적이지도 않음을 보여 주고 있는* 부분에서조차, 불행히도 우리는 그것을 그렇게 간단히 말할 수는 없다. 마르트 로베르에 따르면 지고의 힘이란 중성적인 것으로서, "사실들을, 그리고 사실들에 앞서거나 뒤따르는 판단들을, 생각들을, 꿈들을, 이 모두를 개인으로서는 기이하게도 어떤 무게처럼 어떤 부당함처럼 느껴지는 중성과 수동의 상태에서 기록하는 데" 한정되는 힘이다. 아마도 결정적인, 중요한 지적이다. 다만 우리는 그 상태에 머물 수가 없다. 왜냐하면 중성적인 것은 표상할 수도 상징화할 수도 의미를 부여할 수조차 없기 때문

---

* 실제로 마르트 로베르는 『성』은 초월적인 것을 지니고 않고서 내재의 힘을 구성하고 있다고 말하고 있다. 중성적인 것의 본질적 특성 중 하나는 초월을 통해서도 내재를 통해서도 되찾을 수 없는 것으로서, 우리를 전혀 다른 관계로 이끈다는 데 있다.

이다. 더구나 그것이 이야기 전체의 끝없는 무심함에 의해 유지되는 것이라면, 이야기 어느 곳에나 (세계 전부가 성에 속해 있고, 그래서 성은 없다고 결론지어야 할 것 같다고 올가가 말한 것처럼) 마치 무한의 소실점처럼 존재한다. 이 소실점에서 시작하여 이야기의 말은, 말 속에서 모든 이야기들은 그리고 모든 이야기에 관한 모든 말은 관점을, 관계의 무한한 거리를, 끊임없는 전복을, 그리고 소멸을 받아들이기도 잊어버리기도 한다. 하지만 우리 또한 무한의 움직임으로 끌려들지나 않을까 하는 두려움에서 이즈음 그만두도록 하자. 그렇다 하더라도 『성』이 그 속에 우리가 중성적이라 부르는 것을 중심으로 (그리고 모든 중심의 부재로) 간직하고 있다면, 그것을 이름하는 것은 결코 간단한 일일 수는 없다. 왜 이 이름인가?

*　*　*

왜 이 이름인가? 그리고 그것은 진실로 하나의 이름인가?

―그것이 하나의 형상일 수 있을까?

―그렇다면 형상은 이 이름만을 형상화하고.

―그리고 왜 한 명의 말하는 자, 하나의 말은 보기와는 달리 결코 그것을 이름하기에 이를 수 없는 것일까? 그것을 말하기 위해 적어도 둘은 되어야 한다.

―그건 알아. 우린 둘이어야만 돼.

―그런데 왜 둘이어야 하지? 같은 것을 말하기 위해 왜 두 개의 말이?

―그것을 말하는 자, 그는 언제나 타자이다.

10장
마지막 말

독일어판으로 출간된(1958년) 『편지』가 전집의 마지막 권을 이루게 되면서, 그것은 카프카의 마지막 말이 되는 것 같았다. 우리는 이 마지막 글에서 최후의 심판의 날처럼 수수께끼에 형상을 부여하게 될 최후의 계시를 기다리고 있었다. 여기에 우리 독서의 순진한 조바심과 유치한 실망이 있다. 즉 최후의 심판이란 존재하지 않으며, 종말이라는 것도 없다. 유작 출판의 기이한 특성, 그것은 마르지 않는다는 데 있다.

전쟁과 박해 그리고 체제의 변화가 증인과 증언을 소멸시키며 그의 주위를 텅 비게 만들었음에도 불구하고, 중요하기도 무의미하기도 한 수많은 자료들은 계속해서 늘어날 것이다. 그의 어린 시절과 소년기에 관한 수소문이 이루어졌으며, 그 결과가 모이기 시작하고 있다. 한편으로, 전기를 쓰는 일이 남아 있다.* 지금까지 우리가 알고 있는 것은 막

---

* 클라우스 바겐바흐가 편집을 시도한 매우 교훈적인 작업이 바로 이 전기이다(*Franz Kafka: Eine Biographie Seiner Jugend*). 카프카가 그의 첫번째 약혼자 펠리체 바우어에게 적어 보냈던, 즉 편집자의 편집 과정 중 이 첫번째 서한집에 누락된 편지에 할애한 글 참조.

스 브로트가 알고 있었던 모습과 생활이다. 그리고 이렇게 알고 있는 것은 더없이 소중한 것들이다. 편지 역시 우리에게 그 점을 확인시켜 주고 있다. 카프카는 어느 누구와도 그렇게 지속적인 믿음으로 가까워지지는 않았는데, 나는 그의 본성 때문에 그러하다고는 말하지 않겠다. "막스와 난 전혀 달라." 그러나 이러한 차이가 그들의 우정을 강력하고 굳건한 맺음이 되게 하였다. 비록 카프카가 생활력과, 활동 능력과, 작가로서의 강점에 있어서 브로트를 존중하고, 따라서 그를 자신보다 훨씬 높이 산다 하더라도, 그와 마주하여 그와 관계하면서 결코 다른 사람들에게 그러하였듯이 자신을 기꺼이 낮추면서 겸손해하지는 않는다. 그러나 분명 카프카는 다른 사람들에게는 달랐다. 그리고 자신에게는 어떠했을까? 이것이 바로 우리에게는 숨겨져 있으므로 우리의 순진한 호기심의 대상이 되고 분명 기대를 저버리는 탐구의 대상이 되는 보이지 않는 그 자신이다.

편지들은 그의 이십 년 삶을 담고 있다. 편지들이 우리가 바라는 만큼의 것들을 밝혀 주지 못한다면, 거기에는 여러 가지 이유가 있다. 우선, 부분적으로 편지들은 이미 알려져 있었고, 브로트는 그가 쓴 전기와 다른 책들에서 그것들을 다룬 바 있다. 더구나 편지들은 매우 단편적으로 남아 있고, 언제나 출판은 뚜렷한 이유 없이 남게 되거나 사라지는 우연의 운명을 따르지 않을 수밖에 없다. 그러한 가운데 그가 가족과 나눈 편지들은 우리에게 거의 남아 있지 않다. 그의 소년기에 관해서는, 그의 급우 오스카 폴락와 그리고 얼마 후 1907년 모라비아에서의 체류 중에 만난 어린 소녀 헤드비게Hedwige W.와 나눈 열정이 넘치는 얼마간의 서신을 찾아내었는데, 그 소녀와의 만남은 카프카가 나눈 여성 세계와의 고통스러운 관계의 시작이기도 하였다. 그후, 평생의 친구들인 브로트, F. 벨취, O. 바움과 나눈 편지들(베르펠Werfel에게 보내는 편지는 거의 남아 있지 않다)과, 그리고 나서 도라 디아만트 곁에서 카프카의 임종을 지켜보았던 의학 전공의 젊은 학생 R. 클롭슈토크R. Klopstock와 나눈 편지들이 중요한 부분을 이루고 있다. 다행스럽게도 『일기』가 뜸하던 그 기간 중요한 편지들이 가장 풍성하게 남아 있다. 폐결핵에 걸렸던 취라우Zurau에서의 체류, 마틀리아리Matliary와 플라나Plana에서의 체류, 그리고 『성』을 쓰고 또 포기한 시기인 1921년과 1922년에 관해서, 이제 우리는 보다 분명한 진술을 듣게 되었다. 암시는 밝혀지고, 어둠은 더욱 깊어 간다. 우리는 어떤 순간들의 신비스러운 모습이 분명해짐을 느끼게 된다. 이 예외적 생애의 굴곡이 한층 뚜렷이 감지되고, 드러난 것의 음영은 훨씬 선명해 보인다.

뜻밖의 것이 주는 힘에 관한 한 밀레나에게 보낸 편지들과 견줄 만한 것은 없다.* 『일기』에서 그러한 것처럼, 곧 문턱을 넘을 것 같은 느낌을 주는 것도 더 이상 없다. 서신을 나누는 상대가 아무리 친숙하다 하더라도, 가장 비밀스러운 것마저 털어놓고 자신에 대해 거리낌 없이 말하면서, 그는 그들의 진실과 자기 자신의 진실을 간직하기 위한 보이지 않는 거리를 유지하고 있다. "넌 나를 이해하고 있다고 말해선 안 돼"라고 브로트에게 카프카는 되풀이해서 말한다. 그의 친구들은 그의 훌륭한 인간성을 믿어 의심치 않았기에 그가 절망하지 않아도 될 모든 이유를 언제나 그에게 지적해 줄 채비가 되어 있다. 하지만 정확히 이 점에

---

* 『밀레나에게 보낸 편지』는 1952년 별도의 한 권으로 출판되었다.

서 그들은 카프카를 절망케 한다. 그가 극도의 불행에만 만족한다는 것이 아니라, 그를 가장 잘 알고 있는 사람들의 너무도 호의적인 모든 해석은, 카프카 특유의 악(불행과 고통)이 갖는 접근 불가능한 성격을 드러내고, 또한 그 악의 깊이와 사람들이 그를 구슬리는 해결책의 그릇된 가치를 보여 주기 때문이다. "나를 두고 네가 말하는 것은 옳다. 바깥에선 그렇게 보이지. 그게 위로가 되기는 해. 하지만, 때가 되면 다시금 절망이다. 왜냐하면 이러한 사실은 그 무엇도 이 무시무시한 것을 뚫지 못하고 나에게는 모두가 유보 상태로 존재한다는 것을 보여 주고 있으니까. 내가 홀로 지켜보는 이 어두움 그리고 나 자신은 한결같지 않으니, 그날이 지나고 다음 날 이미 난 그 어두움을 보지 못하였다네. 하지만 어두움이 여기에 있고 날 기다린다는 걸 난 알고 있지······."

카프카는 언제나 남들의 진실을 무척이나 존중하였다는 사실을 덧붙여야겠다. 그는 가능한 한 최대한 그들을 자신이 겪고 있는 음울한 경험에서 벗어나 있게 하고자 한다. 그리고 그들에게 건네는 조언과 그들에 대한 판단에 있어서, 그들에게 희망이 시작된다는 믿음을 갖게 한다. 하지만 그들이 카프카 자신이 거기에 함께하기를 바랄 때면, 그는 즉각 사양하고 만다(1922년 7월). 클롭슈토크에게 뒤늦게 보낸 편지에서 다음과 같은 구절을 찾을 수 있다. "우리가 길을 제대로 들어섰다면, 포기한다는 것은 더없는 절망이 될 수도 있어. 하지만, 우리가 들어선 길은 우리를 두번째의 길로 그리고 그 두번째 길은 세번째의 길로 이렇게 계속 우리를 이끌고 갈 수밖에 없으니, 진정한 길은 오랜 시간이 흐르기 전에는 나타나지 않을 테고. 그렇게 우리는 실제로 불확실한 세계에 하지만 또한 상상할 수 없이 아름다운 다양한 세계에 던져져 있으니, 희망의 완성은 …… 언제나 뜻밖의 기적이 남아 있다네. 하지만 언제나 가능한 보상으로 말일세." 우리는 여기서 카프카가 묘사한 것 가운데 흔치 않은 매우 부정적인 추구의 긍정적 양상을 보게 된다(유일한 진정한 길은 우리에게 주어지지 않고, 하나의 길이 아닌 무한만이 있으며, 그리고 우리는 무한히 다양한 반짝이는 그 무엇을, 우리에게 미적 즐거움을 안겨 주는 비할 바 없이 아름다운 반영들의 반짝임을 갖게 될 것이다). 그러나 낙담한 친구에게 전하는 위로의 경우, 사람들이 자신에게 이러한 위로를 건네는 것을 카프카가 허락했을까는 의심스럽기만 하다.* 또 다른 예가 있다. 브로트는 언제나 카프카의 믿음의 핵심으로서 다음의 경구를 강조하고 있다. "이론적으로 지상의 행복에 관한 완벽한 가능성이 있는데, 그 자체로 파괴될 수 없는 것을 믿고서 거기에 이르려고 노력하지 않는 것이 그것

---

*카프카는 브로트에게 적고 있다. "내 자신에 대한 나의 악평은 일반적인 악평이 아니다. 오히려 나의 유일한 미덕을 이루는 그 악평은 거기서 내 삶의 당연한 한계를 엿볼 수 있었던 만큼 결코 의심해서는 아니 되는 것이다. 그것은 나에게 질서를 부여하고, 이해할 수 없는 것 앞에서 이내 굴복하고 마는 나에게 그러한 악평은 상당한 평온을 안겨 준다." 이 성찰은 1912년의 것이다. 악평은 다만 방법상 필요에 의한 것일 따름이며, 게다가 제한적이고 신중한 것이다. 같은 편지에서 그는 말하고 있다. "내가 쓴 것은 미지근한 욕조 안에서 썼던 것이고, 진정한 작가들의 영원한 지옥을 나는 경험하지 못했다." 편지는 우리의 예감을 확인시켜 준다. 삶과의 드라마틱한 관계는 30세가 되던 해부터 시작된다. 한편으로 글쓰기가 절대적 요구가 되고 다른 한편으로 그의 약혼녀를 만날 즈음, 1912년은 분명 급격한 변화를 보이고 있다. 아버지의 권위 아래 있던 그때까지 분명 그는 이미 "절망하고" 있었다. 하지만 그것은 반짝이고 가뿐한 그리고 미적 즐거움이 엿보이는 유머로 화사해진 절망이다. 그 예는 다음과 같다. "오늘 아침 세수하기 전 느꼈듯이 난 이 년째 절망하고 있고, 그리고 다소간 이러한 절망에 가까운 한계만이 지금의 나의 기분을 결정하고 있기 때문이다. 그리고 카페에서 난 몇몇 멋진 글줄을 읽고서 기분이 괜찮고, 그래서 집에서 그러고 싶었던 것처럼 그렇게 자신 있게 나의 절망을 말하지는 못한다……"(1908년). 다음의 외침과는 어떤 공통점이 있는가. "들판에서, 내 머릿속의 광기를, 나의 밤의 광기를 벗어나서. 나는 무엇인가, 나는 무엇인가. 나는 광기를 부추긴다, 나는, 죽음에 이르기까지"(1916년).

이다." 하지만 우리는 한 편지를 통하여 이러한 생각이 브로트의 시론 (**이교**, **기독교**, **유대교**)과 관련이 있음을 알고 있다. "다음과 같이 말한다면, 사람들은 너의 생각에 가장 가까이 다가갈 수 있을 것이다. 즉 '이론적으로 지상의 행복에 관한 완벽한 가능성이 있는데, 단연코 신성한 것을 믿고서 거기에 도달하려고 노력하지 않는 것이 그것이다'라고. 행복의 이러한 가능성은 불경할 뿐만 아니라 실현 불가능한 것이다. 그러나 여기에 그리스인은 그 누구보다 가까이 다가갔다." 따라서 이것은 카프카의 진실인가? 그리스인의 고유한 진실인가? 하물며 "신성모독"인가? 이러한 주석은 자신의 전반적 낙관주의로 인해 브로트가 이따금 신중함을 잃기도 한다는 것을 우리에게 보여 주고 있는 것 같다.

* * *

카프카의 삶은 어둠으로 보호받는 어두운 투쟁이다. 하지만 우리는 여기서 네 가지 양상을 명확하게 볼 수 있다. 이 양상들은 자신과 아버지와의 관계, 문학과의 관계, 여성 세계와의 관계를 통해 드러나고, 이 세 가지 형태의 투쟁은 정신적 투쟁에 형태를 부여하기 위해 보다 심도 있게 표현된다. 물론 각각의 관계와 더불어, 다른 모든 관계 전체가 문제가 된다. 위기는 언제나 총체적이다. 에피소드 하나하나가 전부를 기억하고 전부를 말해 준다. 자신의 육체에 대한 관심은 자신의 전 존재에 대한 관심이다. 불면이라는 매일 밤의 끔찍스런 어려움은 그의 모든 어려움을 말해 준다. 얼마간 감추어져 있는 이 네 개의 중심을 두고 주위에 그의 전기를 구성한다는 것은 따라서 전혀 다른 성격의 이러한 수수께끼들 각각에 대해 우리가 갖는 다소간 믿음이 가는 정확성에 따라 일시적으로 그러한 전기를 짐작해 보는 정도가 고작이다. 우리는 가령 그가 무엇보다 신경을 쓰고 있는 아버지의 문제가 다른 세 문제들과 함께 진행되어 감에도 불구하고 (우리는 곧 이 문제가 어떻게 그의 결혼 문제를 극단적으로 어렵게 만들고, 어떻게 그의 글의 강박적 주제가 되며, 어떻게 마침내 유대교의 모든 문제에 관련되는가를 알게 된다) 그다지 비밀스럽지도 그렇게 멀지도 않은 곳까지만 그를 뒤쫓는 문제임을 확인하게도 된다. 가장 폭넓은 문제는 작가의 문제이다. 가장 음울한 시간으로 그를 내모는 가장 극적인 것은 여자관계에 관한 문제이다. 가장 어두운 것은 모든 직접적 이해를 벗어나기에 어쩔 수 없이 숨겨진 정신세계의 문제이다. "**본질적인 것은 말할 수가 없다. 나에게 있어서도 그것은 어두운 나의 가슴속에 갇혀 있다. 그리하여 그것은 질병 곁에, 동일한 공동의 침상 위에 자리한다.**"

편지는 문제의 각각의 형태에 관해, 분명하지는 않더라도 적어도 보다 조심스럽고 보다 섬세한 이해의 가능성을 열어 주고 있다. 특히 어린 시절부터 그가 물러설 것 같지 않은 극도의 확신에 근거를 두고 있으면서도 쉼 없이 변하고 있는 그의 삶 전체의 굴곡을 보다 잘 들여다보게 해준다. 그의 삶을 풍요롭고 신비스럽게 하는 것은 바로 이 부동 속의 굴곡이다. 소년 시절의 말들, 성숙한 시절의 말들은 서로 겹쳐 보이기도 하는데, 이 말들은 같은 것이면서, 아주 다르고, 그럼에도 다르지 않은 것이, 얼마간 깊이 있는 상응의 단계에서 들리는 말들의 메아리와 같다. 아울러 변화는 순전히 내적인 것만은 아니고, 중요한 것은 이야기 histoire인데, 이야기는 한편으로는 펠리체 바우어, 율리에 보리체크, 밀레나, 도라 디아만트와의 만남, 가족과의 만남, 시골 마을 취라우와의 만남, 책, 질병과의 만남과 같은 그의 개인적인 이야기이지만, 다른 한편으로는 유대인의 비극적 문제를 통해 그 은밀한 소문이 끊임없이 자신을 앞지르곤 하는 세상 이야기이기도 하다.

물론 이 이야기와 삶의 굴곡은 그가 한결같이 지향하는 진실로 남아 있게 될 문학 창조의 움직임 가운데 만나고 있는 것 같다. 끝내 그는 작가로 남을 것이다. 남은 힘도 목소리도 숨결도 빼앗긴 죽음의 침상 위에서 여전히 그는 자신의 책(『굶주린 예술가』)의 교정본을 수정하고 있다. 말하기가 어려운 듯, 그는 친구들에게 건넬 쪽지 위에 적는다. "이제, 이것을 읽고자 한다. 아마도 날 무척이나 흥분시킬 것만 같다. 하지만 난 그 순간을 또 한 번 살아야만 해." 그리고 클롭슈토크는 낭독이 끝나고 그의 얼굴에 오랫동안 눈물이 흘렀다고 전하고 있다. "언제나 그토록 자신에게 엄격했던 카프카가 그러한 감정의 동요에 자신을 내맡기는 것을 본 것은 처음이다." 글 모음집 가운데 수록된 유일한 거의 가혹할 정도의 엄격한 편지를, 그는 자신의 작가로서의 고독을 지켜 내기 위해 적었다. 타인에 대한 그의 놀라운 배려에도 불구하고 넘어서게 내버려 둘 수 없는 어떤 한계가 있음을 보여 주기 위해, 난 다음 편지를 인용하였으면 한다. 그가 마틀리아리에서 알게 되어 다정하게 지내며 좋아한 의학 전공의 젊은 학생 클롭슈토크는 보다 끈끈한 우정을 바라는 듯, 그를 더욱 자주 만나기를 원했으나, 만나고 나서 며칠이 지나면서 카프카가 변한 것을 알아차렸다. "나는 마틀리아리와 프라하가 다르다는 것을 알고 있습니다. 그동안의 고통스런 착란의 시기를 넘기고 난 글을 쓰기 시작했습니다. 그리고 내 주위의 모든 사람들에게는 잔인하기도 한 이 일은 미친 사람에게 헛소리가 그러하듯이 (그것을 잃어버리면 그는 미쳐 버리고 말리라) 혹은 여자에게 아이를 갖는 것이 그러하듯이 나에겐 지상에서 가장 중요한 일입니다. 이것은 글의 가치와는 아무런 상관이 없는데, 가치 그걸 난 너무도 잘 알고 있습니다. 가치 그건 나에 대한 가치입니다. 그래서 불안의 동요 속에서도 난 글쓰기를 혼란으로부터 지켜 내고, 그리고 글쓰기뿐만 아니라 글쓰기에 필요한 고독을 지켜 낸답니다. 내가 어제 당신에게 일요일 저녁에 오지 말고 월요일에 오라고 말했을 때, 당신이 두 번이나 '그런데 그날 저녁은 왜 안 되죠' 하고 물었을 때, 그리고 내가 두 번이나 '그래 좀 쉬세요' 하고 대답했을 때, 그건 완전히 거짓말이었죠. 나는 혼자 있고만 싶었기 때문입니다."

* * *

또한 숙명이자 위협이기도 한 글쓰기의 불가피함이라는 중요한 문제에 관하여, 우리는 두 편의 가장 중요한 글을 편지에서 찾을 수 있다. 그것은 1922년 7월과 9월의 편지들이다. 그 자체로서 중요하기도 한 이 글들은 우리에게 어떤 상황에서 『성』을 포기하게 되었는가를 밝혀 주고 있기에 또한 중요하다. 요약하면서 지나치게 긴 글은 부분을 인용해 보도록 하겠다. 가장 최근의 것부터 살펴보자. "일주일 전부터 난 다시 여기(플라나)에 머물고 있다. 그렇게 즐거운 시간을 보내진 못했다. 『성』의 이야기를 분명 영원히 포기해야만 했기 때문이다. 프라하 여행 일주일 전부터 시작된 '좌절' 이후로 이야기는 다시 이어질 수 없었다. 플라나에서 쓴 것이 네가 알고 있는 것만큼 그렇게 형편없지는 않지만 말이다……" 카프카는, (그와 함께 살고 있었던) 누이 오틀라Ottla가 곧 프라하로 아주 돌아가야 했던 연유로, 어떻게 해서 자신이 좋아하는 이곳에 계속 체류할 수 있게끔 하녀가 그에게 식사를 떠맡겠다고 제안하였는가를 이야기하고 있다. 그가 수락하면서, 모든 것이 결정되었다. "겨울 동안은 머물게 될 거야, 정말이지 고맙군……" "이내, 내 방으로 통하는 계단참에 이르자마자 그만 '좌절감'이…… 그 상태에서 겉으로 드러난 모습을 적을 필요는 없겠지, 네가 알고 있으니까. 오히려 너의 경험 중 가장 극단의 경우를 네가 생각해 보도록 해…… 무엇보다 난 내가 잠들지 못하리란 걸 알아. 잠들 힘마저 속속들이 갉아 먹히고. 난 이미 불면을 예상하고 있고, 지난밤이 잠 못 이루는 밤이었던 양 고통스럽다. 집 밖으로 나서나, 끔찍한 불안이 나를 사로잡고 있다는 것 외에는 다른 아무것도 생각할 수 없고, 그리고 머리가 가장 맑은 순간에는 이 불안에 대한 불안이…… 그게 도대체 무얼까? 곰곰이 생각해 보건대, 한 가지밖에 없다. 내가 더 큰 일을 생각하도록 노력해야 한다고 넌 말하는데, 그래 맞아…… 하지만 난 또한 쥐구멍에 갇혀 있다는 생각이 들기도 해. 한 가지밖에 없다는 것, 그것은 완전한 고독에 대한 두려움이다. 내가 여기 혼자 머무른다면, 완전히 고독해지겠지. 사람들과 말을 나눌 수도 없고, 그리고 그렇다 하더라도 고독은 커 가기만 할 테고. 적어도 짐작으로라도 난 고독의 두려움을 알고 있어 ─ 마틀리아리에서의 처음 시간들 혹은 슈핀들레루브 믈린에서의 며칠간, 홀로의 고독보다는 사람들 사이의 고독, 하지만 거기에 대해 말하고 싶지 않다. 어떻게 된 걸까 고독이란. 고독은 나의 유일한 목표, 나의 보다 강렬한 욕망, 나의 가능성, 그리고 내 인생을 내가 '설계하였다'고 사람들이 말할 수 있다고 가정한다면, 그래 나의 인생은 고독이 충분히 느껴지게끔 설계된 것이지. 그리고 그렇다 하더라도, 내가 이토록 애착을 갖는 것 앞에서 느끼는 불안이란……"

　　고독할 때 고독 앞에서의 고뇌, 그렇지 않을 때의 고뇌, 모든 타협을 통한 해결책 앞에서의 고뇌, 바로 그 고뇌라는 욕망을 우리가 잘 이해하고 있었던 것 같긴 하지만, 그렇다고 이해를 서두르지는 말자. 그 얼마 전에 보낸 한 편지에서 카프카는 이 모든 관계의 착잡함을 한층 더 이해할 수 없는 방식으로 밝히고 있다. 여전히 심각한 위기에 관한 것이다. 그의 친구 바움Baum 곁에 머물기 위해 그는 게오르겐탈Georgental에 들려야 했다. 그에게 막 승낙의 편지를 보낸 참이었다. 이 여행에서 모든 것이 그에게는 즐거웠고, 적어도 아니라고 할 이유를 발견하지 못했다. 그럼에도, '좌절'이, 끝없는 고뇌가, 잠 못 이루는 밤이. "잠을 이루지 못한 그날 밤 이러한 생각들이 고통스러운 관자놀이 사이를 오가는 동안, 꽤나 평온했던 최근 거의 잊고 있었던 것을 새삼 의식하게 되었다. 난 어떤 연약한 혹은 존재하지도 않는 바닥 위에 살고 있다. 음울한 힘이 솟아 나오는 그 음울함 위에서. 그리고 나의 서투름을 용납하지 않는 음울한 힘이 나의 삶을 허물고 있다. 글쓰기는 나를 지켜 준다. 차라리 글을 쓰는 것이 이러한 지경의 삶을 지켜 준다고 말하는 것이 보다 적절하지 않겠는가? 나는 물론 글을 쓰지 않을 때 내 삶이 더 낫다고 우기고 싶진 않다. 그것은 한층 더 고통스럽고, 실제로 참을 수가 없어, 따라서 미치는 수밖에 없다. 비록 지금 그러한 것처럼 내가 글을 쓰지 않고 있다 하더라도, 작가가 된다는 것은 사실이지 나로서는 힘든 일이다. 어쨌든 글을 쓰지 않는 작가라는 것은 미치는 만큼이나 끔찍스러운 일이다. 그런데 이것, 즉 작가라는 것은 무엇일까? 글을 쓴다는 데에는 감미롭고 멋진 보상이 따른다지만, 누가 무엇을 지불하는가? 아이들의 수업처럼 또박또박한 밤, 나는 이것이 악마를 위한 서비스에 대한 보수임을 분명히 보았다. 어두운 힘으로의 침잠, 정상적으로 제어된 정신의 폭발, 알 수 없는 중압감 그리고 태양빛 아래 이야기를 쓸 때 이곳 위에서는 더 이상 알 수 없는 저기 아래에서 일어날 수 있는 모든 것들. 아마 또 다른 글쓰는 방법이 있을 수도 있겠지만, 내가 아는 것은 이것뿐이다. 밤이 되어 고뇌가 날 잠들게 버려두지 않을 때, 내가 아는 것은 이것뿐이다. 글쓰기에는 악마와도 같은 것이 존재한다는 것은 나에게는 너무도 분명하다. 그것은 나라는 인간 주위를 혹은 낯선 인간 주위를 끝없이 맴도는 그리고 사실상 공허와도 같은 태양계처럼 커 가기만 하는 움직임으로 끝없이 그를 농락하는 허영이요 탐욕이다. '난 죽어서 사람들이 어떻게 나에게 눈물을 흘리는가를 보고 싶다'라는 순진한 인간의 소망, 그것을 그 작가는 끊임없이 실천하고 있다. 그는 죽어 (혹은 그는 살지 않는다) 끝없이 자신에게 눈물 흘린다. 죽음에 대한 끔찍스런 고뇌는 여기서 온다. 그 고뇌는 반드시 죽음에 대한 두려움으로 표현되지 않고, 변화에 대한 두려움 즉 게오르겐탈로 가는 데 대한 두려움으로 나타나기도 한다."

 그런데 이러한 죽음에 대한 두려움은 어디서 오는가? 카프카는 그의 말처럼 서로 혼동될 수도 있는 두 가지 이유를 구분하고 있다. 그리고 실제로 그 이유는 다음과 같은 생각으로 귀결되는 것 같다. 작가는 죽음을 두려워한다. 아직 살지 않았기 때문에. 아내와 아이들과 더불어 그리고 재산을 지니고 사는 행복을 누리지 못했기 때문만이 아니라, 집으로 들어가는 대신, 소유가 아닌 관조로 그치기에 그 상황을 즐기지 못하고 소외된 채, 바깥에서 집을 찬미하면서 그 절정에 화환을 증여하는 것으로 만족해야 하기 때문이다. 그러한 작가의 내면의 독백을 들어 보자.

"내가 연기하였던 것이 실제로 일어날 것이다. 내가 글쓰기를 통해 구원을 받는 것은 아니다. 나는 죽는 데 내 삶을 보냈고, 게다가 실제로 난 죽을 것이다. 내 삶은 다른 이들의 삶보다 감미로웠으나 죽음은 보다 쓰라릴 것이다. 물론 내 안에 머무는 작가도 곧 죽을 것이다. 그 인물은 근거도, 어떠한 실재도 없으며, 심지어 먼지로 이루어진 것도 아니다. 이 땅의 삶에서 너무도 엉뚱하다는 사실에 있어서만 가능한, 약간은 가능한, 그리하여 이른바 탐욕의 구성물에 불과하다. 그것이 작가이다. 그런데 나는 계속해서 살아갈 수가 없다. 나는 살지 않았고, 진흙으로 남아 있기 때문이다. 그리고 불로 바꿀 줄 몰랐던 반짝임, 그것을 난 나의 시신을 밝히는 데만 사용하였다." 카프카는 덧붙인다. "그것은 기이한 매장이 될 것이다. 즉 작가라는 존재하지 않는 무엇은 오래된 시신을, 영원한 시신을 구덩이로 옮기고 있다. 난 작가의 자격으로서 나 자신의 완전한 망각 속에서 그것을 충분히 즐기고 싶고 ─명석함이 아니라 자신의 망각이 작가의 첫번째 조건이다─ 혹은, 결국 같은 것이 되겠지만, 그것을 이야기하고 싶다. 하지만 이 일은 더 이상 일어나지 않을 것이다. 그런데 왜 실제의 죽음에 대해서만 이야기할까? 삶에서 그건 같은 것인데……" 얼마 후 카프카는 다음의 두 가지 지적을 하고 있다. "여행에 대한 나의 두려움에는 며칠 동안 글을 쓰는 책상으로부터 멀어지게 된다는 생각이 어떤 이유가 되고 있음을 덧붙여 말해야겠다. 이 우스운 생각이 사실은 유일한 적절한 생각인데, 작가의 존재는 실제로 자신의 책상에 의지하고 있고, 착란을 피하고 싶다면 당연히 거기서 멀어져서는 안 되며, 그는 이를 악물고 거기에 매달려야 하기 때문이다. 작가의 정의定義는, 바로 그러한 작가의 정의는, 그리고 그가 행하는 행동의 설명은 (만일 있다면) 다음과 같다. 작가는 인간의 희생양이다. 그는 인간에게 아무 생각 없이, 그야말로 아무 생각 없이 하나의 죄악을 즐기도록 허락한다."

* * *

이 편지글에 주석을 더하지 않고서도 지적할 수 있는 것은, 여기 이어지는 확신들이 모두가 동일한 수준에서 이루어지는 것은 아니라는 것이다. 분명한 확신은 다음과 같다. 즉 글을 쓴다는 것, 그것은 삶 바깥에 머무르는 것이고, 소름끼치는 현실이 될 기만을 통해 자신의 죽음을 즐기는 것이다. 사람들이 짧은 여행을 예상하고 있는 이 가련한 자아는 말 그대로 악마에게 두들겨 맞고, 고통 속에 기진맥진해 있다. 그후 세계는 금지되고, 삶은 불가능하며, 고독은 피할 수 없다. "이렇게 하여 나는 더 이상 보헤미아의 삶에서 벗어날 수 없다는 것이 확실해졌다. 곧 나의 거처를 제한하여야 한다. 프라하로, 그러고는 나의 방으로, 그러고는 나의 침대로, 그러고는 몸의 일정한 자세로, 그러고는 아무것도 아닌 것으로. 그러면 아마도 홀가분하게 글쓰기의 행복을 단념할 수도 있을 거야—그래, 홀가분하게 희열 속에서, 중요한 것은 그것이다." 홀로 존재한다는 고뇌가 여기서 어느 정도 그 윤곽을 드러낸다. 이러한 이유뿐만이 아니라 또 다른 보다 모호한 이유로 해서, 글을 쓰는 것은 따라서 좋지 못한 활동이다. 왜냐하면 글을 쓰는 것은 밤의 일이기 때문이다. 그것은 어두운 힘에 빠져들어, 저 아래의 영역으로 내려가, 불순한 속박에 몸을 맡기는 일이다. 이러한 표현들이 카프카에게는 즉각적 진실에 해당한다. 이 표현들은 음울한 매혹을, 욕망의 어두운 반짝임을, 모두가 극단의 죽음으로 마감되는 밤 가운데 고조되는 것을 향하는 그 열정을 환기시키고 있다. 그는 저 아래의 힘을 통해 무얼 의미하고자 하는가? 우리는 그것을 알지 못한다. 하지만 그는 차츰차츰 말과 말의 활용을 살아 있는 것을 갈망하고 모든 진실을 허탈하게 만드는 유령 같은 비현실로의 접근과 관련시키고 있다. 이러한 이유에서 마지막 해 그는 자기 친구들에게마저 편지 쓰기를 그만두고 특히 자신에 대해 말하기를 거의 그만두게 된다. "진정으로, 난 아무것도 쓰지 않는다. 하지만 (내 적성이 그렇지 못한 만큼) 무엇을 숨겨 둔다는 뜻은 아니다…… 무엇보다, 최근 몇 해 동안 전략적인 연유에서 나 자신 하나의 원칙을 세웠는데, 난 말과 편지를, 나의 말과 나의 편지를 믿지 않는다는 것이다. 난 사람들과 진정 마음을 나누고 싶다. 하지만 말과 장난을 하는 유령과는, 미결의 언어인 편지를 읽는 유령과는 마음을 나누고 싶지 않다."

따라서 결론은 분명 다음과 같으리라. 즉 글을 더 이상 쓰지 않는다는 것. 그런데 결론은 전혀 다르다(이십 년 동안 그 결론은 결코 변하지 않았다). **"글을 쓴다는 것은 나에겐 더 한층 필연적인 것이고 더 한층 중요한 것이다."** 그리고 이 필연성에 관해 그는 그 이유를 여러 편지에서 되풀이하면서까지 우리에게 알려 주기를 잊지 않았다. 즉, 글을 쓰지 않으면, 그는 미치고 말 것이다. 글을 쓴다는 것은 광기, 그의 광기이다. 그런데 이 광기는 그의 존재 이유이다. 이것이 그의 형벌, 하지만 (그에게 만일 하나의 길이 남아 있다면) 그의 유일한 구원의 길로서의 형벌이다. 자신을 잃어버린다는 ─ 글을 쓰면 잃게 되고, 글을 쓰지 않으면 잃게 된다는 ─ 이 두 개의 분명한 사실 사이에서, 그는 어떤 통로를 찾으려고 노력한다. 글쓰기를 통해서, 하지만 유령을 내쫓으려는 바람에서 유령을 간청하는 글쓰기를 통해서. 환영에 내맡긴 자신의 말에 대해 매우 불안하게 이야기하고 있는 브로트에게 보낸 한 편지*에서 카프카는 우연하게도 작가로서의 그의 소망에 관해 많은 것을 우리에게 밝혀 줄 다음과 같은 이야기를 덧붙이고 있다.* "**이따금 예술의 본질은, 예술의 실존은 다음과 같은 '전략적 고려'에 의해서만 설명될 수 있을 것 같다는 생각이 든다. 즉, 사람에서 사람으로의 진정한 말을 가능하게 하기 위하여.**"**

* * *

마지막 한 해 동안 쓴 편지들이 남기고 있는 인상을 적어 보도록 하겠다. 약간의 장소의 변화에도 어쩔 줄 몰라 하는 그는 가족과 친구들을 떠나, 1923년 7월 뮈리츠Müritz에서 알게 된 도라 디아만트 가까이 베를린에서 살기로 결정하였다(그는 1924년 6월에 죽었다. 따라서 그녀와는 불과 몇 개월 함께 지냈다). 그때까지만 해도 몸이 좋지 않았으나 아직 위중한 병은 아니었다. 병은 점차 심해졌다, 하지만 천천히. 그에게 치명적이었던 것은 베를린 체류이다. 혹독한 겨울, 견디기 힘든 날씨, 열

---

* '밀레나에게 보내는 마지막 편지들'에서도 그러한데, 하지만 조금은 더 유머스럽게.
** 우리는, 또한 다른 많은 글들을 통해, 예술을 통해 자신이 헌신한 세계를 벗어난 삶에 대해서는 원래부터 그가 자신의 예술의 몫으로 받아들이고 있지 않음을 알 수 있다. 그러한 삶은 우선 아버지와의 관계를 통해 그에게 주어졌다. 삶에서 쫓겨나, 경계 밖으로 밀려나, 추방 속의 유랑을 벗어날 수 없었던 것은 아버지 때문이었다. 예술은 이미 정해진 운명을 번안하고, 확장하고 심화시키는 데 그친다. 그렇다고 카프카가 이러한 세계를 벗어난 삶을 언제나 탐탁지 않게 이야기하는 것은 결코 아니다. 오히려 그러한 삶을 집요하게 추구하였다. 1921년 6월 브로트에게 적고 있다. "**극심한 고통의 보름이 지나고 얼마간 평온한 첫날. 내가 살고 있는 세계를 벗어난 이 삶이 그 자체로서 다른 삶보다 못한 것은 아니고, 거기에 대해 불평할 까닭도 없다. 하지만 세계를 벗어난 이러한 삶에 이르기까지 세계가 무덤을 침해하며 외치게 될 때, 난 분노하여 언제나 틈이 벌어져 있는 광기의 문에 머리를 두들기리라. 아주 작은 것도 나를 이러한 상태에 갖다 놓기 충분하다.**"

악한 생활 조건, 시민전쟁으로 굶주리고 동요된 이 대도시의 곤궁 그 모두는 그로서는 명확히 의식할 수밖에 없는 위협을 의미하고 있었다. 그러나 친구들의 간청에도 불구하고 그는 그러한 위협을 피하기를 거부하였다. 결핵성 후두염이 밝혀지기 몇 주 전 그가 거처를 옮길 것을 결심하기까지에는 '시골 의사'인 삼촌의 개입이 필요했다. 자신의 건강에 대한 이러한 무관심은 새로운 조짐이다. 그 무관심은 다음과 같은 양상으로 나타난다. 1923년까지만 해도 약간의 질병에도 많은 신경을 쓰던 그가 상황이 심각해지면서 거기에 대해 이야기하는 것을 거의 삼가게 된다. 그후의 절망적 상태를 그는 놀랍도록 간결하고 신중하게 전하고 있다. "사람들은 결핵성 후두염을 어떻게 할 수가 없는 것으로 받아들이고 있지만, 나의 상태는 견딜 만하고, 나는 다시 음식물을 넘길 수 있다, 우선은……" 그리고 브로트가 마지막으로 프라하에서 그를 보러 온 다음, 브로트에게 보내는 마지막 편지의 마지막 문장에서 카프카는 아직도 즐거운 순간들이 남아 있다는 사실을 애써 강조하고 싶어 한다. "이 모든 원망스런 일들 곁에는 분명 몇몇 작은 기쁨들이 있다. 하지만 그것들을 이야기한다는 것은 불가능하다. 아니면 나의 잘못으로 무척 안타깝게도 망쳐 버린 방문과 같은 그 어떤 방문을 위해 남겨 두어야겠다. 안녕. 모두에게 감사를." 이러한 원망의 거절이, 베를린에서 쓴 거의 모든 편지들의 그 망설임을 통해 느낄 수 있는 자신에 대한 침묵이, 그의 삶에서 일어난 변화의 유일한 징후이다. 긴장되고, 감시받는, 의도적인 침묵. "나에 관해서 이야기할 것이란 거의 없다. 얼마간 그림자 속의 삶인 만큼. 그것을 곧바로 쳐다보지 않는 사람은 아무것도 알아차릴 수 없을 거야." "실제로 내 주위는 너무도 고요하다. 더구나 아무리 고요해도 결코 지나치지 않은 고요로." 그리고 밀레나에게 말한다. "나의 건강 상태는 프라하에 있을 때와 전혀 다르지 않아. 그게 전부야. 구태여 거기에 대해 말하고 싶지 않다. 말해 버린 것은 이미 너무도……"

이 침묵을 해석해 볼 수는 있다.* 그는 자신의 운명이 말하기가 내키지 않는 다른 존재의 운명과 너무 흡사하기 때문에 스스로에 대해 말하기를 꺼리는가? 그러고는 그는 비밀을 간직하기를 바라는가? 혹은 그때까지 한층 더 가혹하고 한층 더 일관된 고독에 갇히면서 그는 1922년 클롭슈토크에게 이야기하는 것처럼 **"자신에게 파묻힌, 기이한 자물쇠로 자신을 걸어 잠근 인간"**이 되었는가? 그는 쓰여진 말을 진정으로 불신하고 있는가? 그리고 진실을 기만적이고 불충한 전달자들에게 맡기면서 그 진실을 이용하는 이러한 유령 같은 전달 방식을 진정으로 불신하고 있는가? 이 마지막 사실은 분명하다. 비록 그가 거기에 관해 모든 것을 설명하고 있지는 않지만. 자신의 문학 작품의 주제에 관해서도, 그는 허구가 현실까지 나아가는 것을 보았다. 피가 흐르는 이상한 상처를 묘사하고 있는 『시골 의사』에서 그는 곧 나타나게 될 자신의 각혈증세를 예감하고 있다. 1924년 3월 목소리는 꺼져 가고 병의 마지막 상태의 조짐이 보일 때, 그는 그의 이야기 『조제핀』을 막 끝낸 참이었는데, 거기서 같은 종족들이 사용하는 표현 수단을 더 이상 이용하지 못하는 까닭에, 찍찍거리고 휘파람 소리를 내는 별난 재주를 타고났다고 생각

---

* 다음과 같은 상황들을 언급해 두어야겠다. 이 기간 동안 막스 브로트는 고통스러운 감정 상태에 처하고 있었다. 프라하에서 결혼한 그는 베를린에 살고 있는 어린 아가씨에게 열정적으로 마음을 쏟고 있었다. 카프카는 이 어린 아가씨를 자주 만나게 되고, 그리고 그의 친구에게 먼저 이야기하여야 하는 것이 그녀에 관한 것임을 잘 알고 있다.

하는 노래하는 생쥐를 이야기하고 있다. 그때 카프카는 클롭슈토크에게 말한다. "때마침 새끼 새가 재잘거리는 소리에 대한 탐구를 계획하고 있었지요." 어떻게 여기서 언급하지 않을 수 있겠는가? 마지막 순간 실재인 양 말에 사로잡혀 있는 자신을 바라보는 그 작가의 불안스러운 발견에 관한 그의 지적을. "내가 놀이 삼아 해본 일이 실제로 일어날 것입니다." 그에게 과연 그러하였던가? 고요히 다가오는 사건을 침묵 속에서 주의 깊게 받아들이면서, 그는 눈앞에서 고통스럽게 끝나는 말장난에 대해 말하기를 거절하였던가? 하지만 말에 대한 이러한 불신이 글쓰기 임무를 다하는 그를 끝내 가로막지는 못하였다. 오히려, 말을 할 수 없었기에 그에게는 글을 쓰는 것만이 허락되었고, 드물게는 그의 임종의 순간 또한 글로 쓰여졌다. 마치 죽음이, 카프카 특유의 유머를 빌려, 그를 송두리째 작가로 ─ **"존재하지 않는 그 무엇"*** 으로 ─ 바꾸어 놓을 채비가 되어 있다는 것을 그에게 알리고 싶어 했던 것처럼.

---

* 마지막 날들을 보내며, 카프카는, 비록 속삭임이라 할지라도, 말을 하지 않으리라는 방침을 엄격히 고수하였다. 그는 마지막까지 친구들과, 항상 살아 있는 자신의 언어에 대한 감수성과 독창성이 여전히 묻어나는, 짧은 문장을 써 가며 서로의 생각을 나누었다.

11장
진정 마지막 말

언젠가 본래 상태로 갓 출간된 카프카의 편지를 언급하면서, 나는 사후 출판이라는 성격 때문에 그것이 무한할 수밖에 없듯이, 전집엔 언제나 마지막 권이 빠져 있다고 할 수도 있다고 하였다. 왜 그럴까? 우선 사실상의 이유로 그러하다. 힘든 협상 과정을 통해 잠시 판본에서 보류되었던 약혼녀 펠리체 바우어에게 보내는 편지는 누락되고 말았다. 자신의 삶을 마감할 때까지 이어지는 도라 디아만트와의 만남을 잘 밝혀 줄 수 있는 지표들도, 끝내 그러하지는 않겠지만, 빠져 있었고 아마도 한동안은 그러할 것이다. (내가 여기서 말하는 것은 계속해서 수집할 수도 있는 외부의 증언이 아니라, 카프카의 판단, 그의 말, 그의 『일기』에 적힌 노트이다.)

다음의 주석은 약 10년 전부터 시작된 것이다.* 오늘날 (1967년 10월 이후로) 얼마간 예외를 제외한다면, 펠리체 B.에게 보낸 편지 전부를 모으게 되었고, 여기에 사람들은 약혼한 두 사람의 수수께끼 같은 친구 그레테 블로흐Grete Bloch에게 보낸 편지를 덧붙였다. 클라우스 바겐바

---

* 앞 장의 글 참조.

흐가 천천히 꼼꼼하게 모은 자료들을 (그가 정성을 다한 전기의 첫 권은 1958년 발간되었고 그후 메르퀴르 드 프랑스 출판사에서 번역되었다. 그리고 『카프카 논집』은 밝혀지지 않은 여러 측면에 관한 자료들, 특히 글들의 연보와 또한 두번째 약혼녀 율리에 보리체크의 여동생에게 보낸 장문의 중요한 편지들을 모아 그와 다른 저자들에 의해 편집되었다. 마지막으로 로볼트Rowohlt 출판사에서 일종의 카프카 자신이 [그리고 바겐바흐가] 편집한 형태로 출간된 작은 책자가 있다. 그 압축된 형태는 사람들이 알고 있는 것을, 사람들이 모르고 있는 것을, 혹은 이제부터 무척이나 분명해질 삶에 대하여 사람들이 아직은 모르고 있는 것을 우리로 하여금 더 잘 볼 수 있도록 해준다) 손에 넣은 우리는 진정한 질문을 던질 수도 있지만, 대개의 경우 빗나가고 만다. 왜냐하면 자료를 풍성하게 하면서도 그 자료들을 끌어들여 삼켜 버리고 마는 전기에 관련된 소문으로부터 벗어난 순수한 상태에서 그 자료들을 접근하기가 사실상 어렵기 때문이다.

1. 이러한 어려움을 벗어나기 위해 몇몇 사실들을 불러 모아 보자. 편지들 전체를 하나의 흐름으로 읽었을 때 그 편지들이, 어떤 명백한 의도에서 이야기한 것이 항상 숨기고 있는 변화의 모습을 제외한다면, 새로운 무엇을 우리에게 알려 주고 있는지를 살펴보아야 할 것 같다. 카프카가 여성의 세계와의 관계 속으로 끌려들어 갈 때마다 우선 확인되는 것은 일종의 은혜로움과 우아함이요, 매력적이고 매혹적인 유혹이다. 처음의 그의 편지들은 그 자체가 매력적인 매력을 향한 욕망에 이끌리고 있다. 적어도 처음에는 우정 어린 친근감이나 신뢰의 관계만을 바라던 블로호 양에게 편지를 쓸 때에도 카프카는 아직은 무척이나 어린 이 아가

씨가 눈에 띄게 혼란을 일으키게끔 편지를 쓰고 만다. 그러한 혼란은 의도적이건 아니건 자신의 최초의 약혼들을 파기에 이르도록 하고, 그후 카프카로 인해 상상의 아이를 가졌다는 이상한 이야기를 꾸며 내게도 한다. (이 이야기는 그럴 수도 그렇지 않을 수도 있는* 일을 K. 바겐바흐가 확실한 것이라고 잘못 전달한 불확실한 이야기에 관한 것임을 말해 두자.)

어려움은 너무도 빨리 닥쳐오지만 —— 어떤 의미로는 순식간에 ——, 그 어려움은 무엇보다 솟구치는 청춘의 행복에 겨운 열정에 속하는 것이다. (너무도 절망적인 순간들이 있었음에도) 얼마간 행복한 이 시기에 그가 쓴 것이 바로 『변신』이다. (이 이야기를 두고 그는 F에게 말한다. "이 너무도 혐오스러운 이야기를 난 너를 생각하며 쉬기 위해 곁에 미뤄 두고 있다. 이야기는 중반을 넘기며 나아가고 있었지만, 전체적으로는 만족스럽지 못한 것이 오히려 더없이 혐오스럽기만 한데, 네가 알다시피, 이것은 네가 머물고 있는 마음, 네가 너의 거처인 양 받아들이고 있는 바로 그 마음에서 **비롯된 그러한 것들이다.**") 그는 1912년 8월 (프라하에 있는 그의 친구 막스 부모의 집에서) 그의 약혼녀가 될 여인을 한 차례 더 만난다. 그는 몇 주 후 (9월 말) 그녀에게 편지를 쓰는데, 그것도 거의 매일 아니 하루에도 몇 차례씩 편지를 쓴다. 1913년 초 관계는 갑자기 암담해진다. 카프카는 거듭 이 변화를 확인하고 있다. "이제 난 우리가 서신을 나누던 그 처음 몇 달 동안의 내가 아니다. 그것은 새로운 변화가 아니라 차라리 그대로 계속될지도 모르는 과거로의 회귀이다…… 너도 인정하겠지만, 처음엔 난 달랐었고, 결코 돌이킬 수 없는 것은 아니리라. 그때부터 지금까

---

*이 글 끝부분 참조.

지 나를 이끌어 온 것은 인간적 발전의 모습이 아니라, 오히려 나는 전적으로 나의 옛길로 실려 간 것이었고, 길들 사이에는 아무런 직접적 관계는 물론 우여곡절의 관계조차 없으며, 다만 공중을 가로질러 허상을 뒤쫓는 길만이……" 왜 그럴까? 이 질문에 우리로서는 어정쩡한 대답밖에 할 수 없다.

앞서 성탄절 날 만나기를 꺼려 하였던 카프카가 자신의 감정에 이끌려 그리고 분명 여자 친구의 간청을 받아들이고서 베를린에 들르려고 생각한 것이 아마 이즈음이다. 그를 유혹하여 떠나도록 부추기는 여행, 하지만 그 여행은 3월 23일에야 이루어진다. 거의 모든 만남은 기대에 어긋나고 말 것이다. 편지들을 읽으면서 (미루어 짐작하지 않고서는 우리는 아가씨의 편지를 알 수가 없다) 우리는 펠리체가 다정다감하다기보다는 신중하다는 인상을 받게 된다. 사람들과 함께 있을 때에는 사교적인 발랄함을 보이면서도, 드물기는 하지만 혼자가 될 때면 그녀는 침울해지고 어쩔 줄 몰라 하거나 피곤해 보이기도 한다. 적어도 카프카가 그녀에게 갖는 인상은 그러하다(하지만 카프카의 이러한 인상을 너무 가볍게 여겨서는 안 된다. 그 자신이 사교 관계가 불가능하다고 밝힐 때, 카프카는 자신을 다정하고 여유 있고 때로는 열렬하다고 생각한 친구들의 증언을 반박이라도 하듯, 실제로 그는 이따금 폐쇄적이 되면서 기이할 정도로 자신의 모습을 드러내지 않기도 한다). 카프카는 자신에게는 찾아볼 수 없다고 생각되는 모습들을 펠리체에게서 발견하게 된다고 말하였다. 매사에 적극적이고 용기 넘치는 확신에 찬 젊은 아가씨. 여기서 자신에게는 결핍되어 있는 그러한 그녀의 모습이 그의 마음을 끌었다고 너무 손쉽게 결론짓는 것은 분명 잘못이리라. 외모에서 그녀가 단숨에 그를 사로잡은 것도 아니다. 그는 『일기』에 잔인할 정도의 객관적 어휘로 그녀를 묘사하고 있고, 하물며 그녀를 두고 블로흐 양에게 어떤 혐오감을 가지고 (썩은 이빨을, 반점이 있고 꺼칠꺼칠한 피부를, 뼈가 앙상한 골격을) 이야기하기도 한다. 아울러 그는 그녀를 사랑한다——열정적으로 절망적으로. 아울러 즉 **동시에**. 이것이 여기서 우리가 진부한 심리적 유희에 빠지지 않고 이야기할 수 있는 전부이다. 그녀가 보여 주고 있는 것이 바로 삶이라고, 삶의 행운이라고, 세계와의 화해의 가능성이라고 덧붙여 말해야 하지 않을까? 진실로 그러하다. 그런데 어떠한 측면에서의 진실을? 차라리 이렇게 말해야 하리라——이것이 그녀와 밀레나, 아마도 율리에 보리체크, 또한 추크만텔의 알 수 없는 여인, 리바의 어린 아가씨 이 모두와의 공통된 모습이다——그녀는 추억의 형태로 흔적의 부재의 흔적을 담고 있다고, 다시 말해서 사실상 결백을 의미하지는 않는 무죄의 흔적을 담고 있다고. 첫 만남의 첫번째 날을 『일기』에 그는 이렇게 적고 있다. "F. B. 양은……, **뼈가 앙상한 공허한 얼굴, 숨김없이 공허를 드러내고 있는 얼굴.**" 여기서 되풀이되는 공허라는 말은, 하지만 무의미한 특성이라기보다는 수수께끼 같은 가능성의 발견에서 비롯된 공허라는 이 말은 그에게 과오의 부재라는 의미로서의 결함의 매력을 예감케 하고 있다. 여성의 세계는 그가 예감하는 "과오를 벗어나 있는 것"을 분명하게 보여 주고 있고, 또한 그 세계의 현전을 통해 이미 그 애매한 분리를 보여 주고도 있다. 모든 유혹은 (하지만 이 말을 육체의 매력과 같은 단순한 기독교적 의미로 이해하여서는 안 된다. 물론 여기서 카프카가 나름대로 어려움을 겪고 있기는 하지만 말이다*) 여성 세계로부터 비롯한다. 그를 사로잡은 것이 차라리 삶의 유혹인 것은, 유혹이 이 기이한 지점에서 죄의식과는 무관한 것으로 남게 되는 것 같기 때문이다. 하지만 그 매혹은 매혹을 따르는 자를 그 자신으로부터 벗어나는 가운데 일탈의 기만에 빠져들게 하고 망각의 환희를 약속받은 영원한 죄인으로 만든다. 이것이 소송의 한 의미를, 얼마간 성의 한 의미를 이루게 될 것이다. 두 작품 모두 여성의 낯섦이 안겨 주는 도발을 좇아 쓰여진 작품들이다.

(유난히도 불행하던 시절 벨취에게 보낸 편지에서 카프카는 흐트러짐 없는 맑은 정신으로 역시 맑은 정신의 소유자인 그의 친구가 행복한 죄의식이라 이름한 것에 대해 해명하고 있다. "넌 나의 죄의식이 나에게 도움이 되는 하나의 해결책이라고 생각하지만, 아니다, 내가 죄의식을 가지는 것은 그것이 나에겐 오로지 가장 아름다운 회한의 형식이기 때문이란다. 죄의식이 되돌아감의 요구에 다름 아니란 것을 알기 위해 그렇게 가까이 들여다볼 필요는 없다. 하지만 곧 자유와 해방 그리고 적절한 만족의 느낌이 이미 회한보다 한층 더 두렵게 모든 회한 너머로 피어오른다……" 죄의식을 느끼는 것, 그것은 결백해지는 것이다. 왜냐하면 그것은 회한을 통해 시간의 결과를 지우고, 과오로부터 벗어나려고 하는 것이기 때문이다. 하지만 여기서 또 한 차례 죄의식을 느끼게 된다. 왜냐하면 그것은 시간의 부재에 따른 무위에 헌신하는 것이기 때문이다. 아무 일도 일어나지 않는 이곳에서, 지옥에서, 혹은 카프카가 이 편지에서 말하고 있는 이른바 지옥의 뜰에서.)

---

* 카프카가 밀레나에게 보낸 편지 참조. 거기서 그는 가차 없이 "그의 첫날밤"을 솔직하게 이야기하고 있다(「밀레나의 실패」).

2. 서로를 열렬하게 찾던 처음 몇 개월의 화목한 시간이 지나면서, 왜 모든 것은 점점 더 불행으로 빠져드는가? 베를린 여행에 대해 내가 이야기한 바 있지만, 그것이 아무런 설명이 되지는 못하였다. 여기에 대해 그가 무슨 말을 할 수 있겠는가(우리가 할 수 있는 것이란 다만 그의 말을 되풀이하는 것에 지나지 않는다)? 같은 기간 동안 그는 고통스럽지만 열렬한 격정 속에서 시간을 넘어선 듯 규칙적으로 글을 썼지만(매일 밤, 밤의 무한 속에서, F. B.를 만난 지 꼭 한 달 후 그리고 그녀에게 첫 편지를 보낸 지 이틀 후『판결』을 쓰고, 그러고 나서 그의 소설『아메리카』*Amerika*의 계속되는 이야기를 쓰고, 동시에『변신』을 썼다), 이제 갑자기 글쓰기를 멈춘다. 글쓰기만 끝나는 것이 아니라, '소설 메모장'을 다시 읽으면서, 그는 내면의 진실에 동떨어지지 않은 첫 장을 제외한다면 나머지 모두는 급작스레 사라진 격한 감정에 대한 회상 속에서 쓰여졌기 때문에, 따라서 그것은 이를테면 400페이지 중 56페이지만 남겨 두고 폐기해야 한다고 그는 믿고 있다.

  글쓰기의 고독을 위해 싸우는 카프카를, 그리고 사람들과 필요한 관계를 맺고 결혼이나 세계 속의 인사치레를 해야 하는 생활의 요구에 대해 싸우고 있는 카프카를 보여 주기란 어렵지 않다. 서신의 수많은 대목들이 — 요컨대 헤아릴 수 없을 정도의 수많은 대목들이 — 그 사실을 입증하고 있다. 아직은 존댓말을 쓰지 않을 수밖에 없는 그녀에게 편지를 쓰기 시작하면서 그는 자신의 속내를 숨김없이 털어놓고 있다. "**내 삶은 언제나 글쓰기의 시도 가운데, 대개의 경우 실패하고 마는 그러한 시도 가운데 이루어지고 또 이루어져 왔습니다. 하지만 글을 쓰지 않는다면, 난 마침내 세상 바깥에 내팽개쳐져 바닥에 버려지고 말 것입니다.**

내가 아무리 보잘것없다 하더라도……, 글쓰기에 관한 한 나에게 정녕 하찮은 것이란, 상식적 의미에서 하찮은 것이란 없답니다…… 당신을 향한 생각마저 글쓰기와 관계하고, 글쓰기의 파고波高만이 나를 결정*하고 있답니다. 글쓰기로 지친 시간에는 차마 당신을 향해 나아갈 용기를 낼 수가 없었습니다……" 펠리체는 곧 그러한 격정에 두려움을 느끼고, 이성적으로 그에게 절제를 충고한다. "(그는 답한다) 나의 마음 상태는 무어라 해도 지극히 정상적이랍니다. 하지만 사람의 마음이란 잘된 글의 행복만큼이나 잘못된 글의 우울함을 견뎌 내기가 쉽지 않습니다…… 나와 글쓰기와의 관계를 감안한다면 당신은 나에게 절도와 한계Mass und Ziel에 관한 충고는 그만두게 될 테지요. 인간의 약점이란 지나치게 모든 것에 한계를 두려는 경향에 다름 아닙니다. 내가 가진 모든 것과 더불어 나를 지켜 줄 수 있는 유일한 지점으로 나아가야 하지 않을까요? …… 나의 글쓰기가 아무것도 아닐 수 있습니다. 하지만 그때 난 분명 진정으로 아무것도 아니랍니다." 그리고 1913년 1월 15일의 놀라운 편지에서 그는 이미 생의 동반자로 여기고 있는 그녀에게 실존의 이상적인 모습을 묘사하면서 제안한다. "언젠가 넌 내가 글을 쓰는 동안 내 곁에 앉아 있고 싶다고 적었지. 하지만 생각해 봐, 난 더 이상 그런 상태로 글을 쓰지는 못할 거야(바꾸어 말해서 난 이미 글을 쓰지 못하고 있다), 아니 그렇게는 결코 글을 쓸 수가 없단다. 글을 쓴다는 것은 무절제로 열린다는 것을 의미하지. 극

---

*어느 날 펠리체에게 자신의 글쓰기 성향을 언급한 바 있다. "어떤 성향, 결코 성향이 아니라 글쓰기 그것은 나 자신이다. 어떤 성향은 없애거나 줄일 수도 있다. 그러나 그것은 나 자신이다. 물론 사람들이 나를 아주 없애 버릴 수는 있다. 그렇다면 너에게는 무엇이 남게 될까?"

단적 열림, 거기서 한 존재는 이미 인간관계 속에서 자신을 잃어버리고 있다는 생각이 들고, 아직도 분별을 잃지 않고 있다면 두려움에 거기서 뒤로 물러서려고 하는——왜냐하면 사람은 누구나 자신이 살 수 있는 만큼 오래도록 살고 싶어 하기 때문이지——열림. 이러한 열림, 이렇게 마음을 쏟는 것으로는 충분치 못하다네, 결코 글쓰기에는 말일세. 이러한 상태에서 출발하여 글을 쓰면서 저 아래에서 되찾아지는 것이란——달리 방도가 없고 심층의 원천이 잠자코 있지 않는 한——진정한 감정이 그 위의 지반을 흔들며 밀려오는 순간 아무것도 아닌 것인 양 허물어지고 말지. 그래서 글을 쓸 때 충분한 고독이란 있을 수 없다. 그래서 글을 쓸 때 주위의 충분한 고요란 결코 있을 수 없다. 밤마저도 밤이 되기에는 턱없이 부족하니······ 나는 종종 나에게 있어서 최상의 삶이란 글쓰기 도구와 램프를 가지고 넓고 밀폐된 지하실의 가장 깊숙한 곳에 거처를 마련하는 것이리라는 생각이 들기도 한다. 사람들이 먹을 것을 가져다주겠지. 하지만 언제나 내가 머무는 곳에서 멀리 떨어진, 창고의 가장 바깥쪽 문 뒤에서. 나의 유일한 산책은 실내복을 입고 창고의 둥근 천장 아래를 가로질러 음식을 찾으러 가는 일이 되겠지. 그러고는 탁자로 돌아와 천천히 품위 있게 식사를 하고 나서는, 다시 글을 쓰기 시작하겠지. 그때 난 무엇을 쓰게 될까! 그 어떤 깊이에서 그것을 끌어내게 될까! 수고를 들이지 않고서! 왜냐하면 극단의 집중은 수고를 모르기 때문이다. 오래는 지속할 수가 없고 또 이러한 조건 속에서도 아마도 피할 수 없는 최초의 궁지와도 같은 엄청난 광기로 빠져들기는 하겠지만. 그래 너는 어떻게 생각하니, 지하실에 살기를 마다하지 않겠지!"

이 이야기는 (하나의 이야기인 이 편지는) 인상적이다. 당시 아직은 젊음의 환영으로 빛나던 카프카는 펠리체가 지하 생활의 필요성을 이해하고 거기에 만족하리라 믿고 있는 것 같다(그가 그렇게 믿고 있을까?). 지하실은 그의 것 그녀의 것이 될 것이기 때문에(얼마 후 "**지하실, 어쨌든 너에게는 서글픈 재산**"이라고 그는 적고 있다). 그리고 그는 지하실이 자신의 고립에 적합하고 자신에게 도움이 되리라 믿고 있는 것 같다(하지만 과연 그럴까?). 지하실, 그 물러섬에 있어서 충만한 거처할 수 있는 안온한 현전의 공허. 다시 말해서 잘 정돈되고 보호된 별장과도 같은 곳(1915년, 1916년 이 년에 걸쳐 도시에서 작업할 수 있는 방을 구하면서, 그는 시야를 빼앗긴 것을 참지 못하는데, 그때 그는 더 이상 몽상이 아닌 고독의 진실 속에 머무르게 된다). 그의 펠리체와의 생활 방침은 거의 모두가 오로지 자신의 작업을 보호하여야 한다는 의지와 그리고 함께할 앞날이 주어진다면 그 앞날의 상황을 두고 약혼자를 속이지는 않으려는 바람으로 설명된다. 그가 말하기를 하루에 겨우 한 시간 그들은 서로 마주하게 된다. 그리고 1914년 7월 12일의 결별(파혼의 결심) 이후 11월 그는 그 젊은 아가씨와의 다툼을 다시 시작하면서, 그녀에게 다음과 같이 새삼 단호하고 간결하게 자신의 입장을 밝힌다. "**너는 글쓰기 작업이 나에게 갖는 힘을 보지 못했어. 보았다 하더라도 부족하단다. 너무나 부족하단다 ⋯⋯ 네가 가장 중요한 친구였던 것만은 아니었고, 동시에 나의 작업의 가장 커다란 적이었단다. 적어도 작업이라는 문제를 두고 볼 때는 말이다. 나의 작업은 그 근본에 있어서 모든 한계를 넘어 너를 사랑했지만 어떻게 해서라도 그 자체를 보존하기 위해서는 너에 대항하여 작업 자체를 지켜야만 했지 ⋯⋯ 너는 내가 왜 이렇게 행동하였는가에 대한 설명을 원하고 있지.**" 설명을 한다면 이렇단다. 난 내 눈앞에서 계속해서 너의 두려움을, 너의 혐오를 보았어. 나에게는 나에게 유일하게 삶의 권리를 제공하는 나의 작업을 돌보아야 할 의무가 있었고, 너의 두려움은 거기에 나의 작업에 대한 가장 커다란 위험이 있다는 사실을 보여 주기도 하고, 혹은 그러한 사실로 인해 나를 (참을 수 없는 불안으로) 불안하게 하기도 하였다…… 내가 블로흐 양에게 편지를 쓴 것은 그때였어…… 지금은 넌 모든 걸 되돌릴 수 있고, 또 나만큼이나 네 본래 모습에 위협을 느꼈고 너의 두려움이 나의 두려움만큼이나 당연한 것이었다고 말할 수 있겠지. 난 그렇다고 생각하지 않는다. 난 실제 그대로의 너를 사랑했고 그것을 의심했던 것은 다만 적대적으로 나의 작업을 건드렸을 때뿐이었단다…… 괜찮아, 딱히 그런 것만은 아니야. 넌 위협을 느꼈어. 하지만 그러고 싶었던 것은 아닐까? 결코 아닐까? 조금도?"(작가로서의 카프카 자신의 몫이기도 했던 그러한 지고의 움직임을 스치는 질문.)

3. 글쓰기와 삶 사이의 갈등은 아무리 단순화시켜도 어떠한 확실한 설명의 원칙을 제공하지 않는다. 여기서 설명한다는 것이 비록 끊임없는 시험을 위해 서로서로를 불러내는 확인 내용들의 열거에 불과하다 하더라도. 과연 글을 쓴다는 것과 산다는 것이라는 분명 아주 잘못 규정된 사항들의 대립으로 우리가 만족할 수 있을까? 글쓰기는 삶을 파괴하고,

---

* 구체적으로 파혼을 결심한 날. 그날 그는 자신을 합리화하기를 거절하고 블로흐 양에게 편지를 쓴다. 그 편지에서 그는 이제 막 약혼을 한 그임에도 불구하고 결혼의 공포를 이야기하고 있다. 블로흐 양은 잘못 알고서 편지를 펠리체에게 보여 주었고 그리하여 그녀는 고통스런 이중의 감정을 떠안게 되었다. 카프카를 통해 수차례 직접 통고를 받은 사실이 제삼자를 통해 전해지면서 치명적 객관성의 힘으로 굳어졌기 때문이었다.

삶을 보존하고, 삶을 요구하고, 삶을 무시하고 그리고 그 반대도 마찬가지이다. 글쓰기가 삶으로부터 얻게 되고 삶이 글쓰기로부터 얻게 되는 불가피한 불안정이 아니라면 글쓰기는 결국 삶과 아무런 관계도 갖지 못한다. 관계의 부재. 이른바 글쓰기는, 삶과 관련하여 흩어지는 가운데 모이는 만큼, 결코 글쓰기 자체가 아닌, 이를테면 글쓰기를 훼손하거나 더욱 곤란하게는 글쓰기를 방해하는, 글쓰기와는 다른 무엇에 관계하고 있다. 글쓰기에 고유한 이 '**다른 것**'과 ─ 중성적인 것에 속하는 타자와 ─ 관련하여, 글쓰기는 자족적일 수가 없고 자기 영역을 지정할 수 없는 만큼, 카프카는 결코 중단하거나 팽개치지 않는 간단없는 완강한 시도 속에서 펠리체와 합치고 다시 결합하는 (분리를 다시 결합하는) 연습을 한다. 젊은 아가씨와 그의 관계는 우선 근본적으로 쓰여진 말이라는 차원에서, 결과적으로 말이 담보하는 장소에서 이루어지고, 그리하여 필연적으로 말이 부추기는 환영의 진실 아래 이루어진다. "**현실로 나아가기 위해 끊임없이 넘어서고만 싶은 이러한 편지를 통한 교류가 나의 서글픔(물론 나에게 언제나 서글픔으로만 느껴지지는 않는 나의 서글픔)에 응답하는 유일한 교류이고, 나에게 주어진 이 한계를 뛰어넘으려 하면서 우리는 어떤 공통의 불행에 이르게 되리라는 생각이 이따금 들기도 한다**"라고 (베를린에서의 첫 만남 이전에) 그녀에게 카프카가 말할 때, 그는 아직은 모든 측면에서 끔찍스러운 어떤 만남에 대한 두려움을 말하고 있을 따름이다. 그러나 그는 또한 그가 마주하게 될 모순을 예감하고 있다. 편지 ─ 직접적이지도 간접적이지도 현전도 부재도 아닌 착잡한 이 소통 ─ 를 통해 그는 자신을 드러낸다. 하지만 그는 자신을, 그를 보지 못하는 누구에게 자신을 드러낸다(어느 날 밤 그는 펠리체가 장님이라는 꿈을 꾼다). 그가 젊은 아가씨의 마음을 얻었다면, 그것은 소유 아닌 소유, 또한 드러나지 않은 드러남, 말하자면 진실 아닌 진실이라는 방식에 의한 것이다("내가 베를린으로 가는 것은 나의 편지로 인해 혼란해진 너에게 내가 실제로 누구인가를 말하고 보여 주기 위한 것 이외에는 다른 목적이 없다").

어떻게 보면 정식 약혼도 하기 전에 첫번째 결렬에 이르게 되는 적어도 1913년의 그 극적인 기간 동안 그의 유일한 관심은 진실이었다. 이를테면 자신에 관한 진실 혹은, 보다 정확히는 진실함의 가능성. 어떻게 하면 젊은 아가씨를 속이는 일을 벗어날 수 있을까? 어떻게 하면 글을 쓰는 밤 시간 동안에만 이를 수 있는 이 고독의 심연에 머무르고 있는 그대로의 그 자신으로 그녀를 설득할 수 있을까? 어떻게 비가시성을 통해 자신을 찾고 있는 그대로의 자신을 볼 수 있도록 내버려 두는 식으로, 이를테면 모든 숨김과 드러남을 벗어나 자신을 드러낼 수 있을까? "오늘 적은 편지는 찢어진 채로 너에게 도착할 거야. 너에게 편지를 쓰면서 진실되고 확실한 것에 이르지 못하는 데 대한 속수무책의 분노에서 역으로 가면서 편지를 찢어 버렸어. 결국 너에게 편지를 쓰면서 너를 확고하게 붙들지도 내 심장의 박동을 전하지도 못하고 마는구나. 글을 쓴다는 데서 무얼 기대하겠니." 그리고 그 얼마 전 그는 놀랍게도 다음과 같이 적고 있다. "너에게 글을 쓰면서 너를 잊을 수가 없다. 어떤 방법으로도 너를 잊을 수 없기 때문이지. 하지만 그것 없인 글을 쓸 수 없는 그 환영의 혼미에서 너의 이름을 부르며 깨어나지 않았으면 한다." 실제로 이 움직임은 이렇게 볼 수도 있다. 모든 것을 다 말한다는 것(그녀에게뿐만 아니라 마치 상급심에 의뢰하듯 젊은 아가씨의 아버지에게 말한다는 것)은 그가 무척이나 그녀를 불행하게 만들고 있다는 것을 말한다는 것을, 혹은 보다 정확히 말해서 그녀에게 공동의 삶의 불가능을 선언하고 있다는 것을 말한다는 것을 의미한다. 그리하여 아무런 이견 없이 그녀가 그를 받아들여 바로 불가능한 그대로의 그를 인정하도록 하는 것을 의미한다. 따라서 어떠한 응답도 그를 만족시킬 수 없을 것이다. 만일 그녀가 그에게 가볍게, 애정의 표시로 또한 예민함에 대한 어쩔 수 없는 근심에서 "당신은 너무도 거칠게 자신을 표현하고 있어요"라거나 "당신 말처럼 그럴 수도 있죠. 하지만 우리가 함께한다면 모든 게 달라질 수 있을지 당신이 알 수 없잖아요"라고 말한다면, 그는 그때 그녀가 남겨 둔 기대에 절망한다. "난 어떻게 해야 하지? 믿을 수 없는 것을 어떻게 너에게 믿게 하지?" "실제로 네가 조금은 알고 있는, 하지만 그렇게 심각하게 받아들이지 않는, 또 그만큼 심각하게 받아들일 수도 없는 장애가 있다는 것을 넌 알고 있다. 내 주위의 어느 누구도 그러한 장애를 심각하게 받아들이지 않거나, 나를 위한 우정 때문이라 하면서 무시해 버린다⋯⋯ 내 곁에 있으면서 네가 얼마나 변하였는가를 볼 때, 그리고 피로에서 오는 무감각이 너를 엄습하는 것을 볼 때, 너, 민첩하고 만족스러운 생각에 대개의 경우 자신에 대한 확신에 차 있는 젊은 아가씨인 너⋯⋯ 여기서, 결과적으로, 내가 책임을 질 수 없는 것은 그 책임이 너무 크기 때문이고, 네가 책임을 질 수 없는 것은 그 책임을 네가 거의 보지 못하고 있기 때문이다."

한편으로는 그렇다. 하지만 다른 한편으로는, 설득되거나 그녀가 혹은 결국에는 상처받은 그녀가 마음이 멀어지고 조심스러워하며 의구심을 드러내며 편지를 줄이게 될 때, 그는 더욱더 절망한다. 그것은 자신에 대해 알고 있는 바에 있어서 그녀가 분명 잘못 알고 있다는 그의 느낌 때문이다. 그녀는 맹목적으로 혹은 까닭을 헤아려 마음을 정하는 것이 아니라 명백히 불가능의 유혹을 따라, 이를테면 그가 자신에 대해 알려 주는 바에 따라 마음을 정하게 된다. 그가 말하기를, 세 가지 대답이 있을 수 있다. 그녀가 할 수 있는 다른 대답이란 없다. '그것은 불가능해, 따라서 난 그를 원하지 않아.' '그것은 불가능해, 그리고 일단은 난 그를 원하지 않아.' '그것은 불가능해, 그래서 난 그를 원해.' 세번째 대답, 그것만이 옳은 대답이다(루터를 따르자면 "나로서는 그럴 수밖에 없어"라는 식의 대답). 카프카 또한 피로감에 어느 날 그가 사랑하는 약혼녀라 부르는 그녀로부터 그러한 대답을 얻어 내었다고 생각한다. 그리고 덧붙이길 잊지 않는다. "마지막으로 말하지만, 난 우리의 장래가, 그리고 함께하는 우리의 삶으로부터 나의 본성과 나의 잘못에 의해 커져 갈 불행이 너무도 두려워. 그리고 그 불행이 우선은 너에게 먼저 닥치겠지. 실제로 난 차갑고 이기적이고 무심한 인간이기 때문이지. 이 모두를 숨기면서도 누그러뜨리지는 못하는 나약한 인간이기는 하지만." 불가능이 말하는 이곳에 낯섦의 (초월의) 관계가 들어선다. 그 자체가 지칭될 수 없는 관계, (낭만적 취향에서) 어떠한 숭고한 특성을 부여하더라도 거짓일 수밖에 없는 관계, 그렇다고 카프카가 실천적 이성의 어휘로 평가할 수도 없는 관계. 참지 못한 펠리체가 어쩌면 당연히 카프카에게 "결혼은 우리로 하여금 이것저것 많은 것을 포기하게 할 수도 있겠죠. 어느 쪽에 가장 중요한 무게를 둘 것인가를 우리가 저울질하지 않았으면 해요. 우리 둘 모두에게 부담이 될 거예요"라고 적게 된다. 그는 마음의 상처를 받는다. 여기서 분명 그녀는 불가능한 것을 계산적으로 흥정할 수 있는 가능한 것들의 합산으로만 보고 있기 때문이다. "네가 옳다, 계산을 해보아야지. 이것이 의미는 없지만 부당한 것은 아닌 다음에야. 요컨대, 나의 생각은 그렇다." 결국 진실의 요구는 또다시 되돌아온다. "계속해서 함께 하는 삶이란 나로서는 거짓이 아니고서는 불가능하다. 마찬가지로 그 삶은 진실이 아니고서는 불가능하다. 네 부모들에게 건넨 나의 첫 눈길은 거짓의 눈길일 수도 있겠지."*

4. 이야기를 계속하기 전에 가장 심각한 문장 두셋을 인용하였으면 한다. 이 문장들을 별도로 인용하는 것은 그것들이 에피소드에 속하기 때문이 아니라 그 심각성 때문이다. 겉으로 보기에 자신과 그렇게 가깝지만은 않은 어린 아가씨를 잃는다는 생각이 들면서, 그에게 이내 자기 자신을 잃게 된다는 확신이 드는 이유를 (유일한 이유는 아니지만, 아주 위태로운 순간에만 자신에게 드러나는 이유를) 이 문장들은 말해 주고 있다. "편지를 쓰면서 나의 한결같은 염려는 바로 나로부터 너를 해방시키는 일이다. 가까스로 거기에 이르렀다는 느낌이 들 때면, 난 미치고 말 거야." 그것은 상반된 정념의 움직임 그 갈림길에 선 어느 연인의 광기가 아니다. 그것은 그녀, 펠리체 그녀만이, 그와의 유일한 본질적인 인간

---

* 진실과의 관계에 관해서는 이미 부분적으로 『일기』 가운데 발표된 ――내 생각으로는 마지막에서 두번째인 ――1917년 9월 20일자 편지를 인용할 필요가 있다. "지난 5년간 말과 침묵을 통하여, 말과 침묵의 엉킴을 통하여 대개의 경우 번민 속에서 너는 투쟁의 기류를 감지하고 있었다. 이것이 과연 진실에 부합하는가 네가 묻는다면, 난 너라는 인격을 대하면서 의식적인 거짓말을 과감하게 떨쳐 버리지는 못하였다고 말할 수밖에 없다. 거짓에 관한 한 '아주 조금'이라는 게 가능하다면, 아주 조금의 거짓말이라는 약간의 완화가 있었다. 난 거짓말로 가득해. 그렇지 않고서 나는 지탱할 수가 없어. 나의 나룻배는 너무도 연약하단다." 마무리를 위한 선언과도 같은 어조의 다음 구절은 『일기』에서 찾을 수 있다. "요컨대 나에게 유일한 중요한 것은 인간들의 법정이다. 그것은 더구나 내가 속이고 싶은, 하지만 속임수를 쓰지 않고 속이고 싶은 법정이다."

관계를 형성하고 있기에, 아직은 그를 지켜 줄 수 있는 바로 그러한 광기이다. 그가 글을 쓰지 않을 때, 이따금 그가 글을 쓸 때, 그의 머릿속에 떠오르는 무서운 세계로부터, 글을 쓰는 밤을 통해서만 감히 겨루어 볼 수 있는 그 세계로부터 아직은 그를 벗어나게 할 수 있기에. "**난 글쓰기의 흥분 속에서 밤을 지새우고 싶다. 그리고 또한 거기에 침몰하거나 미쳐 버리고만 싶다. 그것은 오래전부터 예감한 결론이기도 하다.**" 하지만 곧장 또 다른 긍정의 태도도 보이고 있다. 그녀에게서 이러한 위협과는 다른 도움을, 보호를, 미래를 찾으려는 욕망이 그것이다. "**네가 베를린에 오리라 희망하지 않으려는 것은 이유가 없지 않은 번민이기는 하다. 하지만 우리가 저곳으로 나아가려 한다면, 더더욱 그 이유가 없지 않은데, 우리가 곧 함께하지 못한다면, 내가 사라지지는 않을까 두려워지는 무서운 번민이 있다. 우리가 곧 함께하지 못한다면, 어떠한 다른 생각도 허락할 수 없는 너에 대한 나의 사랑은 하나의 이상으로, 하나의 정신으로, 실제로 다가갈 수 없는 그 무엇으로, 실제로 영원히 필요한 그 무엇으로, 그리하여 분명 나를 세계로부터 앗아갈 수도 있는 그 무엇으로 나아가리라. 이렇게 쓰면서, 난 흔들리고 있다.**" 그것을 이렇게 번역할 수도 있었으면 한다. 나는 글쓰기로 흔들리고 있다고. 그런데 어떤 글쓰기인가? "**넌 모를 거야, 펠리체, 어떤 이들 머릿속에 있는 문학이라는 것이 무엇인지를. 이것은 땅 위를 걸어가는 것이 아니라, 나무 꼭대기의 원숭이들처럼 계속해서 미끄러지는 것이다. 그것은 지는 것이고, 달리 방도가 없을 거야. 어떻게 하면 좋을까?**" 여기서 다시 펠리체로부터 보호받으려는 욕망이나 희망이 아니라, 보호를 받으면서도 보다 심각한 위협에 처하리라는 두려움이, 보호마저 그를 그가 이름할 수 없는 위험에 처하게 하리라는 한층 더 고통스러운 두려움이 생겨난다. "지금은 편지로서만 널 괴롭히고 있지만, 곧 우리가 함께하게 되면서 난 사람들이 불태워 버려야 할 위험 천만의 광인이 될 거야. 나를 지탱하는 것은 어떤 의미에서 하늘의 명령이요, 잠재울 수 없는 고뇌란다. 나에게 가장 중요한 것으로 보이는 모든 것, 나의 건강, 보잘것없는 나의 수입, 내 서글픈 존재, 얼마간 정당한 이유를 갖는 이 모든 것도 나의 고뇌 곁에선 사라지고 마는 아무것도 아닌 하나의 핑계에 지나지 않지…… 이것이, 진정 내가 솔직해지기 위해 그리고 내가 얼마만큼 무분별한가를 네가 이해하기 위해 필요한, 내가 가장 사랑하는 존재에 연결되는 데 대한 두려움, 바로 그 존재와 함께하는 데 대한 두려움이다…… 나는 결혼에 의해, 이러한 관계에 의해, 무로서의 나의 소멸에 의해 확실히 침몰의 위험에 처해 있다는 느낌을 받는다. 나 혼자만이 아니라 나의 여인과 함께. 내가 그녀를 사랑하면 할수록 그 침몰은 더욱 빨라지고 더욱 끔찍하겠지."*

---

* 모든 점에 있어서 그 자신이 카프카보다 못하다고 생각하고 있는 펠리체에게 그는 '문학'과 문학이 드러내는 위험에 관해서 대답한다. "'모든 점에 있어서' 내가 '너보다 나은 존재'일 수가 있을까? 얼마간 사람들을 보고서 호감을 가지고 그들 사이에 섞이는 것은 잘 할 수 있다…… 나는 배운 것에 대해서도, 읽은 것에 대해서도, 겪은 것에 대해서도, 들은 것에 대해서도 기억이 없다. 그것은 그 무엇에 대해서도 경험이 없는 것과 마찬가지이다. 나는 대부분의 일들에 대해서 아주 어린 학생보다도 아는 바가 적다. 나는 생각할 줄도 모른다. 생각하면서 나는 곧바로 계속해서 한계에 부딪힌다. 나는 아직은 이러저러한 분리된 것들은 파악할 수 있다. 하지만 전개가 가능한 일관된 사고란 나에게 불가능하다. 나는 실제로 이야기할 줄도 말할 줄도 모른다…… 내가 지닌 유일한 것은 정상적인 상태에서는 알아차릴 수 없는 심연 가운데 존재하는 문학을 위해 집중하는 어떤 힘, 직업적이고 물리적인 현재의 관계 속에서는 감히 나를 맡길 수 없는 그러한 힘이다. 왜냐하면 이러한 힘 내부의 요청에 직면할 때 그에 못지않은 내면의 경고가 있기 때문이다. 그 힘에 나를 맡기는 것이 허락될 때, 그 힘은 정말이지 단숨에 모든 내면의 비탄 밖으로 나를 실어 간다('우리가 그것을 분명히 하여야만 할까? 삶 밖으로라고')."

5. 그가 편지라는 우회 수단을 통해서만 다가갔던 그녀를 처음으로 베를린에서 보게 되면서, 그는 살아 있는 모든 관계로부터 쫓겨난 느낌을 갖는다. 그리고 돌아와서 그녀에게 적고 있다. "그것 이상으로 심각한 것을 말할 수도 들을 수도 없는, 나의 진정한 불안은 …… 난 결코 널 가질 수 없을 거야. 가장 호의적인 경우에도, 나에게 아무렇게나 맡겨진 너의 손에 완전히 미쳐 버린 개처럼 입맞춤하는 게 나로서는 고작인데, 이것은 사랑의 표시가 아니라 침묵을 선고받은 동물에 대해, 영원한 결별을 선고받은 동물에 대해 네가 느끼게 될 절망의 표시이리라…… 간단히 말해서 난 영원히 너로부터 버림받은 채 남게 되고, 넌 너무도 깊숙이 나에게로 기울면서 위험에 빠져들게 되겠지." 다음 날 그는 브로트에게 속마음을 전한다. "그저께, 난 중요한 고백을 적어 보냈다." 그렇다, 그것은 하나의 고백이다. 하지만 이 고백에, 그의 친구들이 말하는 여러 지나가는 관계들에 대해 우리가 알고 있는 것과는 모순되게, 너무 단순한 의미를 부여하지는 말자. 1916년 마리엔바트에서 그가 사랑할 수도 있는 어떤 모습을 펠리체에게서 발견하였을 때, 그는 브로트에게 다시 편지를 썼다. 그의 친구에게 적어 보낸 냉정한 성찰들 가운데 세 가지 표현을 기억해 두자. (그녀와 내밀한 관계*를 맺었던 마지막 날들까지) "난 그녀를 전혀 알지 못했다." "어쨌든 다른 심각한 일들과 함께 나를 성가시게 (방해)하였던 것은 본질적으로 편지를 쓴 그녀를 실제의 인물로 받아들여야 한다는 두려움이었다." 그런데 여기서 표명되고 있는 것은, 아주 정확

---

* 이러한 새로운 관계에 관한 아주 간략한 노트를 『일기』 속에서 찾을 수 있다. 막스 브로트가 출간할 권한이 없다고 판단하였던 이 노트를 바젠바흐는 수고手稿에서 읽었다.

히 말해서, 그 자체로서가 아니라 글쓰기의 관계(글쓰기의 비현전)로 인한, 현전의 현실 앞에서의 뒷걸음질이다. 그것은 한 상태에서 다른 상태로의 전이轉移의 거부, 이러한 전이의 불가능성일 수도 있다. 두번째 지적은 다음과 같다. "(공식적인 약혼 의례의 순간) **그녀는 커다란 홀을 지나 약혼의 입맞춤을 받기 위해 나에게로 다가왔다. 소름끼치는 전율이 온 몸을 스쳤다. 내 부모들과 함께하는 약혼의 절차는 나에게 매 순간 끝없는 고문이었다.**" 여기서 그에게 소름끼치도록 고통스러웠던 것은 한 여성의 얼굴의 접촉이 아니라 차라리 그 접촉으로 인한 혼인의 임박이고, 제도적 의무라는 기만이며, 그리고 또한 분명히 결혼이라는 단어가 그에게 환기하는 모든 것이라는 것을 기억하도록 하자. 먼저 혼인의 내밀성은, 부모 집에 사는 그에게, 언제나 반감을 불러일으켰다. 왜냐하면 그러한 내밀성은 그가 그곳에서 태어났고 아직은 계속해서 이 "혐오스러운 것들"*에 의존하는 가운데 태어나야 한다는 사실을 상기시켜 주었기 때문이다. 펠리체가 살롱과 같은 드넓은 공간 그 건널 수 없는 무한의 공간을 가로질러 그를 향해 다가가는 동안, 그에게 어떤 예고된 징벌**과도 같은 제재를 가하며 그 모습을 드러내는 것은 바로 결혼이라는 관념 자체, 다시 말해서 존엄하고도 지고한, 하지만 지고하게도 불순한

---

* 그의 가족과의 관계에 관해서는 난 『일기』(1916년 10월 18일)에 그 중요한 부분이 요약되어 실려 있는 편지를 참조하고 있다.

** 관습에 따르면——아 관습!——드넓은 공간을 가로질러 그의 약혼녀를 맞이하러 가야만 했던 자는 바로 카프카 자신이다. 하지만 카프카는 "죄인처럼 결박된 몸이다. 나를 진짜 사슬로 묶어 한구석에 밀쳐 두었다면……, 그렇게 그릇된 일만은 아니었으리라"(『일기』, 1914년 6월).

(그리고 불순하기에 지고한) 법이다. 마지막 세번째로, 아마도 가장 강렬한 이 표현에서, 그는 펠리체와의 새로운 친근감을 상기시키며 브로트에게 말한다. "지금 한 여인의 눈길에서 믿음이 가는 친근함을 보았다. 거기에 눈감을 수 없었다. 내가 영원히 간직하고 싶은 많은 것들이 (특정의 그 무엇이 아니라 전체가) 가슴 찢는 괴로움을 통해 (나에게서 빠져나가며) 드러난다. 이 가슴 찢는 괴로움Riss을 통해 인간 삶 전체로도 감당하기에 부족할 정도의 많은 불행이 생겨날 것이다. 하지만 이 불행을 난 요청하지 않았고, 그것은 나에게 강요되었다." 이 대목은 중요한 것으로 보인다. 그는 1916년* 마리엔바트에서 일어난 일의 의미뿐만 아니라, 어린 아가씨와의 사이에 일어난 이야기, 즉 카프카 자신 자신의 감정과는 별도로 그 결정적 내용을 결코 모르지 않는 모든 이야기의 의미를 말하고 있다. 왜냐하면 그녀는 어쩌면 근본적인 그의 변화를 도왔기 때문이다. 그녀는 그 자신의 눈에 그를 드러내 보여 주었고, 그가 결코 잊어서는 아니 될 의무를 갖게 되었다는 경고가 되었다. 사실 그녀를 통해 그는 "가슴이 찢어지는" 시련에 처하게 되었다. 글쓰기의 중압감뿐만 아니라 고립의 강박을 통해 그 속에서 자신을 순수하게 보존할 수 있다고 믿었던 그 원이 ─ 순수하다는 것은 거짓 없다는 것을 의미하지, 진실하다는 (그는

---

* 마리엔바트에서의 체류에 관해 카프카는 계속해서 1922년 1월 29일 일기 속에 적고 있다. 그때 그는 밀레나가 올지도 모른다는 생각에 두려웠다. "문제는 이 하나뿐인 수수께끼를 해결하는 일이다. 15일 동안 마리엔바트에서 내가 행복하였던 것은 왜일까, 따라서 어쨌든 경계의 가장 고통스러운 단절과 극복 이후 밀레나와 여기서 여전히 행복할 수도 있으리라는 것은 왜일까. 하지만 마리엔바트에서보다는 훨씬 힘들겠지. 생각은 더 확고하고, 경험의 폭은 더 넓어졌으니. 당시는 분리의 관계였던 것이 지금은 하나의 벽 혹은 하나의 거짓, 보다 정확히 말해서 하나의 무덤이다."

결코 진실하다는 것이 아니라, 오히려 진실을 벗어난 것과 마찬가지로 거짓을 벗어난 것을 생각하고 있었다) 것을 의미하지 않는다——깨어졌다. 어떤 순간 혹은 어떤 예기치 못한 일들로 해서 일어나는 단절이 아니라, 모든 장소 모든 사건 이전에 언제나 이미 일어난 것으로 드러났던 단절로 인해, 원이 깨어졌다. 드러남, 어떤 정해진 순간에 생겨나지도 점차적으로 생겨나지도 않는 이러한 드러남은 경험적으로 혹은 내면적으로 확인될 수 있는 것이 아니라, 그의 작업 속에, 작업과의 그의 관계 속에 함축되어 작용하고 있다.

6. 그것은 하나의 엄청난 '예고'였다. 펠리체에게 보낸 편지는 분명 다음 두 가지 측면에서 그것을 확인시켜 주고 있다.

　①청년기 소설(『아메리카』)의 '**실패**'로 마감한 젊음, 작가로서의 그 젊은 시절 내내 그는 글쓰기에 대해 대개의 경우 불행하지만 언제나 새로워지고 변치 않는 고통스러운 믿음을 지니고 있었다. 그는, ——언제나 글을 쓸 수만 있다면——구원한다는 말을 긍정적 의미가 아니 부정의 의미로 받아들일 때, 글쓰기가 그를 구원해 주리라는 생각을 지니고 있었다. 글쓰기가 선고를 미루거나 연기하면서 그에게 어떤 가능성을 제공하고, 그리고 누가 알겠는가, 어떤 출구를 열어 주게 되리라는 그러한 생각을 그는 지니고 있었다. 누가 알겠는가? 누가 알겠는가? 지하실 속에 산다는 것, 거기서 끊임없이 글을 쓴다는 것 외에 다른 목적 없이 글을 쓴다는 것, 지하실의 거주자가 된다는 것 따라서 글쓰기라는 바깥에서 거주한다는 (살고 죽는다는) 것. (하지만, 이 순간 카프카에게 바깥이란, 다음과 같은 계시적인 문장으로 적고 있듯이, 여전히 하나의 안이요

내밀성이요 '열기'이다. "날 글쓰기 밖으로 쫓아내지 못할 것이야, 난 이미 그 중심에, 그 최상의 열기 속에 자리하고 있다는 생각이 들기 때문이다.") "아, 글을 쓸 수 있다면. 이러한 욕망이 날 불태우고 있다. 무엇보다 그렇게 하기 위한 충분한 자유와 건강이 주어진다면. 글쓰기가 나의 유일한 존재 가능성이라는 걸 네가 이해하지 못했다는 생각이 든다. 놀라운 일은 아니지, 내 스스로 표현한다는 것이 너무도 서툴고, 난 나의 내면적 형상들의 공간 속에서 비로소 깨어나기 시작한단다……" 여기서 우리가 얻을 수 있는 결론은 이 공간 속에서 그가 어떤 깨어남에 이를 수 있다는 희망을 지니고 있다는 사실이다. 그런데 점차로 그리고 언제나 갑자기, 결코 글쓰기의 요구를 거절하지 않으면서도 그는 이러한 요구가 담고 있을 수도 있는 희망을 포기해야만 할 것이다. 글쓰기란 본질적으로 불확실할 뿐만 아니라, 글을 쓴다는 것은 닫힌 원의 순수성 속에 그대로 보존될 수 있는 것이 아니라, 그것은 어두운 힘을 위로 끌어올려, 그 외설스런 낯섦에 전념하고, 어쩌면 파괴하는 그 무엇에 관계하는 것이다. 작가로서의 그의 장래에 관한 언제나 숨겨져 있기도 한 그 명료함에 이르기 위해 펠리체와의 이야기에 있어서 그에게 끝없는 실패가 계속되어야 했다고 말하지는 않겠다. 하지만 이 두 개의 움직임은 서로서로를 지칭하고 있는데, 그것은 서로가 직접 관련되어 있기 때문이 아니다. 그것은 두 개의 움직임이, 현전에 대한 모든 긍정을 벗어난 움직임 이른바 글쓰기의 움직임에 가담한 관계라 하더라도 그러한 관계의 모든 가능성마저 선행하여 허물고 그리고 유지하는, 부재의 ─타자성의─ (단절, 하지만 단절 가운데 단절의 불가능성의) 조건을 다양한 측면에서 되풀이해서 보여 주고 있기 때문이다.

②이제 막 펠리체와 서신 교환을 시작한 그는 그녀에게 다음과 같이 주요한 속내 이야기를 털어놓는다. "선행하는 질서를 따라 나에게 모여 있는 것들로부터는 단 하나의 지속적인 움직임의 흐름을 쫓아 아무것도 쓸 수 없다는 것이 나의 고통들 중의 하나이다. 나의 기억은 분명 형편없다. 그렇다고 최상의 기억이 정확하게 글을 쓰는 데 도움을 주지는 못할 것이다. 비록 그것이 계획되고 (미리 생각되고) 간략하게 표시된 것의 한 부분이라 하더라도. 왜냐하면 각각의 문장 내부에는 글쓰기 이전에 유보되어 있어야만 하는 (미결 상태의) 이행의 순간이 있기 때문이다." 실제로 그가 아직은 펠리체라 이름 부르지 않는 그녀에게 자신을 털어놓은 것은, 이미 6일 전 단 하룻밤 곧장 8시간 만에 『판결』을 완성하면서, 중단되지 않는 글쓰기라는 영광의 시련을 겪었기 때문이다. 그로서는 접근할 수 없는 공간과의 접촉 가능성의 확신을 그에게 준 결정적인 체험이었다. 그는 즉각 그의 일기에 기록하였다. "나의 확신이 확인되었다." 그것은 다름 아니라 "그러한 연속적 일관성 속에서, 또한 그러한 육체와 영혼의 완벽한 열림 가운데 글을 쓸 수 있다"라는 것이다. 모든 의미에서 중단되지 않은 것으로서의, 하나의 절대적 연속성에 대한 탐구. 이탈 없는 영속에 의해서가 아니라면, 어떠한 의미에서 충만한 투명함에 의해서가 아니라면, 시간의 바깥인 양 시간 안에 주어진, 무한한 반복인 양 단 한 번에 주어진 그 자체로서 투명한 충만함에 의해서가 아니라면, 어떻게 글쓰기의 바깥을, 글쓰기 자체의 부족한 면만이 그 모든 결핍인 결핍을 유지할 수 있을까? "글을 쓰기 위해 나에겐 고립이 필요하다. (은자隱者)로서가 아니라 죽은 자로서의 고립이. 이러한 의미에서 글을 쓴다는 것은 보다 깊은 잠, 말하자면 하나의 죽음인데, 자신의 무덤으로부터 죽

은 자를 끄집어 낼 수 없듯이, 밤에 나의 책상으로부터 나를 물러나게 할 수 없을 것이다. 이것은 내가 사람들과 나누는 관계와는 직접적으로 아무런 관련이 없다. 그러나 나는 이와 같이 엄격하고 지속적이고 체계적인 방식을 통해서만 글을 쓸 수 있고, 따라서 또한 살아갈 수가 있다." 그런데 (사무실에서의 일과 같은) 그의 삶의 환경이 우선 그로 하여금——모든 측면에서 끝없는——이러한 특성의 움직임으로부터 거리를 두게 하였던 것 같다. 하지만 이 거리가 그 움직임과는, 연속적이기에 언제나 연기된 그리고 이러한 연속성에 의해 차이에 통합된, '본질'적 관계에 놓여 있다는 사실을 그는 이해하여야만 했다. 카프카는 서서히 확인할 수밖에 없었다. 더구나 그 움직임을 오직 결핍으로서 (단절 혹은 결함으로서) 간직할 수밖에 없다는 사실을 납득하여야만 했다. 그는 바로 이러한 결핍으로서의 움직임에서 시작하여 글을 쓰게 된다. 그때 그것은 생성 가운데 중단되지 않는 것이 아니라, 중단의 생성이다. 여기에 그의 영원한 싸움이 있다. 그의 모든 미완성 작품들은, 먼저 그의 첫번째 소설이 그 미완성에 있어서 작가의 사망 선고와도 같고 그리하여 또한 펠리체와 함께 살아가기에는 어울리지 않는 살아 있는 인간의 사망 선고와도 같듯이,* 그의 눈앞에 미완성 작품들 그 자체로서 완결된 모습을, 이를테면 (단상의 매혹 아래) 중단 가운데 중단을 통해 완결되는 새로운 방식을 보여 주었다. 하지만 여기서 읽혀지는 것에 대해 **눈멀** 수밖에

---

* 어느 날 저녁, 이미 쓴 400페이지를 다시 읽고서는 **전체의 진실**을 되찾기 어렵자, 다시 시작할 마음 없이 (1914년 10월 마지막 장을 쓰고 또한 같은 날 브뤼넬다의 에피소드를 쓰는 것을 제외하고는) 『아메리카』를 포기하였다.

없고, 어떤 요구에 부닥치면서 스스로를 확인하는 것이 아니라 스스로를 파괴하게 되는 그러한 요구를 통해서만 거기에 도달할 수 있기에, 그는 (환심을 사는 데 아랑곳 않는 작가에게 그러하듯이) 자신이 읽히는 권한을 박탈당하는 것을 받아들여야 했다. 그때 그는 모르고 있다. 즉, 자신이 쓰지 않았다고 믿고서 그리하여 그가 완전히 파기하기로 한 책들이 책들 그 자체로부터 거의 벗어나, 모든 걸작이라는 관념과 모든 작품이라는 관념을 지우면서, **책의 부재**와도 같아지게 되었다는 사실을. 그렇게 갑자기 어느 한 순간 우리 자신의 독서를 무력하게 하는 **책의 부재**는 곧 그 나름대로 부재로부터 면직되고 전복되면서 마침내 ──작품이 되면서 ──우리의 찬미, 우리의 문화에 관한 판단이라는 흔들리지 않는 보증 가운데 복원된다.

7. 카프카는 ──서신이 확인해 주고 있듯이 ──(그가 어떻게 할 수 없는 순간들을 제외하고는) 자의적으로 펠리체와의 관계를 끊으려 하지는 않았다. 몇몇 전기에 따른 사실들과는 달리, 그의 약혼녀, 약혼녀의 누이(에르나Erna), 그의 약혼녀의 친구(그레테 블로흐) 그리고 그의 유일한 친척이자 친구인 (하지만 펠리체에 대해서도, 이 결혼에 대해서도 반대하는) 에른스트 바이스Ernst Weiß로 구성된 법정에 맞서, 그가 베를린의 아스카니셔 호프Askanischer Hof에서 재판을 받게 되었을 때, 그는 그 결과는 그만두고서라도, 그가 유죄 판결을 받는 이야기로 결코 이 상황을 끝낼 의향은 없었다. 그는 베를린으로 떠나기 전 그의 누이 오틀라에게 편지를 쓴다. "물론 베를린에서 너에게 편지를 쓰게 되겠지. 지금으로서는 일과 나 자신에 대해서조차 무엇 하나 확실히 말할 수가 없구나. 나는 말

하는 것과 다르게 쓰고 있고, 생각하는 것과 다르게 말하고 있고, 생각해야 하는 바와 다르게 생각하고 있고, 이런 식으로 계속해서 어두움의 가장 깊은 곳까지." 그 무엇도 멈춰질 수 없고, 그 무엇도 깨어질 수 없다.* 그가 너무도 분명한 정신적 징후의 의미를 부여하고 있는 질병조차 (그의 두번째 약혼, 가까스로 몇 주 동안 계속된 공식적 약혼 이후 불과 한 달 만에 발병한 질병) 아무것도 결정지을 수가 없었다. 모든 것은 이 어린 아가씨에 달려 있었다("**내가 왜 빗장을 거는가를 묻지 말아다오. 이렇게 날 모욕하지는 말아다오. 그런 말은, 제발 다시금 부탁한다**"). 결핵은 이러한 싸움의 하나의 무기이다. 그가 지금까지 사용하였고 마지막 두번째의 서신에서 이 5년간의 모든 우여곡절을 요약하면서 나열하고 있는 수많은 모든 무기들과 마찬가지로 효율적인 무기이다. 그것들을 얼마간 반어법으로 지칭하는 이름들에는 "신체적 무력함", "일", "인색함"이 언급되는데, 이 모두는 지칭되지 않는 것들을 향한 지칭들이다. 그가 다음과 같이 덧붙이고 있다 하더라도, "**게다가 (내가 생각하고 작업하려고 노력하는 동안 내 주위에 내리는 어둠이 나를 설득할 수도 있겠지만) 내가 잠시 믿고 있지는 않지만 분명 진실인 비밀을 너에게 말해 주겠다. 결코 건강이 더 이상 좋아지지는 않을 거야. 우리가 긴 의자 위에 누워 보살피고 있는 것은 결코 결핵이 아니라, 내가 살아 있는 동안 그 외면적 필요는 계속 남아 있을 무기야. 그리고 그 두 가지가 함께 살아남지는 못하겠지.**"

그럼에도 그는 또한 말한다. 가장 진실된 것은 영원한 싸움, 곧 그것을 끝내기의 불가능성인 것 같다. 일 년 후 그가 슐레지엔Schlesien의

---

*이 글 마지막을 보라.

스튀들Studl 하숙집에서 율리에 보리체크를 만나 금방 깨어지고만 또 한 번의 약혼을 통해 그녀와 신체적으로 정신적으로 극히 피폐한 상황 속에서 관계를 나눌 때, 거의 같은 시기 밀레나의 열정에 빠져들어 그리고 그녀를 향한 자신의 열정에 빠져들어 매우 불확실한 결합을 기대하고서 어린 아가씨로 하여금 파혼을 유도하려 할 때, 마지막으로 도라 디아만트와의 관계에 있어서 신망 높은 랍비(어린 아가씨 아버지의 친구 제러 레베Gerer Rebbe)의 주선으로 결혼의 허락을 하늘에 뜻을 빌어 간청하나, 한 번의 고갯짓이라는 절대적 거절의 의미의 조용한 거부를, 어떻게 보면 시인是認이기도 한 최종의 응답을 (여기서 어쨌든 비록 부정적이라 하더라도 회피라는 형태의 일종의 저 높은 곳의 승인을 가리키는 응답을) 돌려받게 될 때, 그가 마주하게 되는 것은 언제나 한결같은 (관계의) 결렬이다. 그는 매번 그러한 결렬을 결국 끝냄의 불가능으로, 보다 근본적으로는 추방의 요구로 받아들이게 된다. 그때 추방의 요구는 언제나 이미 선고되었기 때문에 언제나 다시금 간청되고 반복되고 그리고 반복을 통하여 지워질 필요가 있다. 이렇게 영속화되면서 그러한 요구는 그 결핍의 무한하고 언제나 새로운 무력함 가운데 다시금 생겨난다. 그가 결혼의 현실적 성격을 어떻게 해서라도 사전에 고갈시키고자 하면서 시도하는 결혼을 통하여 그가 다시 화해하기를 바라는 것은 세계일까 삶일까? 그가 비극적 놀이(도발과 질문)를 계속하는 것은 차라리 법과 더불어서이다. 법,──부드러운, 말하자면 다루기 힘든──그 완강함은 그를 허락하거나 그를 두들겨서가 아니라 그 자체가 지정할 수 없는 것으로 지칭되면서 선고되기를 기다린다. 그리하여 그는 글을 쓴다는 것이 ──그가 일종의 그 구원을 소망하였던 움직임이 ── 왜 그를 오래전부터 영원히 법 **밖에** 있게 하였고, 보다 정확히 말해서 왜 그가 극단의 외재성으로서의 **바깥**의 이 공간에 머물도록 하였는가를 예감할 수 있게 된다. 극단의 외재성에 관하여 그는—글을 쓸 때를 제외하고는 그리고 글쓰기가 아님에 이르기까지 글을 쓸 때의 경우를 제외하고는—법에 외재하는 글쓰기가 법의 한계를 지시하는지 그 자체가 이 한계에서 지시되는지 혹은 게다가 도발 중의 도발인 양 모든 법을 흔들거나 앞서는 것으로서의 글쓰기 자체를 드러내는지 알지 못한다. 놀라운 것은 최상급심에서 도라 디아만트와의 결혼이 각하되기 전 그 무엇에도 아랑곳하지 않고 사회적 관습에 대항하여 미성년자와 일종의 동거를 꾸민 것이다. 도라의 나이 열아홉, 그는 마흔이다. 거의 그의 딸 아니면 그의 아주 어린 누이에 가깝다(그는 분명히 아주 진술한 언어로 자신에게는 그의 누이요 어머니요 아내라 말하게 된 어린 오틀라에 대한 편애를 숨기지 않았다). 언제나 그렇듯이 위반—존재할 수 없는 것에 대한 그리움의 결정—은 금지된 것의 공표를 앞서고, 그리하여 위반을 가능하게 한다. 마치 한계는 한계가 넘어서기가 불가능하고 넘어섬 그 자체로 인해 넘어설 수 없는 것으로 드러나는 한에서만 넘어서게 되어 있는 것처럼. 랍비의 '아니오'는 가까스로 죽음을 앞선다. 마침내 카프카에게 끝낸다는 것이 허락되었는가? 마침내 그는 자유를 얻어 글을 쓸 수 있었는가, 다시 말하여 죽을 수 있었는가? 마침내. 하지만 이미 영원은 시작되었다. 사후의 지옥이, 냉소적 영광이, 찬미와 거드름의 주석이, 문화의 거대한 감금이 시작되었다. 그리고 여기서, 다시 한 번 이 마지막 말이, 진정한 마지막에 대한 기다림을 흉내 내고 숨기기만을 자청하는 이 마지막 말이 시작되었다.

◆ 음울하고 불행한 이야기. 사람들이 알고 있는, 적어도 내가 알고 있는 사실은 다음과 같다. 펠리체가 최근에 만난 친구인 당시 스물두 살의 그레테 블로흐는 1913년 10월 그녀 자신이 프라하로 가서 카프카를 만난다. 그녀는 빈에 살면서 일하고 있었다. 카프카는 그녀에게 편지를 쓰기 시작하고, 출판된 70여 통의 편지를 포함하는 1913년 10월 29일부터 1914년 7월 3일까지 이어지는 서신 교환은 여기서 비롯된다. 7월 12일 약혼은 결렬되었다. 1914년 10월 어린 아가씨는 그녀가 허무는 데 한몫했던 관계를 약혼 당사자들 사이에 다시 회복시키고자 카프카에게 편지를 쓴다. 10월 15일 카프카는 답신을 보낸다. 이것이 우리가 가지고 있는 (G. B.에게 보내는) 마지막 편지이다. 편집자 에리히 헬러Erich Heller와 위르겐 본Jurgen Born에 따르면 카프카가 그녀에게 계속 편지를 썼다는 어떠한 증거도 없다. (병이 들면서 그가 약혼녀에게 "자신의 말"을 없던 것으로 해달라고 말해야 했던, 1917년 10월 8일의 일기에서, "F의 비난의 편지들을", "G. B.가 나에게 편지를 쓰겠다고 위협한다"과 같은 언급을 읽을 수 있다.) 그는 때때로 펠리체에게 그녀에 관해 이야기한다. 소식을 묻기 위하여, 그녀에게 인사를 그리고 조언을, 또한 고통스러운 순간엔 생기 있는 호의의 표시를 전하기 위하여. 우리는 펠리체, 그레테 블로흐 그리고 카프카가 1915년 5월 23일과 24일 다 함께 보헤미아로 휴가 여행을 했다는 사실을 알고 있다. 때로는 매혹적이기도 한 매우 다정스러운 말로 환심을 사려는 바람이 드러나 있는 오늘날 출간되어 있는 편지들은 아울러 매우 정중하기도 하다. "친애하는 그레테 양에게"는 가장 부드러운 호칭이다. 더 이상의 부드러운 표현이 있을까? 이것처럼. 막스 브로트는 1940년 4월 21일 그레테 블로흐가 피렌체에서 팔레스타인에 있는 한 친구에게 보낸 편지의 몇몇 부분들을 공개하였다. 그녀는 오래전 1921

년 뮌헨에서 7살의 나이로 갑자기 죽은 아들이, 아버지 이름을 밝히지 않은 "내연의" 아이가 있었다고 털어놓았다. 하지만 (**이 이야기에 관한 브로트의 유일한 보증인인**) 편지의 수취인은 확신하였다. 그레테 블로흐는 카프카에게서 아이의 아버지를 보고 있었다고. 거기에 대해 무슨 말을 할 수 있을까? 어떻게 보면 아무 말도 할 수 없다. 그 자체가 의심스럽기도 한 의심의 이유들을 말해 보자. 바겐바흐는 1914년 가을부터 그레테 B.와 카프카 사이에 꾸준하고 내밀한 서신 교환이 이루어졌다고 확신한다. 그는 분명 착각하고 있다. 알려진 유일한 서신 교환은 1913년 가을부터 1914년 여름까지 계속되었고, 결코 두 사람 사이의 애정 관계로 결론 내릴 수 있는 성질의 것은 아니었다. 물론 우리가 모든 것을 알 수는 없다. 카프카의 한결같은 솔직함과 같은 절대적 솔직함의 본보기를 기억한다면 (**처음 펠리체와 헤어지고 난 다음 리바에서 어린 스위스 아가씨와 다정한 며칠을 보내고, 펠리체와의 관계가 회복되면서, 그는 더 이상 약혼녀가 아닌 그녀에게 모든 것을 죄다 털어놓기를 마다하지 않는다**) 이중의 배반이 되는 그러한 관계에 대해 그가 침묵할 수 있었다는 것은 거의 불가능해 보인다. 그럼에도 불구하고 그레테 블로흐를 다치게 하지 않기 위해서 그가 침묵을 지켰다고 상상할 수도 있다. 기이하게 모호한 상황. 다음의 증언을 언급해 두어야 하겠다. 그레테 블로흐의 친구들은 피렌체 체류 기간 동안 (**아이의 이야기를 들추어내는 순간**) 이 어린 아가씨는 심각한 우울증과 극심한 비탄의 징후를 보였다고 말하였다. 하지만 그러한 확인이 무슨 가치가 있을까? 그것은 중대한 만큼 막연하다. 상상에 의한 것이건 아니건 카프카의 알려지지 않은 이 아이는 꿈속을 떠나서는 살게 할 수 없는 현실적이고-비현실적인 유령 같은 모습을 지니고 있었다. 그레테 블로흐와 펠리체는 끝까지 우정으로 맺어져 있었다. 독일을 떠나야

했을 때 그레테는 그의 친구에게 카프카로부터 받았던 편지의 일부를 맡겼다. 나머지는 피렌체의 공증인에게 기탁하였는데, 그후 공증인은 사본을 브로트에게 넘겨 주었다. 이 편지 중 열두 편은 "너무나 이상하게도" 두 쪽으로 나뉘어졌는데, 한편을 제외하고는 원래대로 되돌아올 수 있었다. 그 절반은 펠리체의 손에 나머지 절반은 공증인에게 남아 있었기 때문이다. 독일을 떠난 후 팔레스타인에 머물고 있던 그레테 블로흐는 불행하게도 이탈리아로 되돌아와야 했는데, 이탈리아가 나치 점령에 들어가자 그녀는 다른 유대인들과 함께 끌려가 강제 이주 동안 아니면 수용소에서 죽었다. 적십자의 조사도 그 사실을 확실히 알려 줄 수 없었다. 펠리체는 그러한 운명을 피하였다. 결혼한 그녀는 먼저 스위스에 그리고 나중에는 미국에서 살다가 1960년 거기서 죽었다. 여기서 덧붙여 두어야겠다. 1922년 1월과 2월 슈핀들레루브 믈린에서의 그토록 비극적인 고독한 체류 기간 동안의 편지 가운데 G라는 머리글자가 등장하는 묘사를 읽을 수 있다. 1월 18일 일기. "얼마간의 평온이. 그런데 G가 온다고 하니. 호전인지 악화인지 알 수가 없다." 2월 10일. "G의 새로운 공세. 극히 강력한 적으로부터 왼쪽 오른쪽 공세를 당한 나는 달아날 수도 없고 ......" 그리고 아무 이름도 등장하지 않고, 지금까지는 아마도 경솔하게 이러한 구절들을 신비스럽기도 한 어둠의 빛 가운데 읽게 하였던 수수께끼 같은 느낌의 1월 29일 일기. "저녁이 되어 눈길을 가는 도중의 공세." "나는 그것들을 피하였다 ......" 그후 3월 24일. "저것이 감시하고 있는 듯하다, 가령 의사에게 가는 길, 저기서 계속해서." 숨 막힐 듯 낯선 글. 자필 일기를 알고 있었던 바겐바흐는 "그레테의 새로운 공세"라는 구절을 읽었던 것 같다. 이 사실만큼은 지적해 두자, 더는 알 수 없기에.

◆◆ 보다 확실히 하기 위해, 적어도 처음 2년 동안의 간략한 결렬의 연보를 정리해 보았으면 한다. 내 기억으로 결렬은 1912년 9월 20일의 첫번째 서신 교환과 함께 시작된다. 11월 중순부터 카프카는 적고 있다(어린 아가씨는 악의 없이 생각했다, 언제나 그를 이해하지 못했고 어떤 점에 있어서 그녀에게는 낯설었다고). "우리의 삶이 우리에게 소중하다면, 끝내도록 하자." 곤경에 처한 펠리체는 어쩔 줄 몰라 하며 브로트에게 호소하고, 브로트는 그녀에게 대답한다. "그의 병적인 감수성을 감안하여 프란츠의 많은 것에 대해 눈감아 주도록 하세요. 그는 순간의 기분Stimmung대로 움직이니까요. 모든 것에서 절대적인 것을 원하는 자입니다 …… 절대 타협을 받아들이지 않아요." 11월 20일 카프카는 다시 편지를 쓴다. "그런데 소식이 없군. 그렇다면 네가 나에게 나지막이 말한 작별을 난 드러내 놓고 되풀이해야겠구나." 그러고는 글을 통한 관계는 그 열정적 흐름을 다시금 이어 간다.

1913년 1월 초 더 이상 상황이나 기분에 따른 변화가 아니라, 그 관계를 약화시키기는커녕 더욱 깊게 하면서 악화되어만 가는 변화가 카프카에게 시작된다. 3월 23일 베를린에서의 만남. 그러고 나서 고백의 편지를 보낸다. "진정한 나의 두려움, 난 결코 너를 소유할 수 없을 거야……" 이것은 그가 그의 친구로부터 멀어졌다는 것을 의미하지 않는다. 하지만 그녀는 그를 다르게 받아들인다. 그녀는 편지를 줄이다가, 프랑크푸르트 여행을 떠나면서 카프카를 거의 미치게 할 정도로 거침없이 편지를 중단해 버린다. 5월 11일 성신강림축일 휴가 동안 베를린에서의 또 한 번의 만남. 이번 만남은 그에게 얼마간 희망을, 적어도 언젠가는 그가 "그녀와 (그들의 장래에 관해) 여러 가지 끔찍한 일들을 끝까지 따져 보고서 점차 편안한 기분에 이를 수 있으리라는" 희망을 주게 된다. 그러면서도 그는 덧붙인다. "베를린에서 짐을 꾸리면서, 나는 머릿속에 전혀 다른 글을 떠올렸다. 즉 '그녀 없이 난 살아갈 수 없고, 그녀와 함께도 살아갈 수 없을 거야.'" 진실에 관한 고뇌가 다가오고, 아울러 6월 10일 시작하여 멈추었다가 용기를 내어 16일 마무리한 편지에서 적고 있다. "나의 여인이 되길 원하는지 생각해 보렴? 넌 그러길 원하니?" 여기서 1913년 7월 1일 다음과 같은 말로 끝맺는 다툼이 시작된다. "그래, 무슨 일이 있더라도 너의 시련을 받아들일 수 있겠니, 펠리체여? 불가능한 것의 시련을?" 그때 처음으로 심각한 결렬이 생겨난다. 약혼한 두 사람은 ──공식적으로가 아니라 내밀한 감정으로 약혼한 두 사람은 ──다시 만나 함께 휴가를 보내려 하지 않는다. 펠리체는 매우 즐거이 베스터란트에 머물고 있다("너를 기다리고 있는 것은 베스터란트에서 네가 마음속으로 그리는 두 사람의 그 행복한 삶이 아니다. 즉 서로 팔짱을 끼고 함께 나누는 신나는 수다가 아니라, 보이지 않는 사슬로 문학에 결박당한 침울하고, 슬프고, 말이 없는, 만족을 모르는 예민한 존재 곁에서의 수도 생활이다……"). 카프카는 휴가를 핑계로 빈으로, 그리고 이탈리아로 가 그곳에서 그녀에게 편지 쓰는 것을 그만두겠다고 적고 있다. "나는 더 이상 나아갈 수가 없고, 관계로 인해 속박당하고 있는 것만 같다. 우리는 서로 헤어져야만 해"(1913년 9월 16일). 그는 얼마 동안 리바에 머무른다. 매우 어린 "스위스 아가씨" G.W.와 관계를 나누면서.

프라하로 돌아온 그는 오해를 풀기 위해 펠리체가 보낸 그레테 블로흐의 방문을 접한다. 서신 교환이 예전 같은 열정으로 다시 시작되기는 어렵다. 11월 8일 그는 대화를 위해 베를린에 들르나 실제로 그녀를 잠시 만날 뿐이다. 의도적이었던지 무관심 때문이었던지 펠리체는 몸을 피한다. 1914년 3월 초 역시 베를린에서의 해명은 그를 실망시키고 그리고 펠리체가 그를 힘들어하고 있음을 확인한다. 그 사이 블로흐 양과의 더 한층 진심 어린 서신 교환이 계속된다. "당신은 나에게 너무도 소중합니다…… 당신의 조그만한 엽서는 베를린에서 받은 그 모든 것보다도 더 한층 나를 기쁘게 하였답니다…… 친애하는 그레테 양, 난 당신에게서 명징한 향수鄕愁와 같은 뜨거운 욕망을 보았습니다…… 베를린에서 하늘 같은 사랑을 위해 당신의 머리를 쓰다듬는 일 말고는 그 누구라서 다른 욕망을 가질 수 있을까요?" 그리고 펠리체가 그에게 "당신은 그레테에게 너무 집착하는 것 같아"라고 말할 때, 그는 부인하지 않는다. 그러나 5월 12일과 13일의 만남이 이루어지는 동안 공개적으로 약혼이 결정된다. (공식선언과 입맞춤, 축하로 이어지는 성대한 의식은 6월 1일 거행된다.) 카프카는 그 행사를 그레테에게 설명한다. "의식은 그저 그렇게 베를린에서 치러졌다. 하지만 어쨌든 나의 분명한 감정으로 보아 불가피한 일이다." 그리고 펠리체에게 말한다. "정신적으로 난 랍비의 어떠한 축성으로도 이르지 못할 확고한 방식으로 너와 맺어져 있단다." 하지만 그레테에게 계속 편지를 쓰면서 그의 낙담은 물론 그의 혐오마저 그녀에게 전하였다. "이따금 ─ 지금으로서는 당신만이 알고 있다오 ─ 내가 어떻게 그러한 책임을 감당할 수 있을지, 어떻게 결혼을 하게 될지 난 사실 알 수가 없답니다." 이것은 그레테가 (어떤 의도에서?) 펠리체에게 전한 편지들 중의 하나이다. 1914년 7월 3일 그가 바로 그러한 연유에서, 아니면 얼마간 그러한 연유에서 펠리체와의 관계를 정리하면서 블로흐 양에게 다음과 같이 편지를 쓸 때, 우리는 그것을 알 수 있다. "당신은 그 편지들에 대해 말하지 말았어야 했는데…… 그래요, 난 당신을 설득시켰고, 당신은 나에게서 펠리체의 약혼자가 아니라 펠리체의 위험을 보기 시작했습니다." 그들의 장래의 물질적 조건에 관해서도 심각한 언쟁이 벌어진다. 아파트를 원하는 펠리체는 안락한

가구가 마련되어야 한다는 자기 식의 취향을 지니고 있고, 아울러 그녀는 정상적인 사회 생활을 포기하기를 원하지 않는다. 결국, 카프카는 1914년 7월 12일 **아스카니셔 호프**에서 재판을 받게 되고, 당황한 두 가족의 두려움 가운데 공식적인 약혼은 급기야 공식적인 결렬에 이른다.

 여기서 나는 이 간략한 결렬의 이야기를 마치도록 하겠다. 1914년 그레테 블로흐의 중재로 서신 교환은 다시 시작되지만(10월 15일 일기에 적혀 있다. "오늘 목요일……**블로흐 양의 편지, 난 어떻게 해야 할지 모르겠다. 내가 분명 혼자 남게 되리라는 건 알고 있다…… 내가 펠리체를 사랑하는가도 알 수 없다 [그녀가 춤출 때 그녀를 보며 느낀 혐오감이 생각난다]. 하지만 그 모두에도 불구하고 끝없는 유혹은 다시 시작된다……**"), 그 어떤 경우에도 편지의 교환은 처음과 같은 흐름을 되찾지 못한다. 카프카는 변하였고 그리고 변해 있었다. 7월 29일 (**그러니까 판결 후 15일이 되던 날**) 이후 석 달 동안 매일 저녁 매일 밤 글을 쓰며 『소송』을 시작하였다. 1915년 1월 그는 진정한 내면의 친밀감을 느끼지 못한 채 보덴바흐에서 펠리체를 다시 만나게 된다. 다시 약혼이 문제가 되기에는, 약혼과 더불어 또한 새로운 결렬이 문제가 되기에는, 1916년 7월 마리엔바트에서의 행복한 결합을 기다려야 하리라.

옮긴이 후기
모리스 블랑쇼 연보
모리스 블랑쇼 저작목록
찾아보기

옮긴이 후기

진지하게 우리는 '문학이란 무엇인가'를 질문하였다. 역설적으로 우리의 질문이 진지하면 진지할수록, 질문은 이른바 문학의 진실을 염두에 두면서 그 엄숙한 표정을 풀지 못하게 되었다. 스스로 걸머진 엄숙한 질문에 문학은 위압적인 '성'城의 문을 만들어 걸어 잠그는 결과를 낳았다. 이러한 질문이 문학을 압도하면서 문학은 문학의 진실에 대한 믿음을 스스로에게 강요하였다. 강요받은 스스로의 진실 앞에서 문학은 한 발자국도 나아가지 못하였다.

마을로 향하는 '나무 다리' 위에서 "K.는 텅 빈 허공을 바라보며 한참을 머물렀다". 다리는 다리였으나 허공에 걸쳐진 다리일 따름이었다. 다리 건너편에는 어둠만이 드리워져 있었고, 더 이상 가닿을 수 없는 '성'은 어둠 속의 어둠으로 남아 있었다.

어둠 속에 묻힌 '성'은 과연 진실인가? 카프카는 문학의 진실을 이렇게 물었다. 카프카의 질문에, 니체의 생각을 다시금 상기해 보자. "진실은 자신의 밑바탕을 보여 주려 하지 않는다. 그럴 만한 이유가 있는 어떤 여인이 아니겠는가."

카프카에게 어둠 속의 성은 유혹의 빛을 발하고 있었던가. 카프카는 유혹의 빛을 목격하고 싶어 하였다. 문학과 함께하는 삶이란, 여인과 함께하는 삶이란, 유혹의 빛 없이는 견디기 힘든 삶이 아니었겠는가. 유혹의 빛은 때로는 거짓처럼 다가오고 있지 않는가. 거짓 없다는 것이 진실하다는 것을 의미하지 않는다면, 거짓 같은 삶 그것을 더욱 삶이게 하는 것이 진실일까…….

'카프카에서 카프카로'……

어둠 속에서도 유혹의 빛을 길속의 길인 양, '말속의 말'인 양 더듬어 가는 작가의 삶은 아직 태어나지 않은, '출생 앞의 망설임'과도 같다.

문학은 사람 속에 숨어 있는 사람을 그리워한다.

문학은 유혹의 빛을 쫓는다.

* * *

영혼을 깨우는 말,
말 속에 빛이 있는 말을 통해,
영혼의 날은 밝아 왔고,
영혼의 날은 영혼의 밤 속에서 밝아 왔다.

영혼을 깨우는 말은 이렇게 전해졌다.

어둠을 감추면서
언제나 겉으로 빛인 빛은
어둠을 붙잡아 두는 대낮의 등불처럼
빛나는 가운데 어둠을 기억하였다.

수레의 두 바퀴는 나란히 구르듯
빛은 어둠을 망각하지 않았고
어둠은 빛의 기억이 되었다.

오! 대낮에 불 밝힌 등불처럼
빛 속에 빛이 숨어 있었다.

정신은 겉으로 빛인 빛을 보았고,
영혼은 빛 속에 숨어 있는 빛을 보았다.

빛에 가려진 빛이 있었으니,
오! 빛 속에 빛을 잃고 있는 빛이 있었다.

기울기 시작하는 정오의 태양처럼
빛 속에 기우는 빛이 있었고
빛 속에 어둠이 드리우고 있었으니,
빛 속에 어두워지는 빛이 있었다.

빛 속의 빛, 빛을 잃고 있는 빛은
스스로 죽음을 맞이하고 있었고
스스로 죽음을 맞이하면서 찬란히 빛났으니,
오! 빛 속에 찬란한 빛이 숨어 있었다.
이것은 영원한 빛의 원리였고,
영원한 빛의 원리로부터 영원한 정신의 원리가 비롯하였다.

영혼을 깨우는 말은 이렇게 계속되었다.

빛은 말이 되었고,
어둠은 침묵이 되었다.
말은 빛나는 말이었고,
침묵은 깊은 침묵이었다.

오! 사랑의 육신은 빛나는 말이요 깊은 침묵이듯
말과 침묵은 한 몸을 이루고 있었다.

생명은 말과 침묵이 한 몸을 이루고 있었다.
자신의 큰 그림자도 잠든 벗의 꿈도
끊어진 다리도 길 위의 물웅덩이도
별들의 밤도 검푸른 열림의 하늘도
말과 침묵이 한 몸을 이루고 있었다.

제 곁에서 들려오는 생명의 말도
가깝고 먼 곳에서 들려오는 생명의 말도
저 높은 곳에서 들려오는 생명의 말도
맑은 이슬처럼 영롱한 빛을 품고 있었다.

오! 말 속에 말이 숨어 있었으니,
말 속에 영롱한 말이 숨어 있었다.

찬란한 빛처럼 영롱한 말은
빛을 뿌리며 흩어지고 있었으니,
빛 속의 빛——빛을 잃고 있는 빛

찬란한 빛은 어둠 위에 내려앉았고,
말 속의 말——말을 잃고 있는 말
영롱한 말은 침묵 위에 내려앉았다.

침묵은 침묵 속으로 잠겨 들고 있었고,
어둠은 어둠 속으로 잠겨 들고 있었다.
침묵의 밑바닥으로 향하며
침묵은 더욱 깊어지고 있었고,
어둠의 밑바닥으로 향하며
어둠은 더욱 깊어지고 있었다.

오! 어둠은 언제나 어둠 깊은 어둠이었다.
어둠 깊은 어둠은 고요하였고,
고요한 어둠은 어둠 깊이 잠겨 들며 맑아지고 있었다.
이렇게 영혼의 밤은 깊어 가고 있었다.
오! 어둠 깊은 어둠 속에 숨어 있는 어둠이 있었다.
오! 어둠 깊은 어둠 속에 맑은 어둠이 숨어 있었다.

어둠 속의 어둠——맑은 어둠은 순수의 요람이었고,
어둠에 가려진 맑은 어둠은
아직 밝아오지 않은 순수한 빛을 품고 있었다.

맑은 어둠 속에
순수한 빛 그 따뜻한 기운이 흐르고 있었고
어린 아침의 미소가 피어오르고 있었다.

이것은 영원한 어둠의 원리였으니,
영롱한 말은 언제나 깊은 침묵에 의지하고 있듯이
빛의 원리는 어둠의 원리에 의지하고 있었다.

　　　　　신용호, 「짜라투스트라의 하산 첫날」 중에서

모리스 블랑쇼 연보[*]

1907   9월 22일, 프랑스 손-에-루아르Saône-et-Loire 지방의 작은 마을 켕Quain에서 출생. 부친이 개인 교습을 하는 교수였던 관계로, 파리에서 엘뵈프Elbeuf로, 라 사르트La Sarthe에서 샬롱Chalon으로 자주 이사를 할 수밖에 없었다.

1923   바칼로레아(대학입학자격시험) 수험. 십이지장 수술 중 발생한 감염사고로 건강이 악화. 그로 인해 대학 입학이 1년 늦어짐. 평생 건강이 매우 좋지 않아 고통받음.

1925   스트라스부르 대학 입학. 전공은 철학과 독문학. 스트라스부르 대학에서 에마뉘엘 레비나스를 만남. 변함없는 우정이 시작되어 함께 독일 현상학을 공부하고, 프루스트와 발레리를 읽음.

1930   소르본에서 회의주의자들에 대한 석사 논문이 통과됨.

---

[*] 『마가진 리테레르: 블랑쇼 특집호』(*Magazine littéraire: L'énigme Blanchot*, no. 424, 2003/10월)에 수록된 크리스토프 비덩이 쓴 블랑쇼 연보와 『뢰이 드 뵈프』 블랑쇼 특집호 (*L'Œil de bœuf: Maurice Blanchot*, no. 14/15, 1998/05)에 수록된 블랑쇼 연보, 그리고 다른 텍스트를 참조해 작성되었음.

1931 생-안Sainte-Anne에서 의학을 공부하기 시작함. 그러나 대학보다는 저널리즘에 관심을 갖게 됨. 프랑수아 모리악François Mauriac에 대한 평론을 발표(그로서는 처음으로 발표한 글). 티에리 몰니에Thierry Molnier가 이끌고 있는 '악시옹 프랑세즈Action Française'의 청년 반대파와 특히 가까이 지내면서, 극우 신문들과 잡지들에 기고함. 소설을 쓰기 시작하나, 틀림없이 여러 번 그 원고들을 폐기함.

1933 정신혁명을 위한 반자본주의·반의회주의·반공산주의가 기본적인 모토들. 동시에 반게르만주의와 반히틀러주의의 입장에 섬. 나치의 수탈을 고발하는 유대인 민족주의자 모임에 가담. 친구 폴 레비가 주관하던 일간지 『르 랑파르』(*Le Rempart*, '성벽')에 유대인들을 강제수용소에 처음으로 보낸 사건에 항거하는 기사를 씀. 정치에 일종의 정신성을 가져오기 위해 극우노선에 섰지만, 블랑쇼가 지지했던 극우사상은 이상주의(정신주의) 색채가 강했고, 당시의 나치주의와는 관계가 없었다.

1936 부친의 죽음. 장 드 파브레게스Jean de Fabrèguez와 티에리 몰니에가 주관하던 월간지『콩바』*Combat*에 기고함.

1937 『랭쉬르제』(*L'Insurgé*, '반란자')에 신랄한 정치 기사를 쓰는 동시에 문학 관련 기사를 쓰기 시작함. 그러나 1년 내에 두 가지 모두를 포기. 극우파를 지지하는 정치 기사를 쓰기를 그만둠. 장 폴랑Jean Paulhan과 처음으로 만남.

1940 『주르날 드 데바』(*Journal des débats*, '토론 신문')의 편집자로서, 보르도Bordeaux와 이어서 비시Vichy에서 파탄에 이를 정도로 약화된 정부를 지켜봄. 이후 모든 논설위원직을 그만둠. 국가에서 재정 지원을 받던 문화단체인 '젊은 프랑스Jeune France'에서 '문학Littérature'이라는 연구소를 이끎. 12월에 조르주 바타유를 만남.

1941 『주르날 데 데바』에 문학 기사를 쓰기 시작함. 가을에 첫번째 작품인 『토마

알 수 없는 자』 출간. 나치로부터 레비나스의 부인과 딸을 피신시키고, 그녀들에게 보호처를 제공.

1942 소설『아미나다브』 출간.

1943 디오니스 마스콜로의 요청으로,『주르날 데 데바』에 실렸던 54편의 텍스트들을 모아 재수록한 평론집『헛발』을 출간. 마스콜로와의 교제 이후로 블랑쇼는 정치적 관점에서 점점 더 좌익 쪽으로 기울기 시작.

1944 자신이 출생한 집의 담벼락에서 총살형의 위기에 놓였으나, 레지스탕스의 선제공격으로 간발의 차이로 구출됨. 블랑쇼는 이 기적적인 체험 이후로 덤으로 생존하고 있다는 느낌을 갖게 된다. 50년 후 이 체험을 바탕으로 『나의 죽음의 순간』을 쓰게 됨. "죽음 자체와 다르지 않은 이 감정만이, 보다 정확히 말해, 언제나 진행 중인 나의 죽음의 순간이 가져온 이 가벼움의 감정만이 남아 있을 것이다."(『나의 죽음의 순간』)

1946 『라르쉬』(L'Arche, '아치'),『크리티크』(Critique, '비평'),『레 탕 모데른』(Les Temps modernes, '현대') 등의 잡지에 기고하고, 여러 문학상 심사에 참여. 전후의 가장 중요한 비평가로 부각. 드니즈 롤랭Denise Rollin과의 연인 관계가 시작됨. 파리를 떠나 지중해 지역의 에즈Eze 마을에 정착. 그러나 이후에도 자주 파리에 머무름.

1946~1958 글의 형태가 보다 길고 압축적으로 바뀜. 1953년에는『NNRF』지에 매달 기고를 함. 블랑쇼 고유의 문학의 공간을 창조함("끝날 수 없는 것"l'interminable, "끊임없는 것"l'incessant, "중성적인 것"le neutre, "바깥"le dehors, "본질적 고독"la solitude essentielle). 1955년『문학의 공간』 출간. 루이-르네 데 포레에 대해 쓴 텍스트의 도입부에 나오는 "작은 방"에서 여러 소설들을 씀.『하느님』(1948),『죽음의 선고』(1948) 출간.『토마 알 수 없는 자』의 훨씬 간결해진 재판본 완성(1950).『원하던 순간에』(1951),『나를 동반하지 않았던 자』(1953),『최후의 인간』(1957) 출간. 1957년 모친 사망.

1958 파리로 돌아옴. 드골 장군의 "쿠데타"에 반대하면서 잡지 『7월 14일』*Le 14 juillet*을 창간한 디오니스 마스콜로에게 다음과 같은 편지를 씀. "당신에게 저의 동의를 표명하고 싶습니다. 저는 과거도 현재도 받아들일 수 없습니다." 그 잡지 2호에 「거부」(Le Refus)를 발표(『우정』에 재수록). 로베르 앙텔므와 그의 부인인 모니크와 가까워짐. 레지스탕스 활동 중 체포, 정치범으로 독일의 강제수용소에 수감되었던 앙텔므는 기아와 강제노역, 티푸스로 사경을 헤매다 구조되어 생환하였다. 수용소 체험을 기록한 그의 『인류』(*L'espèce humaine*, 1957)는 블랑쇼를 포함한 많은 사람들에게 충격을 주었고, 블랑쇼는 앙텔므의 이 책에 관한 중요한 글(「파괴될 수 없는 것」L'Indestructible)을 발표한다(『무한한 대화』에 재수록). 또한 마르그리트 뒤라스, 루이-르네 데 포레, 모리스 나도Maurice Nadeau, 엘리오 비토리니Elio Vittorini와 지네타 비토리니Ginetta Vittorini와 가까워짐.

1960 알제리에서의 불복종운동을 지지하기 위한 121인의 선언. 블랑쇼는 마스콜로·쉬스테르와 함께 그 선언의 주요 기안자였음. 마스콜로·비토리니와 함께 『국제잡지』를 창간할 계획을 세움. 뷔토르Butor, 데 포레, 뒤라스, 레리스Leiris, 나도, 칼비노Calvino, 파졸리니Pasolini, 바흐만Bachmann, 그라스Grass 등이 회합에 참석. 샤르, 주네Genet와 같은 다른 이들은 원고를 넘김. 4년 후 그 계획이 무산되어 실의에 빠짐.

1962 단상 형식으로 쓴 첫번째 작품 『기다림 망각』 출간. 조르주 바타유 사망. 사라진 친구에게 바치는 「우정」이라는 글을 발표(『우정』에 재수록). "우리가 한 모든 말들은 단 하나를 긍정하는 데에로 나아간다. 즉 모든 것이 지워져야 한다는 것. 우리 안에 있으면서 모든 기억을 거부하는 어떤 것이 이미 따라가고 있는 이 움직임에, 지워져 가는 이 움직임에 주목함으로써만 우리가 충실한 자로 남아 있을 수 있다는 것."(『우정』)

1964 자크 데리다Jacques Derrida에게 처음으로 편지를 씀. 계속 이어진 편지 교환의 시작.

1966   잡지 『크리티크』가 그에 대한 최초의 특집호를 발간. 샤르, 콜랭, 드 만de Man, 푸코, 라포르트, 레비나스, 페페르Pfeiffer, 풀레Poulet, 스타로뱅스키Starobinski의 텍스트들이 실림. 푸코의 「바깥의 사유」(La Pensée du dehors)가 특히 반향을 불러일으킴. 엘리오 비토리니의 죽음. '베트남민중 지지 위원회'의 설립에 기여.

1968   68혁명. 거리 시위에 참가하고, 전단지를 만들고, 학생-작가 행동위원회의 회합을 주재함. 익명으로 잡지 『위원회』Comité의 창간호이자 마지막 호에 반 이상의 기사를 씀. 그것은 이후에 잡지 『리뉴』 33호(Lignes: avec Dionys Mascolo, du Manifestes des 102 à Mai 68, 1998년 3월)에 마스콜로의 글들과 함께 재수록됨.

1969   후기 사상을 가장 정확하게 보여 주는 주저이자 가장 철학적인 텍스트인 『무한한 대화』 출간. 이 책에는 타자에 대한 고유의 사유가 집약적으로 드러나 있으며, 레비나스, 니체, 바타유, 사뮈엘 베케트Samuel Beckett, 독일 낭만주의, 사드, 프로이트, 헤라클레이토스, 알베르 카뮈Albert Camus, 랭보Rimbaud, 앙토냉 아르토Antonin Artaud 등에 대한 논의가 담겨 있음.

1970   여러 이유로 건강 상태가 심각해짐.

1972   파울 첼란Paul Celan에 대한 글을 씀. 그것은 나중에 단행본으로 출간됨(『최후에 말해야 할 사람』).

1973   단상 형식으로 쓴 두번째 작품 『저 너머로의 발걸음』 출간.

1978   1월 형 르네René와 연인 드니즈 롤랭이 연이어 사망.

1980   단상 형식의 세번째 작품 『카오스의 글쓰기』 출간. 홀로코스트에 대한 반성에서 나온 극적인 철학적 성찰. 이 책에도 블랑쇼의 후기 사상이 잘 나타나 있음.

1983 장-뤽 낭시의 논문 「무위의 공동체」에 대한 화답으로 쓴 『밝힐 수 없는 공동체』를 출간(낭시의 논문 역시 나중에 낭시의 다른 글들을 모아 단행본으로 출간됨). 드물게 글을 쓰게 됨. 소책자들, 재판본들, 서문들, 질문들에 대한 응답들, 공개서한들, 정치적 개입들 등.

1986 『내가 상상하는 대로의 미셸 푸코』 출간.

1990 로베르 앙텔므 사망.

1995 레비나스 사망. 1996년 마르그리트 뒤라스 사망. 1997년 디오니스 마스콜로와 형 르네의 죽음 이후 함께 살아 왔던 형수 볼프Wolf 사망.

1996 『의문에 부쳐진 지식인들』 출간. 자신과 동료들에 대해 드러내 놓고 언급한 적이 거의 없었던 블랑쇼가 이 책에서는 자신의 시대와 그 인물들에 대해 상당히 직접적인 견해를 내놓고 있다.

2003 2월 20일 블랑쇼 사망. 4일 후 장례식에서 자크 데리다가 추도문 「영원한 증인」을 낭독함.

2004 파리 퐁피두센터는 1월부터 6월까지 블랑쇼를 추모하기 위한 회합을 주재함.

2007 블랑쇼 탄생 100주년을 기념하여 7월 2일부터 9일까지 스리지-라-살Cerisy-la-Salle에서 '콜로그 모리스 블랑쇼'가 열림.

2008 『정치평론 1953~1993』 출간.

모리스 블랑쇼 저작목록

『토마 알 수 없는 자』(*Thomas l'obscur*, Gallimard, 1941 초판, 1950 개정판).
『어떻게 문학이 가능한가?』(*Comment la littérature est-elle possible?*, José Corti, 1942).
『아미나다브』(*Aminadab*, Gallimard, 1942).
『헛발』(*Faux Pas*, Gallimard, 1943).
『하느님』, 정의진 옮김, 그린비 근간(*Le Très-Haut*, Gallimard, 1948).
『죽음의 선고』, 고재정 옮김, 그린비, 2011(*L'Arrêt de mort*, Gallimard, 1948).
『불의 몫』(*La Part du feu*, Gallimard, 1949).
『로트레아몽과 사드』(*Lautréamont et Sade*, Minuit, 1949, 1963 재판).
『원하던 순간에』(*Au moment voulu*, Gallimard, 1951).
『영원한 되풀이』(*Ressassement éternel*, Minuit, 1951).
『나를 동반하지 않았던 자』(*Celui qui ne m'accompagnait pas*, Gallimard, 1953).
『문학의 공간』, 이달승 옮김, 그린비, 2010(*L'Espace littéraire*, Gallimard, 1955).
『최후의 인간』(*Le Dernier homme*, Gallimard, 1957).
『라스코의 짐승』(*La Bête de Lascaux*, G. L. M., 1958. Fata Morgana, 1982 재판).
『도래할 책』, 심세광 옮김, 그린비, 2011(*Le Livre à venir*, Gallimard, 1959).
『기다림 망각』, 박준상 옮김, 그린비, 2009(*L'Attente l'oubli*, Gallimard, 1962).
『무한한 대화』, 최정우 옮김, 그린비 근간(*L'Entretien infini*, Gallimard, 1969).

『우정』, 박규현 옮김, 그린비 근간(L'Amitié, Gallimard, 1971).

『낮의 광기』(La Folie du jour, Fata Morgana, 1973).

『저 너머로의 발걸음』, 이재형 옮김, 그린비 근간(Le Pas au-delà, Gallimard, 1973).

『카오스의 글쓰기』, 박준상 옮김, 그린비, 2012(L'Écriture du désastre, Gallimard, 1980).

『카프카에서 카프카로』, 이달승 옮김, 그린비, 2013(De Kafka à Kafka, Gallimard, 1981).

『이후에』(Après coup), Minuit, 1983(『영원한 되풀이』Le ressassement éternel 재수록).

『베를린이라는 이름』(Le Nom de Berlin, Merve, 1983).

『밝힐 수 없는 공동체』, 박준상 옮김, 문학과지성사, 2005(La Communauté inavouable, Minuit, 1983).

『최후에 말해야 할 사람』(Le Dernier à parler, Fata Morgana, 1984).

『내가 상상하는 대로의 미셸 푸코』(Michel Foucault tel que je l'imagine, Fata Morgana, 1986).

『사드와 레티프 드 라 브르통』(Sade et Restif de la Bretonne, Complexe, 1986).

『로트레아몽에 대하여』(Sur Lautréamont, Complexe, 1987. 쥘리앙 그락Julien Gracq과 르 클레지오Le Clézio의 텍스트 포함).

『조에 부스케』(Joë Bousquet, Fata Morgana, 1987. 조에 부스케의 블랑쇼에 대한 텍스트 포함).

『다른 곳으로부터 온 어떤 목소리』(Une voix venue d'ailleurs: sur les poémes de Louis René des Forêts, Ulysse Fin de Siècle, 1992).

『나의 죽음의 순간』(L'Instant de ma mort, Fata Morgana, 1994).

『의문에 부쳐진 지식인들』(Les Intellectuels en question, Fourbis, 1996).

『우정을 위하여』(Pour l'amitié, Fourbis, 1996).

『앙리 미쇼 또는 갇히기를 거부하기』(Henri Michaux ou le refus de l'enfermement, Farrango, 1999).

『정치평론 1958~1993』(*Écrits politiques 1958~1993*, Éditions Lignes & Manifestes, 2003).

『"토론지"의 문학 시평들: 1941년 4월~1944년 8월』(*Chroniques littéraires du Journal des débats : Avril 1941~août 1944*, Gallimard, 2007).

『정치평론 1953~1993』, 고재정 옮김, 그린비, 2009(*Écrits politiques: 1953~1993*, Gallimard, 2008).

※ 『카프카에서 카프카로』에 실린 글들의 발표 시기는 다음과 같다.

1장 「문학 그리고 죽음에의 권리」(La littérature et la droit à la mort, 1947)

2장 「카프카의 독서」(La lecture de Kafka, 1943)

3장 「카프카와 문학」(Kafka et la littérature, 1949)

4장 「카프카와 작품의 요구」(Kafka et l'exigence de l'œuvre, 1958)

5장 「만족스런 죽음」(La mort contente, 1952)

6장 「카프카와 브로트」(Kafka et Brod, 1954)

7장 「밀레나의 실패」(L'échec de Milena, 1954)

8장 「서술의 목소리: '그', 중성적인 것」(La voix narrative: le 'il', le neutre, 1964)

9장 「나무 다리: 반복, 중성적인 것」(Le pont de bois: la répétition, le neutre, 1964)

10장 「마지막 말」(Le dernier mot, 1959)

11장 「진정 마지막 말」(Le tout dernier mot, 1968)

찾아보기

【ㄱ·ㄴ·ㄷ】

가나안(Canaan) 126~127, 129, 139
고독(la solitude) 25, 76~77, 95, 124
　~의 불가능 81
공포정치(la Terreur) 39~41
괴테, 요한 볼프강 폰(Goethe, Johann Wolfgang von) 89, 91, 135, 146
글쓰기(écrire) 21, 40, 94, 103, 119, 134n, 155, 202, 238
　~의 불가능성 99
　~의 목표 155
　~의 문제 220
　~의 요구 118
　~의 중단 107
금욕주의 35
　~자 36
니체, 프리드리히 빌헬름(Nietzsche, Friedrich Wilhelm) 107
　~의 광기 107

단어(mot) 90
단일성(l'unité) 144
　~의 이미지 144
대의(大義) 25
독서 81
　~와 오해 87
독자(lecture) 13, 21, 77, 199, 203
　~의 관심 151
　~의 요구 203
뒤라스, 마르그리트(Duras, Marguerite) 206, 209
디아만트, 도라(Diamant, Dora) 110n, 163, 177, 234, 247, 274~275

【ㄹ·ㅁ】

라신, 장 밥티스트(Racine, Jean Baptiste) 93
　~의 비극 107
랭보, 아르튀르(Rimbaud, Arthur) 92

레비나스, 에마뉘엘(Lévinas, Emmanuel) 56, 62
  '있음(Il y a)' 56
  『존재에서 존재자로』(De l'Existence à l'Existant) 56, 62
로베르, 마르트(Robert, Marthe) 210, 212, 216~217
  『옛것과 새것: 돈키호테에서 프란츠 카프카까지』(L'Ancien et le nouveau: de Don Quichotte à Kafka) 210n
로베스피에르, 막시밀리앙(Robespierre, Maximilien) 38
로트레아몽(Lautréamont) 60
마니, 클로드 에드몽드(Magny, Claude-Edmonde) 74, 76, 79, 101
  『엠페도클레스의 샌들』(Les Sandales d'Empédocle) 74n
마르크스, 카를(Marx, Karl) 30
만, 토마스(Mann, Thomas) 200, 202
말(Parole) 42, 51
  ~의 권능 48
  ~의 내밀성 71
  ~의 투명함 121
  ~의 한계 47
말라르메, 스테판(Mallarmé, Stéphane) 43, 57
망각(l'oubli) 61, 117, 204
  ~으로서의 사건 204~205
모호함(la ambiguïté) 68~69
  ~의 효과 70

무(無) 22, 24
  ~의 방어 133
무력(無力) 33
무한(infini) 105, 147
  ~의 거리 196
  ~의 움직임 114, 227
  ~의 힘 143
문체(le style) 70
문학(La littérature) 12, 48
  부정(négation)으로서의 ~ 14
  ~ 언어 46~47, 49, 96
  ~의 무력함 50, 55
  ~의 물음 72

【ㅂ · ㅅ】

바겐바흐, 클라우스(Wagenbach, Klaus) 228n, 247
바깥(dehors) 54, 137, 268
바로, 장 루이(Barrault, Jean Louis) 166~168
바우어, 펠리체(Bauer, Felice) 125, 161, 176, 234, 247
  펠리체에게 보낸 편지 247, 254, 256, 261
바움, 오스카(Baum, Oskar) 230, 238
바이스, 에른스트(Weiß, Ernst) 129, 272
발레리, 폴(Valéry, Paul) 17~18, 22
  『유팔리노스』(Eupalinos) 18
법(法) 76, 117, 274

~의 망각 117
베르펠, 프란츠(Werfel, Franz) 230
벨취, 펠릭스(Weltsch, Felix) 149, 164
보리체크, 율리에(Wohryzek, Julie) 234, 248
부버, 마르틴(Buber, Martin) 135n
부정(négation) 33, 53, 81
   ~적 초월 125
브로트, 막스(Brod, Max) 78, 80, 88, 90~91, 97, 110n, 111, 117, 135, 160
   ~의 노력 162
   ~의 대본 169, 175
블로흐, 그레테(Bloch, Grete) 247~248, 272
   그레테에게 보낸 편지 247, 276~277
비인칭(impersonnel) 51, 197
   미적 거리의 ~ 199, 201
   ~ 소설 199, 201
사드, 도나시앵(Sade, Donatien) 60
   ~의 문체 60
사막 120, 126, 149
   ~의 다가감 139
   ~의 진실 131
사물(la chose) 27, 51~52, 56, 58
   ~로서의 단어 54
산문(散文) 56~57, 59~60
생쥐스트, 루이 앙투안 드(Saint-Just, Louis Antoine de) 38
서술의 목소리(la voix narrative) 194, 205~207

세르반테스, 미겔 데(Cervantes, Miguel de) 211, 216
『돈키호테』(*Don Quixote*) 210, 216
소설(le roman) 14, 90
   ~에서의 인칭대명사의 활용 196
   ~은 무엇인가? 14
숄렘, 게르숌(Scholem, Gershom Gerhard) 130n
   『유대 신비주의의 주요 경향』(*Les grands courants de la Mysstique juive*) 130n
스타로뱅스키, 장(Starobinski, Jean) 79~80, 88
스탕달(Stendhal) 192
시(poésie) 42, 156
   ~의 본질 42
   ~의 주제 42
시오니스트(Sioniste) 130
   반(反)~ 131
시오니즘(Sionisme) 120, 131, 217
실존(l'existence) 51, 62, 74, 105, 108

【ㅇ·ㅈ】

아리스토텔레스(Aristoteles) 199
아브라함(Abraham) 92, 116, 129
야누흐, 구스타브(Janouch, Gustav) 110n, 117, 132~133
   『카프카와의 대화』(*Gespräch mit Kafka*) 110n
야스퍼스, 카를(Jaspers, Karl) 206

언어(le langage) 44, 49, 53, 65, 96
　공동(共同)의 ~ 76
　신탁의 ~ 59
　~ 아닌 언어(non-langage) 99
　~의 본질 102
　~의 죽음 99
엘리엇, 토머스 스턴스(Eliot, Thomas Stearns) 101
역사 29, 32, 37, 57, 65
　~로부터 밀려난 문학 65
　~의 완료 59
영감(靈感) 19, 27, 95
예술 13, 57, 91~92, 107, 135, 224
　~과 불행의 의식 136
　~과 종교 97, 149
　~의 과오 146
예젠스카, 밀레나(Jesenska, Milena) 126, 131, 161, 176, 180~181, 274
　밀레나에게 보낸 편지 182, 186
　밀레나의 실패 176
오르페우스(Orpheus) 197
올젠, 레기네(Olsen, Regine) 116
요소(élément) 15, 50, 59, 61, 70
이미지(imaginaire) 53, 65, 84, 91, 143
　외현의 ~ 147
　~의 공간 148
　~의 다양성 147
이야기(histoire) 75, 77, 90, 114, 146
　신화적인 ~ 102
　~의 중성적 공간 204

인식(la connaissance) 81, 98, 201
　~ 아닌 인식(non-connaissance) 98
자유(libre) 38
　절대적 ~ 37
　~와 죽음 38
　~의 긍정적 측면 39
작가(l'écrirvain) 12, 18, 20~21, 24, 28, 31, 51, 67, 92, 101, 149, 156
　~의 고유한 목표 22
　~의 재능 16, 27
　~의 정의(定義) 240
작품(l'œuvre) 13, 16~18, 20, 60, 65, 74, 213
　~의 공간 145
　~의 본질 23
절망 78, 84, 109
　절대적 ~ 139
제임스, 헨리(James, Henry) 201
　『나사의 회전』(The Turn of the Screw) 210
　『대사들』(The Ambassadors) 201
존재 42
　~와 비실존 45~46
　~의 박탈 42
　~의 부재 44
주석(註釋) 129, 212, 216
　~과 작품의 거리 214
　~의 말 213, 223
죽음(la mort) 12, 38~39, 67, 71, 87, 151, 175

~의 공간 154, 156
~의 불가능성 63, 82
중성적인 것(le neutre) 194, 203
　~의 문제 203
　~의 서술 205
지드, 앙드레(Gide, André) 157, 166~168, 202

【ㅊ · ㅋ · ㅌ】

창작 95
　~의 가능성 118
책(livre) 18, 215
　~의 한계 175
초조함(impatience) 142~144, 146, 173~174, 193
추방(bannissement) 122, 127~128, 141, 143
침묵 24, 55, 76, 82, 107, 169, 245
카뮈, 알베르(Camus, Albert) 93
　『칼리굴라』(Caligula) 93
카발라(Kabbalah) 63, 97
카프카, 프란츠(Kafka, Franz) 64
　『굶주린 예술가』(Ein Hungerkünstler) 235
　『리하르트와 자무엘』(Richard und Samuel) 112
　『변신』(Die Verwandlung) 85
　『성』(Das Schloss) 74
　『소송』(Der Process) 74, 82
　『일기』(Tabebücher) 74~75, 89, 104
　~와 문학 88~89
　~와 여성 세계 251
　~와 작품의 요구 109, 117, 133
　~의 사유 76~77
칸트, 이마누엘(Kant, Immanuel) 199
클로소프스키, 피에르(Klossowski, Pierre) 79, 88
클롭슈토크, 로베르트(Klopstock, Robert) 230~231 , 235
키르케고르, 쇠렌 오뷔에(Kierkegaard, Søren Aabye) 76, 116
타자(autre) 202, 205, 209, 227, 269

【ㅍ · ㅎ】

팔레스타인(Palestine) 120, 138, 217, 276~277
폴락, 오스카(Pollak, Oskar) 91, 229
폴랑, 장(Paulhan, Jean) 61
퐁주, 프랑시스(Ponge, Francis) 58~59
프루스트, 마르셀(Proust, Marcel) 157
프뤼돔, 쉴리(Prudhomme, Sully) 94
플로베르, 귀스타브(Flaubert, Gustave) 58, 89, 91, 94, 135, 199, 202
　~식의 비인칭 200
하스, 윌리(Haas, Willy) 178n, 186
허구(fiction) 65~66, 69, 80, 101, 197
　신화적 ~ 76
　~의 실현 66

찾아보기 • 303

허무주의 139, 166
헤겔(Hegel, G. W. F.) 15~16, 19, 22, 30, 39, 43, 48
　『정신현상학』(Phänomenologie des Geistes) 15, 43
　~의 지혜 153
혁명(Révolution) 37, 40~41
　문학이 역사가 되는 시간 40
　~과 공포정치 40
현전(présence) 13, 17, 101
~의 무 44
현혹 25
호메로스(Homeros) 217
　『오디세이아』(Odysseia) 217~218
　~의 서사시 220
회의주의 35
횔덜린, 요한 프리드리히(Hölderlin, J. C. F.) 42~43, 94, 117~118
　~의 열정 109
희생 116